大法官會議不同意見書之理論與實際

劉鐵錚 撰

三民書局

國家圖書館出版品預行編目資料

大法官會議不同意見書之理論與實際／劉鐵錚撰.－
－初版一刷.－－臺北市；三民，2003
面；　公分－－(大雅叢刊)
ISBN 957-14-3863-4　(平裝)

1. 憲法－中國－解釋

581.24　　　92008143

網路書店位址　http://www.sanmin.com.tw

 大法官會議不同意見書之理論與實際

撰　者　劉鐵錚
發行人　劉振強
著作財產權人　三民書局股份有限公司
臺北市復興北路386號
發行所　三民書局股份有限公司
地址／臺北市復興北路386號
電話／(02)25006600
郵撥／0009998-5
印刷所　三民書局股份有限公司
門市部　復北店／臺北市復興北路386號
重南店／臺北市重慶南路一段61號
初版一刷　2003年5月
編　號　S 58516-0
基本定價　柒　元
行政院新聞局登記證局版臺業字第〇二〇〇號

ISBN　957-14-3863-4　(平裝)

〈再修正版序〉

十八年大法官任期感言

歲月匆匆，自中華民國七十四年出任司法院第五居大法官、八十三年續任第六居大法官以來，兩居十八年任期即將居滿，而個人擔任解釋憲法及統一解釋法令之工作，行將劃上休止符。回首這段歲月，對憲政之發展，固有無限的感慨，對大法官職權之行使，也有不少的遺憾。

中華民國憲法自三十六年公布施行，到今天已經過五十六年了，在這段漫長歲月中，雖先有動員戡亂時期、臨時條款、戒嚴、國會長期不改選等非常態情形存在，惟民國七十九年大法官做出釋字第二六一號解釋，則為我國憲政史上重大突破及變革的一年，該號解釋確認：「第一居未定期改選之中央民意代表除事實上已不能行使職權或經常不行使職權者，應即查明解職外，其餘應於中華民國八十年十二月三十一日以前終止行使職權，並由中央政府依憲法之精神、本解釋之意旨及有關法規，適時辦理全國性之次居中央民意代表選舉，以確保憲政體制之運作。」引導憲政體制回歸正道，重新啟動民主政治活力與機制，國家民主憲政發展原應有光明美好的前景，可惜在此後的短短十年中，握有修憲權的國民大會竟六次修改國家基本大法，其範圍幾已涵蓋中央及地方不同層面，除第一次修憲，制訂中華民國憲法增修條文，以為第二屆中央民意代表之產生建立法源，並一致通過廢止臨時條款，對國家憲政之發展，奠下良好的根基，貢獻甚大外，其他各次修憲，不僅反反覆覆，更由於修憲決策、修憲過程、修憲界限時有違背憲政原理與程序瑕疵，且缺乏整體、宏觀考量，尤其八十九年最後一次修憲，由國大代表自己終結了國民大會，使其成為有名無實之憲政機關，並有變更國家憲政體制，使憲法的穩定及制衡機制受到嚴重的扭曲，未來憲政前途如何發展，實令人憂心不已！

大法官會議雖負有解釋憲法及統一解釋法令之重任，唯係被動行使職權，必須有聲請權人聲請，經審查符合程序要件後，大法官始能為實體之解釋。本席參與釋憲，始自釋字第二〇〇號（七十四年十一月一日），迄今已至釋字第五五八號解釋（九十二年四月十八日）。大法官所做絕大多數解釋❶，在保障人權及建立憲政制度上，確能集思廣益、竭智盡責，合理詮釋憲法，發揚憲政主義，盡到憲法守護者的責任，受到社會各界的肯定與認同；可惜的是，在涉及到執政最高層級的人事及作為的若干號解釋，例如釋字第二五〇號解釋（外職停役軍人可否擔任文官）、釋字第四一九號解釋（副總統可否兼任行政院院長）、釋字第五二〇號解釋（核四預算應否執行）、釋字第五五三號解釋（行政院撤銷臺北市里長延選案）等，原應是大法官站在憲法原理上，以明確的措辭，發揮定分止爭、樹立司法解釋憲法疑義的權威，展現獨立審判氣節的時機，但解釋的結果，卻都是兩可之語、囁嚅其詞，造成社會上「橫看成嶺側成峰」的譏諷，受到輿論界嚴詞批評。

大法官解釋憲法的效力，在這幾號解釋中，不僅未受到尊重，所支持的狀態，亦未能維持；相反的，在社會輿論壓力下，聲請案件所涉及的人與事最後所呈現的，竟是與解釋意旨不同的面貌，大法官釋憲的權威性，一次又一次遭到質疑與批評，累積多年得來不易的聲譽，每次都受到嚴重創傷，忝為大法官一員，能不感到遺憾！

每個國家都有憲法，但有憲法未必有憲政。憲法能夠真正拘束變動不居的權力運作，才算有憲政；然而，憲法對應於政治權力發生作用，最重要的途徑，就是透過憲法解釋，使得憲法在現實的政治環境中，具有意義。因此，如果視憲法解釋是憲政的靈魂所寄，應不為過。憲法解釋，不但要對應於社會變遷，還要能夠規範、導正政治發展，因此，對於人權之保障及抗拒並束縛政治權力的濫用，應是大法官責無旁貸、積極發揮的功能。

值此任期居滿離職之前，藉重新整理本書之際，爰抒發所感，並祝福憲政發展順利，人民權利保障完善，國運昌隆。

劉鐵錚　謹識於司法院

民國九十二年五月一日

❶ 唯有少數解釋，受到學者嚴詞批評，值得吾人警惕與反省。例如：1.釋字第四九〇號解釋，參閱黃昭元，〈信上帝者下監獄？——從司法院釋字第四九〇號解釋論宗教自由與兵役義務的衝突〉，收於《台灣本土法學》，第8期，2000.03，頁30-45；2.釋字第四八七號解釋，參閱蔡宗珍，〈冤獄賠償請求權之排除條款的合憲性問題——釋字第四八七號評釋〉，收於《台灣本土法學》，第10期，2000.05，頁9-19；3.釋字第四八一號解釋，參閱法治斌，〈解釋已無必要？——評司法院大法官釋字第四六三號及第四八一號解釋〉，收於《月旦法學》，第62期，2000.07，頁139-144；4.釋字第四七一號解釋，參閱林鈺雄，〈保安處分與比例原則及從新從輕原則——評大法官釋字第四七一號解釋〉，收於《台灣本土法學》，創刊號，1999.04，頁93-108。

〈修正版序〉

民國八十三年秋第五居大法官任期居滿前，蒙　李總統登輝先生提名本人為第六居大法官，經國民大會代表同意後任命，繼續擔任解釋憲法及統一解釋法令之工作。轉眼之間，已四易寒暑，而釋憲五十週年亦已來臨。回憶以往歲月，行憲不久，國家遭逢內亂，政府播遷來臺，社會數次變遷，法制幾經成長，憲法迭經修正，而歷居大法官在解釋憲法、維護憲法秩序，保障人權、建立法治上，的確也曾殫精竭慮發揮了若干積極之功能；而民國八十一年五月憲法增修條文規定組成憲法法庭，不僅在審理政黨違憲解散事項上將會發揮功能，同時也為大法官審理重大解釋案件，提供了開庭辯論的機會，使解釋過程更趨司法化、透明化，非惟提昇了解釋的公信力，也展開了我國釋憲制度的歷史新頁。惟吾人捫心自問，虛心檢討，也有深刻的體認，即釋憲制度本具有高度政治涵義，惟釋憲者能有超然獨立於政治權力運作之外的勇氣與風骨，在面臨重大關鍵釋憲案件時，才能積極發揮解釋之功能，使憲法尊嚴受到維護，政治權力濫用受到抑制，必如是，才算是真正發揮輔翼憲政之效能，協助憲法之成長，使得憲法更具時代之意義，享永續之生命。

民國八十三年本人曾彙整個人所撰不同意見書十二則出版，名曰《大法官會議不同意見書之實際》，現增補不同意見書八則，並另添加〈不同意見書之研究〉乙文，因更易書名為《不同意見書之理論與實際》，藉供大眾之參考與研究。

最後為對一生公忠體國、奉獻心力，現已退隱山林之李前副總統肇東博士，表示個人最大之敬佩之意及感謝之忱，願以本書獻給先生。

劉鐵錚　謹識於司法院

民國八十七年十月廿七日（農曆九月八日）

〈代序〉

九年大法官任期感言

民國七十四年，蒙　蔣故總統經國先生提名，監察院同意，出任司法院第五居大法官以來，匆匆間，九年任期飛駛而過。回憶本居任期間，國家歷經長久戒嚴而解除戒嚴，由動員戡亂時期而步入平常憲政時代，從第一居中央民意代表長期行使職權到全面改選，自臨時條款之廢止而憲法增修條文之公布，社會變遷之巨，憲政改變之大，令人驚嘆！

司法院大法官職司解釋憲法及統一解釋法令，責任重大。司法院第一居大法官於民國三十七年七月經先總統　蔣公提名通過九位，同年九月十五日首次在南京集會，議決通過了程序法規——大法官會議規則❶，正式開始行使職權。第一號、第二號解釋均於三十八年一月六日公布。其後時局動盪，政府遷臺，大法官會議因員額不足而停開，民國四十一年三月補足法定開會人數後❷，於同年四月十四日舉行遷臺後第一次會議，本八十三年四月二十二日舉行之大法官會議，則為第一千次會議。

民國四十七年立法院制定大法官會議法，作為大法官行使職權之程序法，因其第三條第二項規定，憲法解釋應以憲法有明文規定者為限，以及第十三條規定，憲法解釋，須有大法官四分之三出席，暨出席人數四分之三同意始得通過，雖對大法官憲法解釋權的行使，不無影響，惟大法官會議法首開人民聲請解釋憲法的管道，強化了人權的保障，則功不可滅。此外，規定解釋應附具理由書，不同意見書可與解釋文一同公布❸，增加審查會以審查解釋案，這些規定對建立我國憲法解釋制度，都有其一定之貢獻。

民國八十二年二月三日，司法院大法官審理案件法公布施行，大法官解釋愈見司法化，並訂定多項子法，使大法官行使職權的法制趨於完備。依據新法，擴張了聲請解釋管道，其一、最高法院或行政法院就其審理之案件，對所適用之法律或命令，確信有牴觸憲法之疑義時，得以裁定停止訴訟程序，聲請大法官解釋；其二、立法委員現有總額三分之一以上之聲請，就其行使職權適用憲法發生疑義，或適用法律發生有牴觸憲法之疑義者，得聲請解釋憲法。新法也降低了出席及可決之法定人數，舊法對出席及可決人數規定過嚴，往往會造成少數控制多數之情形，新法則規定，解釋憲法應有三分之二出席及出席者三分之二之可決，並針對其中宣告命令牴觸憲法之案件，特別規定出席人數過半數同意即可，此種降低人數之規定，對加速審理通過解釋，應有所助益。新法也依據憲法增修條文第十三條第二項之規定，由大法官組成憲法法庭，審理政黨違憲之解散事項，並明定大法官審理解釋案件，可以準用憲法法庭言詞辯論的規定。大法官經憲法賦與之職權擴張了，司法權也愈來愈受到國人的重視與信賴，目前一般機關與人民，只要遇到憲政法理上有重大爭議，很自然就想到要聲請大法官解釋以尋求解決。大法官解釋成為國家快速發展中重要的穩定力量，大法官任重而道遠，其也勉乎哉！

第五屆大法官解釋件數，自釋字第二〇〇號解釋，至本年四月底公布之釋字第三四三號解釋，已達一四四件，比第一屆之七十九件，第二屆四十三件、第三屆二十四件、第四屆五十三件，均有逾倍數之成長。就已公布之三四三件解釋中，人民聲請案佔百分之三十八。機關聲請案佔百分之六十二，聲請機關包括有國民大會、行政院、監察院、立法院、考試院。在此值得一提的是第五屆大法官通過的一四四件解釋，人民聲請案佔百分之七十一，由此可見現今釋憲制度與人民權益關係之密切。

本人對第五屆大法官通過之解釋，就大多數案件，雖均追隨其他大法官之後，贊成通過之解釋文，但仍有十分之一的解釋，本人不贊同多數意見，曾作成不同意見書公布，以示負責。不同意見書係與大法官會議通過之解釋持完全相反之見解，為一人或少數大法官之法律判斷；其與多數意見為集思廣益所下之共同判斷，考慮週詳，且為絕大多數大法官之意見，相較之下，前者自易發生錯誤。撰寫不同意見書者，稍一不慎，也極易自暴其短。

雖然如此，本人仍願將所公布之十六件不同意見書中，就個人單獨撰寫之十二則彙整出版，以供有興趣者參考、研究之用，並為個人九年大法官生涯留下雪泥鴻爪，俾便策勵與回憶。最後本人願藉此機會，對前任司法院院長黃資政少老過去之提攜與愛護，表達由衷之感激。對已提出辭呈之林院長洋港先生多年之指教與關切，也表示至誠之謝意。

劉鐵錚　謹識於司法院
民國八十三年六月十五日

❶ 大法官會議規則全文二十一條，其第十二條規定：「大法官會議應有大法官總額過半數之出席，出席大法官過半數之同意，始得為決議，可否同數時取決於主席，但解釋憲法，或為法律或地方自治法抵觸憲法之決議，應有大法官總額過半數之同意。」故當時九人已達法定開會人數。

❷ 當時隨政府來臺的大法官只有二位，經補提名七位大法官，已達法定開會人數，而得繼續行使職權。同時為配合事實需要，並修正上開會議規則第十二條，修正後之內容為：「大法官會議開會時，須有在中央政府所在地全體大法官三分之二以上出席，如為決議，須有在中央政府所在地全體大法官過半數之同意，可否同數，取決予主席。」

❸ 不同意見書依四十七年公布之該法施行細則第七條第二項規定，原僅記名不同意見之人數，迨上開施行細則於民國六十六年修正後，已規定應記明不同意見者之姓名，故自釋字第一四九號解釋起，均記明不同意見者之姓名，以示負責。

目次

第二篇　不同意見書之實際

第一篇　不同意見書之理論

不同意見書之研究

壹、引論

司法之作用，在經由國家設置之司法機關，被動地適用法律，以定紛止爭、保障人民權益、懲罰不法，以維持公平正義及社會秩序。司法乙詞，含義不一，狹義之司法，僅指普通法院就具體的訴訟案件，適用法律加以審理的民刑事裁判而言。廣義之司法，各國範疇不同，如我國則指民事、刑事、行政訴訟之裁判，公務員之懲戒，憲法之解釋與法律命令之統一解釋，以及政黨違憲解散之審理等而言。此見於憲法第七十七條、第七十八條以及憲法增修條文第五條第四項。

行使司法權之人員，不問其名稱如何，依憲法之規定，皆獨立行使職權，不受任何干涉。其行使職權之方式，有採獨任制者，有採合議制者。前者只有一個法官的意見，亦即法院的意見；但後者在各國法制上則不然，其僅有法院一個意見者，固所在多有，但於法院意見之外，另有法官個別不同意見者，亦屢見不鮮，此即所謂之不同意見書制度。本文之目的，除從比較法制上，對不同意見書作扼要之觀察外，仍就我國法令對此一制度之形成、發展，作較為詳盡之分析研究。

貳、司法機關判解之型態

在行合議制司法裁判下，法院表示意見之方式，約有三種不同之型態，一為英國式，一為法國式（大陸制），一為美國式（折衷制），茲分述如下：

一、英國式❶

英國貴族院法官 (Law Lords) 作為英國之最高法院，通常行五人合議庭，當判決宣示時，合議庭之每一位法官，循序發表其個別之裁判，從憲法原理或形式上言，貴族院法官僅是在國會上議院前，發表一項演講而已。法院之共同裁判毋庸發表，自由放任思想瀰漫於相同與不同意見間，至於揚言撰寫協同意見或不同意見或保持沉默，在英國傳統制度下，既無分量也不起作用，同時參與審判之法官習慣上也從不嘗試妥協各個不同之意見。惟於英國傳統制度下，有二項例外，第一涉及樞密院 (Privy Council)，數世紀以來，樞密院審理自大英帝國殖民地、自治領之最高審判機關上訴之案件，樞密院運用單一裁判之方式，即

❶ 參閱 A. Paterson, *The Law Lords*, 82–110 (1982)；法治斌，〈論憲法解釋中之不同意見〉，政大法學評論 2—3 (1980)。

僅公布單一且不具名之判決。對此例外，表面上的理由，是因為其扮演國王之顧問，因此必須發表統一的諮詢意見，另一理由似更能正確說明樞密院發展且堅持此一例外之真正原因。此蓋於大英帝國全盛時期，基於政策之考慮，帝國對所屬臣民，必須作出單一明確之宣示。第二個例外，則涉及刑事案件，主要適用於上訴法院，其理念頗值思量。蓋在英國刑事上訴案件，長久以來視為戒律者，即被告於上訴時，其挫敗與痛苦不應再因法院意見明顯之分歧，而更形擴大，此因對刑事被告而言，刑罰本身已夠痛苦，不同意見對其縱屬有利但無任何效能，此猶如以鹽巴擦抹其傷口，徒增痛苦罷了。惟依現今有效之法律，不同意見在審理法官授權下，在刑事上訴案件已可公布。

二、法國式❷

大陸法系法院傳統上要求一個集體的、共同的裁判。對於法律或其適用存有不同之意見，有時乃不可避免之事實，無人可予否認。但是依照大陸法系傳統習慣，縱有不同意見，

❷ 參閱 R. David & G. Brierly, *Major Legal System in the World Today*, 129 (2nd ed., 1978); Bell, "Principles and Methods of Judicial Selection in France", 61 S. Cal. L. Rev. 1757–61(1988); Merryman, "How Others Do It: The French and German Judiciaries", 61 S. Cal. L. Rev. 1865 (1988).

不同意見亦不予公布，所謂評議不公開原則，裁判上恆維持單一法院之意見。在法國司法傳統上，法院判決簡潔明確，在其他歐陸法系國家，如西德及義大利，其判決模式則有不同，即裁判往往詳盡如同論文，包含引用法院之判例及學者之評釋。法國最高民事法院（the Cour de Cassation），其法官人數逾八十人，而西德最高民事法院，其人數逾百人。在英美法系，多數法官之任命係來自卓有聲譽之律師，而在多數大陸法系國家，法官則來自專業生涯開始之初，因任命而進入司法體系，而逐步升遷，心態上自亦有差異。另外，在大陸法系國家，與不具名法院之意見，配套措施者，則是其報告制度，即習慣上上訴案件一開始就分配給一位法官（受命法官），該名法官負責一切準備工作，深入案情，並由其提出報告附加處理意見。在多數情形下，該報告者之建議即成為法院之意見。最後，亦須了解的是大陸法系判決，形式上不作為先例，先例應遵循之原則並非官方之認知，法院並不樹立先例之觀念，無疑的也影響意見之公開。今日之意見一致並不當然表示法院之意見明日繼續有效，此特別於法學界之評論，對判決作出不利之檢討時尤然。

三、美國式❸

美國制介於英國制及法國制之間。聯邦最高法院建制之初，傑佛森 (Thomas Jefferson) 贊成採英國式，馬夏爾 (John Marshall) 則主張建立宣示單一法院意見之判決，後者之意見雖被採納，即在最高法院及聯邦上訴法院，法院單一之意見成為標準之方式，但法官個別之不同意見則非少見。甚至在馬夏爾擔任最高法院院長時，彼也曾作出若干不同意見及協同意見。故一如大陸法系國家，美國只有一個法院判決，但同時也採用英國式之傳統精神，對每一法官作出不同意見之特權不予正式限制。在美國聯邦上訴法院，大約百分之九十的判決為法院單一之意見，迄今也無顯著之改變；但在聯邦最高法院則不然，在一九〇〇年代，不一致意見之出現僅佔百分之三十的比例，但在一九八〇年代中期，已攀升至百分之七十的比例，即就不同意見對多數意見比例言，也從一九〇〇年代之少於百分之十，到一九八〇年代中期提升到百分之五十。

❸ 參閱 Palmer, “Dissents and Overruling: A Study of Developments in the Supreme Court”, 34 A. B. A. J. 554 (1948); “The Supreme Court, 1986 Term: Leading Cases”, 101 Harv. L. Rev. 119, 362 (1987).

參、第二次大戰後之一些發展

英美法系不同意見及表決之公開，於第二次世界大戰後，對大陸法系國家，甚至國際性司法機關，也產生一定程度之影響，茲分別敘述如下：

一、國際性司法機關❹

國際性司法機關因其係由英美法系及大陸法系法學家共同組成，故公開表決及不同意見制通常也就存在。特別顯著的為設於荷蘭海牙的國際法院(The International Court of Justice)，依一九四五年國際法院規約第五十七條之規定：「判詞如全部或一部份不能代表法官一致之意見時，任何法官得另行宣告其個別意見。」與此相同的，則有設於法國史塔斯堡(Strasbourg)之歐洲人權法庭(European Court of Human Rights)，自從一九五〇年設立時起，也實施不同意見公開制度。惟不採意見公開制度者，則有歐洲共同體法院(The Court of Justice of the European Communities)。

❹ 參閱 E. McWhinney, *The International Court of Justice and The Western Tradition of International Law* (1987); L. Brown & F. Jacobs, *The Court of Justice of The European Communities* (2nd ed., 1983).

此法院於一九五七年設立時，即堅持應採裁判單一之原則，且不允許公開不同意見書之制度，二點因素有以致之。其一，歐洲共同體原始會員國（比、法、義、盧、荷、西德），皆為大陸法系國家，傳統上反對表決公開及公布不同意見，而英國則遲至一九七三年始行加入；其二，歐洲共同體法院之法官任期較短，僅有六年，但得重新任命，考慮到發表不同意見之法官於再任命時可能會受到嚴格之政治立場檢驗，因而嚇阻了採用意見公開制度。

二、國內法院

二次大戰後，義大利及西德均成立了特別法院，有權審理憲法問題❺。由法院行使憲法審查，均非二國之傳統，此種比較新穎之機關，與通常司法體系分離，承認不同意見。義大利憲法法院法官於法院判決公布時，得要求登記其不同之表決，而西德憲法法院則擁有較多之空間，依其一九七〇年之法律，法官得公布其不同意見及協同意見，考量到連任時可能會影響到法官之投票行為，該法律也規定了憲法法院法官較長之任期（十二年），但

❺ 參閱 Grementieri & Golden, "The United Kingdom and the European Court of Justice: An Encounter Between Common and Civil Law Traditions", 21 Am. J. Comp. L. 664 70 (1973); Nadelmann, "Non Disclosure of Dissents in Constitutional Courts of Italy and West Germany", 13 Am. J. Com. L. 268 (1964).

不得連任。在其最初運作之數年中，不同意見書之發表，約佔案件之十分之一。

日本為大陸法系國家，原亦不採意見公開制度，惟於第二次世界大戰後，國會於其一九四七年制定之法院組織法，則規定最高裁判所以書面宣示判決時，每一位法官均應表示其意見，因而協同意見及不同意見遂得公諸於世❻。

此外，附帶一提者，拉丁美洲國家原多為西班牙或葡萄牙之殖民地，其司法機關亦採取評議不公開之大陸法系傳統，惟於獨立後，受到美國司法之影響，不同意見書制度，至少已在下述國家建立，例如墨西哥、阿根庭、巴西、智利、哥倫比亞、厄瓜多爾、秘魯、烏拉圭、委內瑞拉……等❼。

❻ 參閱 Nadelmann, "The Judicial Dissent: Publication v. Secrecy", 8 Am. J. Comp. L. 421–22 (1959).

❼ 同註❻。

肆、不同意見書制度之檢討

在英美法系及大陸法系對不同意見書制度之採納，原則上仍涇渭分明時，可見該制度自有其正面及負面之作用，茲分別檢討說明如下：

一、不同意見書之負面作用❽

(一) 不同意見書會削弱法院判決之統一性與權威性

司法機關之判解，既是根據憲法、依照法律獨立的所為意思表示，有一定之拘束力，但不同意見書則係與法院判解之結論，持相反之看法，見解針鋒相對，意見相左，若不同意見書之理由更具說服力，更能以理服人，自有減損法院尊嚴之效果，使一般人民甚至不同機關，對裁判之本身產生懷疑，對法官獨立審判之公正性喪失信心。

❽ 參閱 Evan. D. Evans, "The Dissenting Opinion: Its Use and Abuse", 3 Missouri. L. Rev. 121–128 (1938); V. H. Roberts, "Dissenting Opinions", 39 Am. L. Rev. 24 (1905).

（二）不同意見書會增加法律之不確定性

維持法律之安定，有助社會秩序之建立，倘法律經常變動，自會影響已建立之社會秩序，不同意見書之存在，往往增加當事人上訴之可能，相同案件爭訟之可能，以及終審法院受理審查之可能，有使建立不久之法律秩序迅被推翻之疑慮，法律不確定性增加，並非社會之福。

（三）不同意見書會造成法官間之猜忌形成對立

對影響深遠、眾所矚目之重大案件，倘不同意見書果真說理清晰，法理堅強，擲地有聲，而能獲得多數人民認同時，自會使贊成多數意見之法官，產生羞愧憤怨，造成爾後之猜忌對立，破壞司法之團結。

（四）不同意見書會形成時間與精力之浪費

撰寫不同意見書或為回應不同意見書而撰寫協同意見書，均須花費法官之時間與精力，此自會影響辦理其他案件之進度，且許多協同意見及不同意見不過是意氣之爭，文字之辯，不發生任何作用，更無重大實質之意義。

二、不同意見書之正面作用❾

（一）促進憲法之成長與法律之進步

對於憲法或法律的解釋，或法令是否違法違憲的解釋，不同意見與多數意見是南轅北轍，相互對立，誰的理由堅強，誰的意見高瞻遠矚，誰的結論最終能獲得最後之採納。因有不同意見書之存在，使相反的意見可呈現在國人之前，對修憲者、立法者、司法者、行政者、法學者，提供一個再思考辯論的空間，此與不同意見不公開下，法院意見表面上不具爭議、隱藏爭議所發生之效果，不可同日而語。故不同意見書與多數意見同，均有促使立法者修改法律、司法者變更判解、行政者修改命令之可能，所不同者，多數意見係命令各主管機關被動地加以變更，而不同意見則係催化主管機關主動地予以變更。

（二）提升法院意見之品質與說服力

在不同意見不公開下，法院較不顧慮裁判的結論與理由，但在不同意見公開之壓力下，

❾ 參閱 Charles Evans Hughes, *The Supreme Court of the United States* (1928), 68; G. S. Brown, "A Dissenting Opinion of Mr. Justice Story Enacted as Law within Thirty six Days", 26 Virginia L. Rev. 759–767 (1940); Ginsburg, "The Obligation to Reason Why", 37 U. Fla. L. Rev. 205 216 (1985).

雙方的意見同等接受考驗，多數意見必定會更加慎重，說理更加充足，否則一定受到批判，因而不同意見之公開，有助於提升法院裁判之品質。在中外實務上，因不同意見書之公開，往往在作成裁判前最後一刻，多數意見接受少數意見關於重要爭點之合理建議、或修正多數意見省略較易遭受攻擊之主張、甚至於變更其結論，盡量拉近與不同意見之主張。美國大法官 Antonia Scalia 曾言：「最高法院判決理由最差之判決，大部份為不具有不同意見書者。」[10]

（三）不同意見書展現法院之活力與民主

法院裁判中附有不同意見書，可推知憲法及法令之解釋與適用，在法院評議中已經過充分地討論與爭議，最後經過表決而獲結論，此足證明法院並非暮氣沉沉，也非一言堂，其具有展現法院活力與民主之效能，不容否認，人民也因法院已注意到不同之法理，更能接受法院之裁判。

（四）樹立法官獨立審判不受干涉之風格典型

憲法保障法官獨立審判，不受任何干涉。在意見不公開制度下，法官對每一案件，特別是重大具爭議性之案件所持之立場，法理之認知，隱藏於統一意見之中，不為外人所知，

---

[10] Antonia Scalia, *The Dissenting Opinion* (1994), g. sup. Ct. Hist. 33.

法官是否曾受干涉，接受干涉，也難判斷。但在不同意見書制度下，不僅法官的學術思想可充分顯現，是非對錯容易分辨，更可樹立法官捍衛公平正義，獨立審判的風格典型。

以上所述不同意見書之正面及負面作用，均各有其相當之理由，雖非放諸四海而皆準之標準，但不論如何，民主政治的本質，即在容許相異意見的並存，司法機關亦不應例外，公布不同意見書至少可指出憲法成長或法令變更的一個可能方向，並使法理愈辯愈明。

伍、我國不同意見書制度之建立與發展

司法院之職權在憲法上列有四大類，即⑴解釋憲法、統一解釋法令及政黨違憲解散權；⑵民、刑事訴訟審判權；⑶行政訴訟審判權；⑷公務員懲戒權。此四類職權分別由大法官、普通法院法官、行政法院評事及公務員懲戒委員會委員行使，其行使職權之人員，名稱雖有不同，但均係受憲法委託，依據法律，中立並獨立行使司法權者，則無殊。惟依我國現制，普通法院合議裁判之案件，應依法律所定法官人數評議決定，其評議係採取秘密主義，嚴格禁止不同意見之公開，法院組織法第一〇一條至第一〇六條有明文詳盡之規定。行政法院及公務員懲戒委員會依其內部規則，在審理案件時，亦同。惟擁有解釋憲法、統一解釋法令及政黨違憲解散權之大法官，無論其係以會議方式，行使解釋憲法及統一解釋法令權，抑係以憲法法庭形態，行使政黨違憲解散權，則均採行不同之制度，即允許不同意見之公開，茲就此一制度在我國之建立與發展，說明討論如下[11]。

[11] 惟依行政院訂定發布之「行政院暨所屬各級行政機關訴願審議委員會組織規程」（民國八十四年修正發布）第六條，委員有不同意見者，得提出不同意見書，載明於決定書，與以往只載於內部卷宗者不同。

一、法令上之演變

我國憲法公布於民國三十六年一月一日，施行於同年十二月二十五日，關於大法官不同意見書之演變，從法令上觀察，可區分為下述幾個重要階段：

（一）司法院大法官會議規則時期（自民國三十七年至民國四十七年）

第一屆大法官於民國三十七年經總統提名、監察院同意組成後⑫，於同年九月十五日舉行大法官第一次會議，通過司法院大法官會議規則，計二十一條，對於解釋憲法及法令之範圍，聲請解釋之程序，分案審查之輪次，審查報告之提出，決議之法定人數，表決之方式，以及決議案之公布等，均有所規範，其第二十條規定：「大法官會議之解釋，經決

---

⑫ 憲法公布施行後，國民政府依憲法第八十二條規定，於民國三十六年三月三十一日公布司法院組織法，其第三條規定：「司法院設大法官會議，以大法官九人組織之」，惟本法並未施行，同年十二月二十五日該法修正公布，三十七年六月二十四日付諸實施，其中第三條已將大法官員額提高為十七人。七月間，總統依據憲法及司法院組織法之規定，提名第一屆大法官十七人，咨請監察院同意，惟經同意者僅十二位。見《司法院史實紀要》，第二冊，第1190–92頁（七十一年十二月司法院印行）。

議後，由司法院公布之，並通知原機關。」對不同意見書之公布並無規定，民國四十一年四月十四日大法官會議在臺恢復集會，首次會議中修正通過會議規則，惟對不同意見書仍未規定，以迄民國四十七年七月二十一日大法官會議法之制定。此一階段恰為第一屆大法官行使職權期間，大法官共計通過七十九件解釋案，均無不同意見書之公布，自屬當然。

（二）司法院大法官會議法時期（自民國四十七年至民國八十二年）

民國四十六年立法院修訂司法院組織法，除修正第四條條文外，並增訂第五條及第六條，其第六條第二項規定：「大法官會議法另定之。」此蓋由於我國憲法及其他法律，對於大法官職權之行使，均缺少實質之規定，為建立憲法解釋制度，自應經由立法程序，制定法律，以完成整體憲政建制之架構，而後大法官根據法律之規定，行使其職權，方符權力分工制衡之原理，才不致有逾越權限之嫌疑。大法官會議法草案經長期討論後三讀通過，並於四十七年七月二十一日公布施行，全文二十條，其中第十七條則創設了不同意見書制度。該條文規定：「大法官會議決議之解釋文，應附具解釋理由書，連同各大法官對該解釋之不同意見書，一併由司法院公布之，並通知本案聲請人及其關係人。」本條文一方面在規定大法官會議解釋文之公布方式，蓋於大法官會議規則時期，司法院公布大法官解釋案，多僅為決議文的性質，甚少附具解釋理由，既缺法律根據，也無法理探討，與司法以理服人之意旨不符，本條因特規定解釋文應附具理由書；而另一方面則為對不同意見制度之創設，不同意見書之公布，乃基於大法官會議應予公開之原則，不僅顯示大法官會議容許各種異見的並存，也表示對少數意見的尊重，同時，正反意見並列，相互對照，當可使爭點清晰，法理愈辯愈明，除有促使多數意見更趨慎重，也有預見憲法成長及法律未來發展之可能。

不同意見書之制度，如前所述，乃源自英、美國家，大陸法系無之。第二次世界大戰後，日本改採此制，德國憲法法院亦採之。就英美國家之制度而言，所謂不同意見書 (Separate Opinions) 應有廣義與狹義之分。廣義之不同意見書，實包括二種，一為反對意見 (Dissenting Opinions)，即少數法官不贊成多數法官判決之結論，例如多數意見認定某一法律條文違憲，而持反對意見之法官卻認其合憲是；另一為協同意見 (Concurring Opinions)，即贊成多數法官之結論，惟對導出結論之原因，則持不同之理由，此為特別協同，或認為須再增加理由，使判決結果更具說服力，或僅係對反對意見之反駁，此為普通協同，亦即對法院意見完全同意，但在法院意見之外，附加理由或反駁反對意見。而狹義之不同意見書，則專指反對意見面言，因協同意見或補充意見均係支持多數意見之原則 (結論)，僅其理由有所不同或補充而已，其與反對意見係對多數意見持完全相反之結論，自不可相提並論。

大法官會議法第十七條雖已建立了不同意見書應予公布之制度，其所採者也似為廣義之不同意見書，惟其細節性、技術性等問題，依同法第十九條，則委由司法院以施行細則定之，因而本時期得再區分如次：

1. 四十七年制定之施行細則

司法院大法官會議法制定公布後，司法院遂於同年十月三日訂定發布大法官會議法施行細則，全文十四條，其中第七條係對不同意見書之補充，共分二項，第一項規定：「大法官對於解釋文草案有不同意見者，應於大法官全體審查會議通過後五日內補具理由書敘述要點，以便與解釋文一併公布，如不於五日內補提書面者，其口頭意見視為放棄。」此項為對不同意見書提出期間之規定，因解釋文草案經大法官全體審查會議通過後，通常於五日後開大法官會議議決之。至第二項則規定：「前項一併發表之不同意見書，僅記明其不同意見之人數。」所謂不同意見書究何所指？是否包括協同意見，而採廣義說，施行細則並無特別之闡明；惟此一階段（自民國四十七年至民國六十五年）適為第二屆與第三屆大法官行使職權之期間，在第二屆大法官任期中所公布之二十八件不同意見書中，即有四件（釋字第一〇九、一一二、一一五、一一六號解釋之不同意見書）本質上應屬於協同意見；在第三屆大法官任期中，所公布之二十件不同意見書中，亦有五件（釋字第一二八、一三〇、一三一、一三二、一四二號解釋之不同意見書）性質上屬於協同意見書⑬，由此可知，實務上對不同意見書係採廣義說，即大法官所發表之不同意見書，並未特別區分反對意見與協同意見，不同意見書中，反對意見及協同意見兼而有之。故縱其本質上為協同意見，亦係在會議時有所異議而投反對票者，此與若干憲政國家，均將持協同意見之法官，列入多數決之情形有異⑭。又其規定公布不同意見書時，僅記明其人數，而不同時公布其姓名，無論基於何種原因，例如維護司法獨立、避免外界干擾、防止內部之對立等，理由均難令人信服，徒然予人為德不卒之感。

2. 六十六年修訂之施行細則

第四屆大法官於民國六十五年就職後，即積極研修大法官會議法施行細則，司法院於六十六年一月十一日修正發布第七條條文，該條仍分二項，第一項規定：「大法官對解釋文草案之原則有不同意見者，應於大法官全體審查會議通過後五日內補具書面敘述要點，以便與解釋文一併公布。如不於五日內補提書面者，其口頭意見視為放棄。」本項文字與修正前文字僅有三字之差，即於解釋文草案下添加「之原則」三字。此項文字之添加，是

⑬ 參閱附表二、附表三。

⑭ 參閱法治斌，前揭文見註❶，第2頁。

否意謂有不同意見者，僅限於對解釋文草案之原則，而不及於其理由，亦即僅承認反對意見而不採協同意見，固不得而知；惟如此解釋，恐亦有違背母法——大法官會議法第十七條之嫌，但無論如何，實務上在第四屆大法官行使職權期間，就公布之三十五件不同意見書中，仍有五件（第一六〇、一六二、一七一、一九四、一九七號解釋之不同意見書）在性質上應屬於協同意見書⓯，可見在實務上對不同意見書，仍採廣義說。至第二項則規定：「前項一併發表之不同意見書，應記明其不同意見者之姓名。」此項對發表不同意見書者，由隱名改為顯名主義，甚為重要。蓋不同意見書恆為學理上研究之對象，不僅有討論之價值，也有印證多數意見正確性之作用，鑑諸外國實例，立法機關乃至司法機關本身，往往受不同意見書之影響而改變其原先之見解，為使個別大法官之法律見解能予國人以共見，俾接受公評，及樹立大法官獨立行使職權不受任何干涉之風範，則於公布不同意見書之後，能進一步公布提出不同意見者之姓名，自屬法制上又向前邁進一步。

3. **七十六年修訂之施行細則**

司法院第五屆大法官於民國七十四年十月就職後，鑒於大法官會議法施行細則，已近十年未曾檢討修正，為改進缺失以求完備，乃繼續研究，而後司法院於七十六年八月二十

⓯ 參閱附表四。

八日修正發布該細則，全文共十四條，其中第七條係有關不同意見書之規定，較以往詳盡，共分五項。茲誌之如下：

「大法官對於解釋文草案之原則，曾表示不同之法律意見者，得提出全部或一部之不同意見書。

大法官贊成解釋文草案原則，而對其理由有不同之法律上意見者，得提出理由不同意見書。

前二項不同意見書，應於解釋文草案或解釋理由書草案經審查通過後五日內提出。

大法官不同意見書，除逾期提出或提出後聲明不發表者外，應與大法官會議通過之解釋文及解釋理由書一併公布，並記明提出者之姓名。但依本法第十一條規定採用無記名投票者，僅記明其人數。

不同意見書須發表者，應僅就通過之解釋內容，表示不同之法律意見。」

第一項文字與原條文第一項雖無基本差異，但對照第二項以觀，可知其所謂全部或一部之不同意見書，係專指反對意見書而言；此外鑒於解釋文往往包含二以上之原則，如釋字第四八、一七七號解釋，如大法官僅對其中一部份原則表示反對意見，為示區別，故有一部不同意見書之規定。其第二項，則係針對協同意見書之規定，即對贊成解釋文草案之原則，而對其理由有不同之法律上意見者，則不問其係基於何種理由──不同之理由、補充之理由、抑反駁反對意見之理由，均得提出理由不同意見書，惟於此應注意者，得提出此理由不同意見書，必係贊成解釋文草案原則者，故與前此實務上，提出協同意見書時，仍以不同意見書之形式提出，並不列入多數意見計算，自有重大之不同。此一修正，不僅符合外國憲政實例，且提出理由不同意見者，仍係贊成多數意見，不致影響多數意見通過之人數，就我國不同意見書制度發展言，自屬又向前邁進一步。第三項係有關提出期間之規定，其曰「前二項不同意見書」，可見仍認反對意見與協同意見，均屬不同意見書，仍採廣義說，此究由於一時失察，抑由於母法第十七條之規定使然，頗堪玩味。第四項除重申不同意見書之顯名主義外，添加但書，又恢復隱名主義，此但書似無必要，蓋多數意見之通過，其採舉手或點名為之，必要時採用無記名投票，例如避免相互影響，或無不可，但多數意見既經通過，曾表示不同意見而又公布其不同意見書時，何以不得公布其姓名以示負責，而必強行隱藏提出不同意見書者之姓名，置大法官超然獨立，不受任何干涉之人格風範於不顧，理由固屬費解，恐亦有牴觸母法之嫌⑯。第五項似為訓示規定，僅在提示發

---

⑯ 司法院大法官會議法第十七條所謂「連同各大法官對該解釋之不同意見書一併由司法院公布之」，並無可得限制具名之含義在。

表不同意見書者，不得意氣用事，遣字用詞，固應注意，無的放矢也非必要，此或鑑於以往之經驗，惟本人以為大法官地位崇高，撰寫不識大體非屬必要之意見書或舞文弄墨譏諷他人，除貽笑大方外，也必為方家所不恥，大法官理應戒慎恐懼為之，故此一規定並非重要。

（三）司法院大法官審理案件法時期（自民國八十二年迄今）

民國八十一年五月二十八日總統令增訂公布憲法增修條文第十一條至第十八條，其中第十三條係有關司法院部分，其第二項規定：「司法院大法官，除依憲法第七十八條之規定外，並組成憲法法庭審理政黨違憲之解散事項。」⑰司法院爰配合修正，將司法院大法官會議法更名為司法院大法官審理案件法，全文三十五條，經立法院通過後，總統於八十二年二月三日修正公布。其中第十七條第一項，係有關不同意見書之規定：「大法官決議之解釋文，應附具解釋理由書，連同各大法官對該解釋之協同意見書或不同意見書，一併由司法院公布之，並通知本案聲請人及其關係人。」同法第二十八條第一項規定：「憲法法庭之判決，除宣示或送達外，應公告之，其有協同意見書或不同意見書者，應一併公告之。」

⑰ 其後於民國八十三年、八十六年憲法增修條文兩次修正，本條項已改為第五條第四項，內容未變。

大法官審理案件法與大法官會議法，就不同意見書顯著不同之規定為，前者對不同意見書採狹義說，僅指反對意見，故與協同意見書併列；而後者係採廣義說，故僅規定不同意見書，認不同意見書包含協同意見書。申言之，大法官審理案件法承認協同意見書非不同意見書，而係贊成多數意見者（就此點言，七十六年修訂之大法官會議法施行細則第七條第二項與此同，而前此四十七年、六十六年修訂之施行細則所規定者與此則不同），惟大法官會議法期間，各次施行細則因母法本身之規定，均採廣義說，已如前述。大法官審理案件法第二十八條第一項針對憲法法庭就政黨違憲解散案件之判決，無論其係認聲請有理由，以判決宣示被聲請解散之政黨違憲應予解散，抑其係認聲請無理由，應以判決駁回其聲請，均採不同意見書制度，且係採狹義說，而承認大法官得提出協同意見書或不同意見書。八十二年五月八日司法院令修正發布之司法院大法官審理案件法施行細則，其第十八條共分三項就不同意見書有詳細之補充規定，原文如下：

「大法官贊成解釋文草案之原則，而對其理由有補充或不同之法律意見者，得提出協同意見書。

大法官對解釋文草案之原則，曾表示不同之法律意見者，得提出一部或全部之不同意見書。

前二項意見書，應於解釋文草案及解釋理由書草案經大法官全體審查會議審查通過後五日內提出。」

第一項係針對協同意見所為之規定，認定提協同意見書之大法官，係贊成解釋文草案之原則者，僅對解釋文之理由有補充或不同之法律意見者，與不同意見書不同；其第二項係對不同意見書所為之規定，採狹義說，認定大法官對解釋文草案之原則，曾表示不同之意見者，得提出一部或全部之不同意見書，倘大法官贊成解釋文草案原則，僅對其理由有補充或不同之法律意見時，僅能依第一項提協同意見書。提不同意見書者，必係不贊成解釋文草案之原則，即與解釋文草案之原則持相反之意見時，始得提出不同意見書。第三項係就提出協同意見書及不同意見書期間之規定，與前述大法官會議法施行細則之規定相同，所不同也是值得注意之規定，則是其曰：「前二項意見書」，而非如前此四十七年或六十六年施行細則之規定：「前二項一併發表之不同意見書」，或七十六年施行細則之規定：「前二項不同意見書」，其明確區分協同意見書與不同意見書，即不再承認協同意見書為不同意見書之意思，更趨明朗。另大法官審理案件法施行細則第二十條第二項：「大法官協同意見書或不同意見書，除逾期提出或提出後聲明不發表者外，應與前項解釋文及解釋理由書一併公布，並記明提出者之姓名。」除重申顯名主義外，並刪除原施行細則「但依本法第十一條規定採用無記名投票者，僅記明其人數」之規定，誠屬明智之做法。其第三項：「公布之協同意見書或不同意見書，應僅就大法官會議通過之解釋內容，表示其法律意見。」也與前此規定同。至憲法法庭審理政黨違憲解散案件，大法官所提之協同意見書或不同意見書，憲法法庭審理規則（八十二年七月三十日司法院公布）並無特別規定，理論上自應與解釋案做相同之解釋與適用，茲不贅述。

二、若干問題之研討

不同意見書制度自民國四十七年大法官會議法創制以來，已歷時四十年，法令上經多次修正，可說已大致上趨於完備，許多重要缺失，均獲改進，舉其犖犖大者而言，例如由不具名改為具名，由未明文規定協同意見致將其也列入不同意多數意見之計算，到區分協同意見與不同意見，並進而規定不同意見書僅指反對意見，由規定於採不記名表決時不同意見書不得具名，到取消此不得具名之規定，均已見前述，於此不再重複外，茲就下述有關不同意見書之問題，提出討論如下：

（一）對於受理與不受理程序問題，可否提出不同意見書

多數意見對聲請解釋案，認為應受理而作成解釋時，原主張不應受理之大法官，可否

針對受理之程序問題，提出不同意見書，贊成者以為依法應不受理而逕行受理解釋者，其違法程度甚於解釋文內容之瑕疵，大法官對於解釋文既得提出不同意見書，設該解釋案依法係不應受理者，自無限制主張應不受理之大法官提出不同意見書之理。惟大法官對解釋案得否提出不同意見書，原係基於法律之明定，四十七年制定之大法官會議法第十七條雖創設了不同意見書制度，但對不同意見之範圍，是否包括程序上之不同意見，其涵義欠明，不過六十六年修正後之施行細則第七條已明定為各大法官對解釋文草案之「原則」有不同意見者，始得提出不同意見書，此原則係指實體上解釋之原則，因而對程序問題自不應再提不同意見書；況理論上以不受理為由可提不同意見書時，則以受理為由，自應亦得提出不同意見書，否則機會不均等，有失公平，但實際上，因不受理之案件，既未作成解釋，僅函復聲請人，是贊成受理之大法官自無從提出應予受理之不同意見書。

(二) 不同意見書提出之時間

四十七年訂定之大法官會議法施行細則第七條第一項規定：「大法官對於解釋文草案有不同意見者，應於大法官全體審查會議通過後五日內，補具書面敘述要點以便與解釋文一併公布，如不於五日內補提書面者，其口頭意見視為放棄。」論者以為大法官會議法第十七條僅規定：「大法官會議決議之解釋文應附具解釋理由書，連同各大法官對該解釋之不同意見書一併由司法院公布之，並通知本案聲請人及其關係人。」對不同意見書提出之時間，並未設有限制，則大法官只須在司法院公布解釋文及解釋理由書以前提出不同意見書，即屬完全合法，況五日期間之限制，究屬何種性質？不遵守期間提出者，其效力如何？均有疑問？惟持平而論，此五日期間之規定實有利於多數意見及少數意見雙方。因有此期間之限制，則多數意見於全體審查會通過解釋文及解釋理由書草案後，自不得於非間隔五日之大會，即行討論議決之，此對提不同意見書之大法官，自屬有利，可從容撰寫；即對多數意見之大法官言，因可於大會舉行前，事先研讀不同意見，而能有所因應或改進，自亦屬有利，故筆者以為仍宜保留為宜。

(三) 對不同意見書內容之限制

七十六年修訂之大法官會議法施行細則第七條第五項載有：「不同意見書須發表者，應僅就通過之解釋內容，表示不同之法律意見。」此一規定，或有鑒於過去發表之不同意見書，有指謫或誹謗大法官會議之文字者，故有主張添加大法官會議得以決議刪除之文句。現行法令之處置及用語已較緩和。平實而言，大法官會議法或大法官審理案件法既允許對於多數意見之解釋，提出不同意見書，則該不同意見書之意見當然係與解釋文或解釋理由書之意見相左者，也自然含有得批評之意義在內，僅措詞用語不宜激烈、不可尖酸刻薄、更不得有情緒性之發洩而已，否則必將貽笑大方，而為方家所不恥。在多數意見得提出協同意見書後，雙方實已取得平衡之地位。惟不同意見或協同意見書究係基於大法官地位所發表之意見，且由司法院公布，應屬於一種公文書，專事批評而無自己之意見，究非適當，不同意見與協同意見大打筆仗，亦非妥善，故發表不同意見書者，倘能儘量主張自己之意見，若真高瞻遠矚，鏗鏘有力，擲地有聲，又何待乎多事批評他人之不當？職是之故，淺見以為本項規定似有提醒吾人多予注意之價值。

（四）解釋文議決人數及姓名應否公開

司法院大法官審理案件法施行細則第二十條第一項載有：「大法官會議通過之解釋文及解釋理由書公布時，應記載解釋文通過時之主席及出席大法官之姓名。」並未規定分開記載議決時贊成者或反對者之姓名。除另有公布大法官協同意見書或不同意見書，可由此確知其究為贊成解釋文抑反對解釋文者外，對其餘大法官究竟何人贊成，何人反對，則無從推論（因憲法疑義或法律違憲之解釋，只須三分之二多數通過，命令違憲只須二分之一多數通過）；抑有進者，依同條第二項之規定：「大法官協同意見書或不同意見書，除逾期提出或提出後聲明不發表者外，應與前項解釋文及解釋理由書一併公布，並記明提出者之姓名。」

於上述除外之情形下，更難推知每位大法官對釋憲案或統一解釋案個人之法律見解及所持立場，姑且不深入討論反對大法官會議通過之解釋文之大法官，究竟基於何種原因不提出不同意見書或逾時提出或提出後聲明不發表，致其反對意見皆隱藏於多數意見之後，不公諸於世以接受公評，此實與大法官審理案件法承認意見公開制度及憲法規定法官須超出黨派以外，依據法律獨立審判，不受任何干涉之精神，大相刺謬，也與英美先進國家司法慣例有別，更難樹立大法官超然獨立之風格形象。故本人以為或雖不必強行要求反對大法官會議通過之解釋文之大法官，必須提出不同意見書，以示負責，但最低限度也應公開議決之人數及姓名，而非出席者之姓名，俾使人民了解，何人贊成，何人反對某項解釋文。

三、實務上之觀察

大法官行使解釋憲法及統一解釋法令權，已有五十年之歷史，大法官可以發表不同意見書，也已有四十年之歲月，本文係針對不同意見書之研究，故擬從不同意見書之角度，對歷屆大法官所通過之解釋案，作一些統計，以觀察不同意見書在實務上有何演變，及指出未來發展之可能。在未作統計說明前，首先擬附帶一提者，即有關撰寫不同意見書之方式問題。在第二、三、四屆大法官發表不同意見書時，多係仿照多數意見發表解釋文及解釋理由書之方式，於不同意見書中，亦區分解釋文及解釋理由書兩部分，此不僅與法律明文規定不符⓲，且容易與多數意見產生混淆，實無此必要，第五屆大法官行使職權之初，大法官雖也遵循前例，但自七十五年十二月五日釋字第二一一號解釋之不同意見書起，大法官已自動變更方式，僅於不同意見書中表示不同之法律意見，不再有解釋文及解釋理由書字眼之出現，而逐漸成為撰寫不同意見書之標準形式。

以下擬分別統計第一屆至第六屆，每一屆大法官所做之憲法解釋及統一解釋之數目，以及各類解釋佔總解釋之百分比；其次擬再統計各類解釋中之不同意見書（狹義說——反對意見）佔該類解釋之百分比，俾藉上述統計，以觀察我國各屆大法官行使職權期間，解釋案變動情形，以及不同意見書所佔之比例。茲根據上述設計，分別統計列表如次⓳：

⓲ 參閱大法官會議法第十七條。

⓳ 此項統計採狹義說，故協同意見不列入計算，惟若干不同意見書意見有欠明確，究否為協同意見，恐係見仁見智之看法。（感謝魏杏芳博士代為整理統計。）

表一

類別 屆次	憲法解釋	統一解釋
第一屆 37 年 7 月至 47 年 8 月 釋字 1–79 號 共 79 號解釋	1、2、3、4、13、14、15、17、19、20、21、24、25、29、30、31、33、37、38、42、52、74、75、76、77 （計 25 號解釋，佔本屆解釋總數的 31.65%）	5、6、7、8、9、10、11、12、16、18、22、23、26、27、28、32、34、35、36、39、40、41、43、44、45、46、47、48、49、50、51、53、54、55、56、57、58、59、60、61、62、63、64、65、66、67、68、69、70、71、72、73、78、79 （計 54 號解釋，佔本屆解釋總數的 68.35%）
	本屆無不同意見書	

表二

類別／屆次	憲法解釋	統一解釋
第二屆 47 年 9 月至 56 年 9 月 釋字 80–122 號 共 79 號解釋	81、85、86、90、105、117、120、122（計 8 號解釋，佔本屆解釋總數的 18.6%）	80、82、83、84、87、88、89、91、92、93、94、95、96、97、98、99、100、101、102、103、104、106、107、108、109、110、111、112、113、114、115、116、118、119、121（計 35 號解釋，佔本屆解釋總數的 81.4%）
	不同意見書：86、120 本屆憲法解釋，計 2 號解釋有不同意見，佔憲法解釋的 25%	不同意見書：80、82、83、84、87、88、89、91、92、93、94、95、96、99、100、103、104、106、107、110、111、113（109、112、115、116 為協同意見） 本屆統一解釋，計 22 號解釋有不同意見，佔統一解釋的 62.86%

表三

<table>
<tr><th>類別
屆次</th><th colspan="2">憲法解釋</th><th colspan="2">統一解釋</th></tr>
<tr><td rowspan="2">第三屆
56 年 10 月至 65 年 9 月
釋字 123–146 號，計 24 號解釋</td><td colspan="2">130、137
（計 2 號解釋，佔本屆解釋總數的 8.33%）</td><td colspan="2">123、124、125、126、127、128、129、131、132、133、134、135、136、138、139、140、141、142、143、144、145、146
（計 22 號解釋，佔本屆解釋總數的 91.67%）</td></tr>
<tr><td>不同意見書</td><td>137
本屆憲法解釋，計 1 號解釋有不同意見，佔憲法解釋的 50%</td><td>不同意見書</td><td>123、126、129、133、134、135、136、138、139、140、144、146、（128、130、131、132、142、143、145 為協同意見）
本屆統一解釋，計 12 號解釋有不同意見，佔統一解釋的 54.55%</td></tr>
</table>

表四

類別／屆次	憲法解釋		統一解釋	
第四屆 65 年 10 月至 74 年 9 月 釋字 147–199 號 共 53 號解釋	148、150、151、153、154、155、156、160、162、165、166、169、170、172、173、175、177、179、180、182、185、187、189、190、191、192、193、194、195、196、197、198（計 32 號解釋，佔本屆解釋總數的 60.38%）		147、149、152、157、158、159、161、163、164、167、168、171、174、176、178、181、183、184、186、188、199（計 21 號解釋，佔本屆解釋總數的 39.62%）	
	不同意見書	150、151、153、154、155、156、165、170、173、177、179、180、187、193（160、162、194、197 為協同意見） 本屆憲法解釋，計 14 號解釋有不同意見，佔憲法解釋的 43.75%	不同意見書	147、149、157、158、159、161、163、164、167、174、176、178、181、184、186、188 （171 為協同意見） 本屆統一解釋，計 16 號解釋有不同意見，佔統一解釋的 76.19%

表五

類別／屆次	憲法解釋	統一解釋
第五屆74年10月至83年9月釋字200–366號共167號解釋	200、201、203、204、205、206、207、210、211、213、214、215、216、217、218、219、220、221、222、223、224、225、228、229、230、231、233、234、235、236、237、240、241、242、243、244、246、247、248、249、250、251、252、253、255、257、258、259、260、261、262、263、264、265、267、268、269、270、271、272、273、274、275、276、277、278、280、281、282、283、284、285、286、287、288、289、290、291、292、293、294、295、296、297、298、299、300、301、302、303、304、305、306、307、310、311、312、313、314、315、316、317、318、319、320、321、322、323、324、325、327、328、329、330、331、333、334、335、336、337、338、339、340、341、342、343、344、345、346、347、348、349、350、352、353、354、355、356、357、358、359、360、361、362、363、364、365、366 （計149號解釋，佔本屆解釋總數的89.22%）	202、208、209、212、226、227、232、238、239、245、254、256、266、279、308、326、332、351 （計18號解釋，佔本屆解釋總數的10.78%）

不同意見書	204、211、213、216、218、224、228、233、236、237、242、243、246、247、250、252、253、257、261、262、268、269、271、275、278、286、287、289、291、293、298、300、305、307、311、312、315、318、321、324、329、330、334、338、341、342、343、347、348、349、350、362、366（229、276、277、290、297、319、327、337 為協同意見） 本屆憲法解釋，計 53 號解釋有不同意見，佔憲法解釋的 35.57%	不同意見書	202、212、232、239、266、279、308、326、351（238 為協同意見） 本屆統一解釋，計 9 號解釋有不同意見，佔統一解釋的 50%

表六

類別 屆次	憲法解釋		統一解釋	
第六屆83年10月至～釋字367–459號（統計至87年6月底）共93號解釋	367、368、369、370、371、372、373、374、375、376、377、378、380、381、382、383、384、385、386、387、388、389、390、391、392、393、394、395、396、397、398、399、400、401、402、403、404、405、406、407、408、409、410、411、412、413、414、415、416、417、418、419、420、421、422、423、424、425、426、427、428、429、430、431、432、433、434、435、436、437、438、439、440、441、442、443、444、445、446、448、449、450、451、452、453、454、455、456、457、458、459 （計91號解釋，佔本屆解釋總數的97.85%）		379、447 （計2號解釋，佔本屆解釋總數的2.15%）	
	不同意見書	370、372、373、374、377、380、381、383、386、387、389、391、392、393、397、398、400、404、405、407、408、411、412、413、414、415、417、419、420、423、426、430、434、436、437、441、445、450、451、453、459（368、376、378、384、385、395、418、442、454、455為協同意見） 本屆憲法解釋，計40號解釋有不同意見，佔憲法解釋的43.96%	不同意見書	379 本屆統一解釋，計1號解釋有不同意見，佔統一解釋的50%

根據上列各附表統計數字綜合以觀，可得如下之初步結論：

（一）第一、第二、第三屆大法官行使職權期間（自三十七年九月至六十五年九月）憲法解釋佔總解釋之比例偏低，統一解釋所佔比例極高，前者隨屆別呈現遞減之現象（31.65%，18.6%, 8.33%），而後者則隨屆別而呈現遞增之現象（68.35%, 81.4%, 91.67%），且解釋總數隨屆別呈等比級數之下滑（七十九號解釋、四十三號解釋、二十四號解釋）。

此種現象之發生，或由於行憲之始，即遭逢內亂，國家進入動員戡亂時期，並實施戒嚴，人民憲法權利保障觀念較為淡薄，故此一漫長階段，統一解釋多於憲法解釋，而憲法解釋又多屬憲法疑義之解釋，幾經解釋後，疑義減少之故，或均有以致之。

（二）第一屆大法官行使職權期間，不同意見書制度尚未建立，第二、第三屆大法官所發表之不同意見書，於憲法解釋則低於半數（25%, 50%），於統一解釋則高於半數（62.86%, 54.55%）。

（三）第四、第五、第六屆大法官行使職權期間（自六十五年十月至八十七年六月——第六屆大法官任期尚未過半），此一階段之發展，恰與前三屆成鮮明之對比，即憲法解釋佔各屆總解釋之比例極高，而統一解釋所佔之比例則極低，且前者隨屆別呈現遞增之現象（60.38%, 89.22%, 97.85%），後者隨屆別而遞減（39.62%, 10.78%, 2.15%），而解釋之總件數，亦隨屆次呈現快速成長之現象（五十三號解釋，一六七號解釋，九十三號解釋）（第六屆大法官任期尚未過半）。

此一階段，初則政府大力推動民主，勵行法治，而經濟又蓬勃發展，憲法上人權保障觀念受到重視，人民聲請釋憲案增加，後則終止動員戡亂時期，宣布解除戒嚴，中央民代全面改選，擴增釋憲管道，在在均有助於憲法解釋案的增加。

（四）第四、第五、第六屆大法官之不同意見書，於憲法解釋，均約佔各屆憲法解釋百分之四十左右（43.75%, 35.57%, 43.96%）；於統一解釋，不同意見書雖均佔各屆統一解釋百分之五十以上，惟如前述，統一解釋數目不多，且有遞減之現象。

第四、第五、第六屆大法官行使職權期間，有關大法官釋憲之法制日趨完備，不同意見書也均能於各類解釋中呈現穩健之發展，此特別於憲法解釋中尤然，既無遽增，也無驟減，也無特別偏高或特別偏低之情形，呈現較平均之百分比，此足以顯示歷屆大法官多能戒慎恐懼不濫用不同意見書，另一方面也能表現歷屆大法官多能獨立行使職權，不受干涉之風範，言其所應言，誠屬值得吾人欣慰之事。

陸、結論

不同意見書雖屬大法官個人之意見，惟係基於法律規定，以大法官身分所發表之法律意見，且由司法院公布，並登載於總統府公報及司法院公報中之一種公文書，大法官自不可不莊敬從事慎重為之，因之瑣細無關乎宏旨者，無法律上重要性者，固不必為之；反之，攸關憲政原理、法律基本原則或大是大非者，自應發揮獨立審判，不受任何干涉之精神，而為之。必如是，方能彰顯大法官不同意見書之積極功能。

不同意見書能達成之正面作用，如前所述，有促進憲法之成長與法令之進步、提升法院意見之品質與說服力，展現法院之活力與民主以及樹立法官不受干涉之風格典型等。後三項作用，雖係吾人難以否認之事實，但卻較難量化或不便證明，而第一項雖為最難以達成之理想，倘若有的話，卻屬最容易具體證明者。就此項作用而言，不同意見書建制四十年來，已獲若干佐證，茲舉數例以明之：

第一、大法官明文變更自己之解釋，而採取前解釋中不同意見書之見解

第五屆大法官於民國七十五年十二月五日所作之釋字第二一一號解釋，認定「海關緝私條例第四十九條：『聲明異議案件，如無扣押物或扣押物不足抵付罰鍰或追繳稅款者，

海關得限期於十四日內繳納原處分或不足金額二分之一之保證金或提供同額擔保，逾期不為繳納或提供擔保者，其異議不予受理』之規定，旨在授權海關審酌具體案情，為適當之處分，以防止受處分人藉故聲明異議，拖延或逃避稅款及罰鍰之執行，為貫徹海關緝私政策、增進公共利益所必要，與憲法第七條及第十六條尚無牴觸。」於事隔十一年後，於民國八十六年十月三十日為第六屆大法官所作之釋字第四三九號解釋明文變更，解釋文稱：「海關緝私條例第四十九條之規定，使未能於法定期限內繳納保證金或提供同額擔保之聲明異議人喪失行政救濟之機會，係對人民訴願及訴訟權利所為不必要之限制，與憲法第十六條所保障之人民權利意旨牴觸，應不再適用。本院釋字第二一一號解釋相關部分應予變更。」即係採取第二一一號解釋中不同意見書之見解[20]。

第二、立法院作成決議，行政機關配合訂定辦法，所採者即為大法官解釋中不同意見書之見解

按舊公務人員退休法第六條規定：「退休金之給與，以退休人員最後在職之月俸額及

[20] 其實早在民國七十七年四月二十二日司法院公布釋字第二二四號解釋、八十年十二月十三日公布釋字第二八八號解釋時，大法官已改變前此釋字第二一一號解釋之見解，僅未明白宣告釋字第二一一號解釋應予變更，此可稱之為默示之變更。

本人實物代金為計算基礎。」同法第八條規定：「本法所稱月俸額，包括實領本俸及其他現金給與。」「前項其他現金給與之退休金應發給數額，由考試院會同行政院定之。」而民國七十年六月十二日行政院訂頒之全國軍公教人員待遇支給辦法第七條，則對工作津貼及軍職幹部服勤加給、主官獎助金不列入退休（役）、保險俸額內計算……。此一規定雖經司法院於七十八年九月二十九日公布之釋字第二四六號解釋認定其「乃係斟酌國家財力、人員服勤與否或保險費繳納情形等而為者，尚未逾越立法或立法授權之裁量範圍，與憲法並無牴觸。」但立法院於八十一年審議「公務人員退休法部分條文修正案」時，作成附帶決議略以：「對早期退休公務人員受損之權益，應由政府給與合理補償。」考試院乃於八十四年十月十七日會銜行政院訂定發布「公教人員退休金其他現金給與補償金發給辦法」，分三年發給民國五十六年七月二日以後，民國八十四年七月一日以前辦理退休之公教人員補償金。此與大法官釋字第二四六號解釋中不同意見書所持見解「全國軍公教人員待遇支給辦法第七條前段，牴觸法律，侵害憲法第十五條所保障之人民財產權」之意旨相符㉑。

㉑ 民國八十七年二月二十七日司法院公布之釋字第四四七號解釋，雖係就計算政務官退職酬勞金基準之月俸額所為，惟其中已肯認：「……可知公務人員退休法規上所稱之月俸額與本俸有別，月俸額

第三、主管機關所擬法律修正草案中，增加大法官解釋中不同意見書之見解

行政訴訟法第二十八條，對再審之訴之原因，原列有十款，並未包括「原判決就足以影響於判決之重要證物漏未斟酌者」。而行政法院四十九年裁字第五十四號、五十年裁字第八號、五十四年裁字第九十五號等判例，認民事訴訟法第四百九十七條（修正前第四百九十三條，見前引號所引）所定再審之原因，不得援以對行政訴訟判決提起再審之訴，雖經司法院於民國七十六年三月二日公布之釋字第二一三號解釋認定「尚難認與憲法保障人民訴訟權之規定牴觸。」但該號解釋的不同意見書則認定「該等判例剝奪人民對確定終局裁判依法應享之救濟機會，無異限制人民憲法上訴訟權之行使，與憲法第十六條之規定牴觸，應為無效」。二者見解，南轅北轍。惟八十三年司法院所提行政訴訟法修正草案第二百七十三條再審事由中，已增列第十四款「原判決就足以影響於判決之重要證物漏未斟酌者」，其見解與釋字第二一三號解釋中不同意見書之見解，應屬殊途同歸，若合符節。

由上述所舉例子來看，可知不同意見書的確也能發揮保障人權、維護憲法、促進法令進步之任務，與多數意見相輔相成。值此釋憲五十週年大家共同慶賀時，負有解釋憲法及

除本俸或月俸外，尚包括其他現金給與在內。」又本號解釋與釋字第二四六號解釋實質上具有關聯，可比較參考。

統一解釋法令之大法官，更應懔於責任之重大，積極發揮釋憲之功能，以促進憲法之成長與進步，俾不辜負國人之所託。

第二篇　不同意見書之實際

壹、司法院釋字第二一一號解釋

中華民國七十五年十二月五日司法院公布

憲法第七條所定之平等權，係為保障人民在法律上地位之實質平等，並不限制法律授權主管機關，斟酌具體案件事實上之差異及立法之目的，而為合理之不同處置。海關緝私條例第四十九條：「聲明異議案件，如無扣押物或扣押物不足抵付罰鍰或追繳稅款者，海關得限期於十四日內繳納原處分或不足金額二分之一保證金或提供同額擔保，逾期不為繳納或提供擔保者，其異議不予受理」之規定，旨在授權海關審酌具體案情，為適當之處分，以防止受處分人藉故聲明異議，拖延或逃避稅款及罰鍰之執行，為貫徹海關緝私政策、增進公共利益所必要，與憲法第七條及第十六條尚無牴觸。又同條例所定行政爭訟程序，猶有未盡週詳之處，宜予檢討修正，以兼顧執行之保全與人民訴願及訴訟權之適當行使。

解釋理由書

按憲法第七條規定：「中華民國人民，無分男女、宗教、種族、階級、黨派，在法律上一律平等。」係為保障人民在法律上地位之實質平等，並不限制立法機關在此原則下，為增進公共利益，以法律授權主管機關，斟酌具體案件事實上之差異及立法之目的，而為合理之不同處置。海關緝私條例第四十九條：「聲明異議案件，如無扣押物或扣押物不足抵付罰鍰或追繳稅款者，海關得限期於十四日內繳納原處分或不足金額二分之一保證金或提供同額擔保，逾期不為繳納或提供擔保者，其異議不予受理」之規定，其中「得」字以下部分，旨在授權海關妥慎斟酌聲明異議案件之具體案情，而為應否限期命受處分人提供擔保之裁量，以防止受處分人藉故聲明異議，拖延或逃避稅款及罰鍰之執行，非謂不問有無必要海關均得命受處分人繳納保證金或提供擔保。此項規定雖使受處分人之救濟機會受有限制，但既係針對無扣押物或扣押物不足抵付罰鍰或追繳稅款之受處分人，在原處分並無顯屬違法或不當之情形下，藉故聲明異議者而設，乃為貫徹海關緝私政策、增進公共利益所必要，與憲法第七條及第十六條尚無牴觸。至受處分人對海關先命繳納保證金或提供擔保之處分提起訴願及行政訴訟時，受理訴願之機關或行政法院應依前開說明，審酌該處分是否合法適當，於此情形，如海關追徵或處罰之原處分顯屬違法或不當者，上級行政機關得本於行政監督權為適當之處置，乃屬當然。又海關緝私條例所定行政爭訟程序，有未盡週詳之處，致執行上易生偏差，宜予檢討修正，以兼顧執行之保全與人民訴願及訴訟權之適當行使，併此指明。

院長　黃少谷

不同意見書

大法官　劉　鐵　錚

海關緝私條例第四十九條「聲明異議案件，如無扣押物或扣押物不足抵付罰鍰或追繳稅款者，海關得限期於十四日內繳納原處分或不足金額二分之一保證金或提供同額擔保，逾期不為繳納或提供擔保者，其異議不予受理」之規定，係以繳納保證金或提供同額擔保，為可否進入行政救濟之條件，而未經異議程序者，依同條例第四十八條，受處分人即不得進入訴願及行政訴訟程序，此對於人民依憲法應受直接保障之訴願權及行政訴訟權，顯有牴觸，故海關緝私條例第四十九條之規定，依憲法第一百七十一條第一項，應為無效。

人民有訴願及訴訟之權，為憲法第十六條直接保障之權利，其訴願權及訴訟權之行使，雖必須依法律之規定，但該項規定如涉及限制人民上項權利之行使時，必須以憲法第二十三條為根據。故所限制者，如非為維持社會秩序或增進公共利益，固不得加以規定；縱令與維持社會秩序或增進公共利益有關，但非以限制為必要時，亦不得加以規定，否則，人民之基本權利，均得以法律作非屬必要之限制，自非憲法直接保障人民權利之本旨。持此以觀，海關緝私條例以繳納保證金或提供同額擔保，作為訴訟要件之規定，顯然違憲，理由如下：

一、繳納保證金，雖旨在保全受處分人應繳納之稅款及罰鍰，防止受處分人藉行政救濟程序，以拖延、逃避稅款及罰鍰之執行，但該條例於民國六十七年修正時，已增訂第四十九條之一「……海關為防止其隱匿或移轉財產以逃避執行，得於處分書送達後，聲請法院假扣押或假處分，並免提擔保。……。」，則海關既得聲請法院為假扣押或假處分，並免提擔保，已足以達到保全執行之目的，繳納保證金已非保全執行增進公共利益所必要，反而足以構成人民訴願權行使之障礙。

二、海關緝私條例所訂之聲明異議制度，乃原處分機關之自我反省，屬於自省救濟制度，訴願、再訴願乃促使原處分機關之上級機關或有權管轄機關之行政監督，屬於階級救濟制度。海關緝私條例擴充憲法上之救濟程序，規定受處分人應先向原處分機關聲明異議，屬於行政救濟之第一階段，且為訴願之先行程序，對人民言，雖屬利弊互見，但如因受處分人不繳納或無力繳納保證金，致不能進入異議程序，從而不能提起訴願、再訴願與行政訴訟，以為請求對原處分作有無理由之審查，則徒有擴充憲法上行政救濟之名，實際上無疑剝奪人民有請求原處分機關之上級機關，審查原處分是否適當之憲法上所保障之權利。準此，則海關關於緝私案件，無疑大權獨攬，為異議標的之原處分，縱有違法或不當之情形，也難有救濟途徑，較之於一般案件，如有一審終結為人所詬病者，實猶有過之。

三、受處分人對於海關先命繳納保證金之處分，或異議不受理之處分，雖得提起訴願及行政訴訟，惟受理訴願之機關或行政法院，所應審查者，乃海關命繳保證金之裁量是否適當之問題，而非為異議標的之海關原處分有無理由之問題，退一步言，縱各該機關因本於行政權或監督權之作用，得撤銷違法或不當之海關命補稅及科處罰鍰之原處分（院字第一五五七號解釋參照），但此與受處分人應享有就海關之緝私處分有提起行政救濟之憲法上權利，海關之上級機關就原處分是否違法或不當，有應為審查之義務者，係屬二事，不可相提並論。

四、請求行政救濟本以不停止原處分之執行為原則（訴願法第二十三條、行政訴訟法第十二條參照），茲因海關緝私條例第五十條及第五十一條規定，須於緝私處分確定後，始進入執行程序，故命繳保證金，顯非停止執行之要件，而為行政救濟之要件，此與外國立法例之規定恰好相反（德國租稅通則第三六一條、日本國稅通則法第一〇五條參照），故海關緝私條例之命繳保證金，不僅欠缺正當之理由，也影響人民訴願權之行使，且原處分一旦確定，移送法院強制執行後，未繳保證金之受處分人，仍不得為行政救濟，是則憲法上所保障之訴願權及訴訟權，豈不成為具文？海關緝私條例之規定，焉有不牴觸憲法之道理。

附：日本國稅通則法及德國租稅通則有關條文

㈠日本國稅通則法

第一〇五條

(1)對基於有關國稅之法律所為之處分，聲明不服者，不妨礙該處分之效力、處分之執行或程序之續行。但因徵收國稅，依滯納處分所查封之財產，除該財產之價格，有顯著減少之虞，或聲明不服人有特別聲明外，於聲明不服之決定或裁決作成前，不得變賣。

(2)異議審理廳若認為必要者，得依聲明異議人之聲明或依職權，對聲明異議目的之處分有關之國稅，暫停徵收全部或一部，或停止滯納處分之續行或命為之。

(3)聲明異議人提供擔保，對聲明異議目的之處分有關之國稅，請求不依滯納處分為查封或解除已依滯納處分所為之查封，異議審理廳若認為相當者，得不查封或解除查封，或命為之。

(4)……

㈡德國租稅通則

第三百六十一條

(1)爭議之行政處分，除第四項規定之情形外，不因提起法律救濟而停止執行，尤其租稅之徵收不因此而展延。就基礎裁決為爭議時，對根據基礎裁決之後續裁決，亦同此適用。

(2)作成爭議之行政處分之稽徵機關，得停止全部或一部之執行；第二六七條第一項第二段之規定準用之。對爭議之行政處分之合法性有重大懷疑，或其執行對當事人產生非基於重大公益之必要之不當窒礙結果時，經申請應停止執行。停止執行得以提供擔保為條件而為之。

(3)基礎裁決經停止執行者，後續裁決亦應停止執行。後續裁決之作成仍受許可。在停止後續裁決之執行時，應就提供擔保為決定，但於停止基礎裁決之執行時，明示排除提供擔保者，不在此限。

(4)對禁止營業或禁止執行業務，提起法院外法律救濟者，停止爭議處分之執行；點火物專賣法 (Zund warenmonopolgesctz) 第四五條第三項之規定，不受影響。作成行政處分之稽徵機關，基於公益之要求，得以特別之命令排除全部或部份停止執行之效力；稽徵機關應以書面說明公益之理由。第三六七條第一項第二款之規定準用之。

編後附記：

一、本件不同意見書，在形式上與以往各屆大法官所撰不同意見書，略有不同，即僅將反對者不同意見之理由加以說明，不再如多數意見，亦分成解釋文及解釋理由二部分，因無此必要也。此種外形上之改變，已為同仁所採納。

二、下列三號解釋可供參考比較：

(1)司法院釋字第二二四號解釋（民國七十七年四月二十二日）「稅捐稽徵法關於申請復查，以繳納一定比例之稅款或提供相當擔保為條件之規定，使未能繳納或提供相當擔保之人，喪失行政救濟之機會，係對人民訴願及訴訟權所為不必要之性質，且同法又因而規定，申請復查者，須於行政救濟程序確定後始予強制執行，對於未經行政救濟程序者，亦有欠公平，與憲法第七條、第十六條、第十九條之意旨有所不符，均應自本解釋公布之日起，至遲於屆滿二年時失其效力。在此期間，上開規定應連同稅捐之保全與優先受償等問題，通盤檢討修正，以貫徹憲法保障人民訴願權、訴訟權及課稅公平之原則。」

(2)司法院釋字第二八八號解釋（民國八十年十二月十三日）「中華民國七十九年一月十四日修正前之貨物稅條例第二十條第三項：『受處分人提出抗告時，應向該管稅務稽徵機關提繳應納罰鍰或其沒入貨價之同額保證金，或覓具殷實商保』之規定，使未能依此規定辦理之受處分人喪失抗告之機會，係對人民訴訟權所為不必要之限制，與憲法第十六條保障人民訴訟權之意旨有所牴觸。」

(3)民國八十六年十月三十日第六屆大法官作之釋字第四三九號解釋稱：「海關緝私條例第四十九條之規定，使未能於法定期限內繳納保證金或提供同額擔保之聲明異議人喪失行政救濟之機會，係對人民訴願及訴訟權利所為不必要之限制，與憲法第十六條所保障之人民權利意旨牴觸，應不再適用。本院釋字第二一一號解釋相關部分應予變更。」大法官於事隔十一年後，方始採用了第二一一號解釋中不同意見書之見解。

貳、司法院釋字第二一三號解釋

中華民國七十六年三月二日司法院公布

一、中華民國四十九年五月十二日修正公布之專利法第一百零一條有關新型專利異議程序之規定，及同法第一百十條準用同法第二十六條第一項關於專利之申請及其他程序延誤法定期者，其行為為無效之規定，旨在審慎專利權之給予，並防止他人藉故阻礙，使專利申請案件早日確定，不能認係侵害人民之訴訟權及財產權，與憲法尚無牴觸。

二、行政訴訟法第二十八條未將民事訴訟法第四百九十七條所稱「確定之判決，如就足影響於判決之重要證物，漏未斟酌」之情形列為再審原因，雖有欠週全，惟行政法院受理再審之訴，審查其有無前揭第二十八條所列各款之再審原因時，對於與該條再審原因有關而確定判決漏未斟酌之重要證物，仍應同時併予審酌，乃屬當然。行政法院四十九年裁字第五十四號、五十年裁字第八號、五十四年裁字第九十五號等判例，認民事訴訟法第四百九十七條（修正前第四百九十三條）所定再審之原因，不得援以對行政訴訟判決提起再審之訴，與上述意旨無違，尚難認與憲法保障人民訴訟權之規定牴觸。

三、行政法院二十七年判字第二十八號及三十年判字第十六號判例，係因撤銷行政處分為目的之訴訟，乃以行政處分之存在為前提，如在起訴時訴訟進行中，該處分事實上已不存在時，自無提起或續行訴訟之必要；首開判例，於此範圍內，與憲法保障人民訴訟權之規定，自無牴觸。惟行政處分因期間之經過或其他事由而失效者，如當事人因該處分之撤銷而有可回復之法律上利益時，仍應許其提起或續行訴訟，前開判例於此情形，應不再援用。

解釋理由書

一、國家為促進產業之發達，對於新發明具有產業上利用價值者或對於物品之形狀構造或裝置首先創作合於實用之新型者，均依法給予專利權，以鼓勵發明與創作。專利權之給予，關係專利申請權人及利害關係人之權益，對公眾之利益有影響。為期專利之審查公正周全，審慎專利權之給予，中華民國四十九年五月十二日修正公布之專利法規定，經審查認為可予專利之發明或創作，應先行公告，並於第一百零一條規定：「公告中之新型，任何人認為有違反本法第九十五條至第九十七條之規定，或利害關係人認為違反本法第十二條之規定者，得自公告之日起六個月內，備具聲請書，附具證件，向專利局提起異議，請求再審查」，旨在使公眾或利害關係人得依異議程序，對於公告中之新型專利，請求再予審查，防止對不應給予專利權之案件給予專利。然因此項異議程序易被利用以阻礙專利申請案之確定，謀取不法利益，故為兼顧專利申請權人之權益，於同法第一百十條規定，準用第二十六條第一項，關於專利之申請及其他程序，延誤法定或指定之期間者，其行為無效。此項規定，對聲明故障經專利局認為有正當理由者，既有同條項但書排除其適用，自不妨礙異議權之正當行使，且為防止他人藉故阻礙，使專利申請案件早日確定所必要，不能認係侵害人民之訴訟權與財產權，與憲法尚無牴觸。至上開法條規定，提起異議者，應備具聲請書，附具證件，係關於異議程序之程式，尚非對於行政訴訟兼採職權調查主義所為之限制，併予說明。

二、再審乃法院就已裁判確定之訴訟事件，更為審理及裁判之程序；為維護裁判之確定力，提起再審之訴或聲請再審之原因，自應以法律明文規定者為限。行政訴訟法第二十八條，未將民事訴訟法第四百九十七條所稱「確定判定，如就足影響於判決之重要證物，漏未斟酌」之情形列為再審原因，就行政法院兼具法律審與事實審之功能，且行政訴訟係採一審終結之現制，參酌民、刑事訴訟法均將此種情形定為再審原因之意旨而言，雖有欠週全；惟行政法院受理再審之訴，審查其有無前揭第二十八條所列各款之再審原因時，對於與該條再審原因有關而確定判決漏未斟酌之重要證物，仍應同時併予審酌，乃屬當然。

行政法院四十九年裁字第五十四號、五十年裁字第八號、五十四年裁字第九十五號等判例，認民事訴訟法第四百九十七條（修正前第四百九十三條）所定再審之原因，不得援以對於行政訴訟判決提起再審之訴，與上述意旨無違，尚難認與憲法保障人民訴訟權之規定牴觸。

三、行政訴訟，乃人民因中央或地方機關之違法行政處分，認為損害其權利，請求司法救濟之方法，我國現行行政訴訟法所規定之行政訴訟，係以撤銷訴訟為主，旨在撤銷違法之行政處分，使其自始歸於無效，藉以排除其對人民權利所造成之損害。行政法院二十七年判字第二十八號及三十年判字第十六號判例所謂：「行政訴訟原以官署之處分為標的，倘事實上原處分已不存在，則原告之訴因訴訟標的之消滅，即應予以駁回」及「當事人請求標的消滅，其訴訟關係即應視為終結」各等語，係因以撤銷行政處分為目的之訴訟，乃以行政處分之存在為前提，如在起訴時或訴訟進行中，該處分事實上已不存在時，自無提起或續行訴訟之必要，首開判例，於此範圍內，與憲法第十六條保障人民訴訟權之規定，自無牴觸。惟行政處分因期間之經過或其他事由而失效，其失效前所形成之法律效果，如非隨原處分之失效而當然消滅者，當事人因該處分之撤銷而有可回復之法律上利益時，仍應許其提起或續行訴訟，前開判例於此情形，應不再援用。

院長　黃少谷

不同意見書

大法官 劉鐵錚

按司法院大法官會議法第四條第一項第二款關於終局裁判所適用之「法律或命令」，乃指確定終局裁判作為裁判依據之法律或命令或相當於法律或命令者而言。依法院組織法第二十五條規定：「最高法院各庭審理案件，關於法律上之見解，與本庭或他庭判決先例有異時，應由院長呈由司法院院長召集變更判例會議決定之。」及行政法院處務規程第三十八條第一項規定：「各庭審理案件關於法律上見解，與以前判例有異時，應由院長呈由司法院院長召集變更判例會議決定之。」足見最高法院及行政法院判例，在未變更前，有拘束力，可為各級法院裁判之依據，如有違憲情形，自應有司法院大法官會議法第四條第一項第二款之適用，始足以維護人民之權利。業經本院大法官會議釋字第一五四號解釋於其解釋理由書內明示在案，合先說明。

民事訴訟法第四百九十七條所定之再審原因「……確定之判決，如就足影響於判決之重要證物，漏未斟酌」之規定，係何等重要之再審原因，影響人民之權益及司法之威信，莫此為甚，乃行政法院四十九年裁字第五十四號、五十年裁字第八號、五十四年裁字第九十五號等判例，竟認其「依法不得援為對行政訴訟判決提起再審之訴之根據」，該等判例剝奪人民對確定終局裁判依法應享之救濟機會，無異限制人民憲法上訴訟權之行使，與憲法第十六條之規定牴觸，應為無效。茲述理由如下：

一、民事訴訟法第四百九十七條規定：「依第四百六十六條不得上訴於第三審法院之事件，除前條規定外，其經第二審確定之判決，如就足影響於判決之重要證物，漏未斟酌者，亦得提起再審之訴」，係為補救若干案件不得上訴於第三審法院之缺失，於第四百九十六條所定再審原因外，另行增加之再審原因，刑事訴訟法第四百二十一條、動員戡亂時期公職人員選舉罷免法第一百零九條第二項第二款亦有相同或類似之規定。觀之行政訴訟兼具法律審及事實審之功能，且係採一審終結之制度，該項再審原因，於行政訴訟實較於民、刑事訴訟，更具有規定及適用之堅強理由，方足以保障人民合法之權益，維持審判之公平。

二、裁判確定後，就法院方面言，有不可廢棄性之確定力；就當事人言，有信賴性之確定力，但有法定再審原因時，當事人仍非不可聲明不服，請求法院再為審判，以求公平正義之實現，克盡國家保護權利之職責。行政訴訟法第二十八條繼受民事訴訟法第四百九十六條再審原因，雖對同法第四百九十七條再審原因未另設明文，但鑒於行政訴訟法第三十三條：「本法未規定者，準用民事訴訟法」之規定，則在前述第二十八條所定之原因有欠缺，即所謂法律漏洞存在時，法官必須探求法律規定之目的，超越條文之內容，使其適用於其他未規定之類似事項，以補充法律之不完備，填補法律之缺陷，此法律上準用規定所由設；而民事訴訟法第四百九十七條所定再審原因，無論從立法理由上、從民、刑及選舉訴訟制度比較上、從保障人民權利維護審判公正上，皆應依行政訴訟法第三十三條準用於行政訴訟之再審程序。應準用而不準用，在個別案件固僅發生適用法律錯誤之問題，此非大法官會議所可審究；但已形成判例，作為法院嗣後裁判之依據時，已成為一種規範，即普遍地影響人民再審之權利，發生限制人民憲法上訴訟權行使之問題，自應由大法官會議解釋為違憲而無效。

三、姑不論民事訴訟法第四百九十七條與第四百九十六條，原係就不同案件之再審原因，分別所為之規定，行政訴訟法僅係就上述第四百九十六條之再審原因加以列舉，應無拉丁法諺上所謂「省略規定之事項應認為有意省略」(Casus omissus proomisso habendus est) 以及「明示規定其一者應認為排除其他」(Expressio unius est exclusio alterius) 之適用；更何況該法諺也非在任何情形下均可援用，如法律條文顯有闕漏或有關法條尚有解釋餘地時，則此項法諺即不復適用，本院大法官會議釋字第三號解釋已闡釋甚明。上述民事訴訟法第四百九十七條所定再審原因，於行政訴訟法中，初無有意省略或故予排除之理由，鑒於同法第三十三條之規定，基於保障人民憲法上權利之宗旨，根據前述之理由，首開行政法院判例顯然牴觸憲法第十六條。

機關不同，職權亦異，我國各級法院因無釋憲權，故審理案件時，多不從憲法層面考慮問題，而對法律之解釋適用，亦多嚴謹審慎；惟大法官會議負有解釋憲法保障人民基本權利之重責大任，在不違背法理之前提下，透過解釋，闡明在憲法之位階下，法律之正確適用，以貫徹保障人民憲法上應享之權利，而無待乎法律之修正，正所以發揮大法官會議之功能。爰為一部不同意見書。

參、司法院釋字第二一八號解釋

中華民國七十六年八月十四日司法院公布

人民有依法律納稅之義務，憲法第十九條定有明文。國家依法課徵所得稅時，納稅義務人應自行申報，並提示各種證明所得額之帳簿、文據，以便稽徵機關查核。凡未自行申報或提示證明文件者，稽徵機關得依查得之資料或同業利潤標準，核定其所得額。此項推計核定方法，與憲法首開規定之本旨並不牴觸。惟依此項推計核定方法估計所得額時，應力求客觀、合理，使與納稅義務人之實際所得相當，以維租稅公平原則。至於個人出售房屋，未能提出交易時實際成交價格及原始取得之實際成本之證明文件者。財政部於六十七年四月七日所發（六七）台財稅字第三二二五二號及於六十九年五月二日所發（六九）台財稅字第三三五二三號等函釋示：「一律以出售年度房屋評定價格之百分之二十計算財產交易所得」，不問年度、地區、經濟情況如何不同，概按房屋評定價格，以固定不變之百分比，推計納稅義務人之所得額自難切近實際，有失公平合理，且與所得稅法所定推計核定之意旨未盡相符，應自本解釋公布之日起六個月內停止適用。

解釋理由書

憲法第十九條規定：「人民有依法律納稅之義務」，國家依據所得稅法課徵所得稅時，無論為個人綜合所得稅或營利事業所得稅，納稅義務人均應在法定期限內填具所得稅結算申報書自行申報，並提示各種證明所得額之帳簿、文據，以便稽徵機關於接到結算申報書後，調查核定其所得額及應納稅額。凡未在法定期限內填具結算申報書自行申報或於稽徵機關進行調查或復查時，未提示各種證明所得額之帳簿、文據者，稽徵機關得依查得資料或同業利潤標準，核定其所得額，所得稅法第七十一條第一項前段、第七十六條第一項、第七十九條第一項、第八十條第一項及第八十三條第一項規定甚明。此項推計核定所得額之方法，與憲法首開規定之本旨並不牴觸。惟依推計核定之方法，估計納稅義務人之所得額時，仍應本經驗法則，力求客觀、合理，使與納稅義務人之實際所得額相當，以維租稅公平原則。至於個人出售房屋，未能提示交易時實際成交價格及原始取得之實際成本之證明文件，致難依所得稅法第十四條第一項第七類第一目計算所得額者，財政部於六十七年四月七日所發（六七）台財稅字第三二二五二號及於六十九年五月二日所發（六九）台財稅字第三三五二三號等函釋示：「一律以出售年度房屋評定價格之百分之二十計算財產交易所得」，此時既不以發見個別課稅事實真相為目的，而又不問年度、地區、經濟情況如何不同，概按房屋評定價格，以固定不變之百分比，推計納稅義務人之所得額，自難切近實際，有失公平合理，且與所得稅法所定推計核定之意旨未盡相符，應自本解釋公布之日起六個月內停止適用。

臺灣省稅務局於六十七年二月三日所發（六七）稅一字第五九六號函，已為上開財政部函所涵蓋，無庸另行解釋，併予敘明。

大法官會議主席 林洋港
大法官 楊與齡
翁岳生
張承韜
劉鐵錚
李鐘聲
鄭健才
馬漢寶

楊日然
翟紹先
陳瑞堂
李志鵬
吳　庚
史錫恩
范馨香

不同意見書

大法官　劉鐵錚

財政部（六七）台財稅字第三二五二號及（六九）台財稅字第三三五二三號等函釋示：「個人出售房屋，除能提出交易時之實際成交價格及原始取得之實際成本，並經查明屬實者，得以其差額為財產交易所得外，其未能提出者，一律以出售年度之房屋評定價格之百分之二十計算財產交易所得。」是否無效，而應停止適用，繫於其是否違法、違憲而定。

國家事務之處理，均需相當之經費，租稅之徵收，實為主要來源之一。人民為國家構成分子，負有支持國家經費，以維國家之生存發展。故國家依所得稅法課徵所得稅時，人民應自行申報，並提供課稅資料，以便稽徵機關查核。其未自行申報或提供確實課稅資料者，稽徵機關應依查得之資料或同業利潤標準，核定其所得額，所得稅法第七十九條、第八十三條定有明文。此項學術上所謂之「推估計算原則」，係關於課稅原因事實有無之事實認定問題，與憲法第十九條所規定之租稅法律主義有別❶；再該項原則係基於公平課稅之理念而產生，不使不為協力合作之不誠實納稅義務人獲利，而為確保國庫稅收、防衛稅務之一種不得已之手段，各國立法例多採之❷，並未牴觸憲法有關之條文。

推估計算方法，參考外國立法例❸，原不以查得資料或同業利潤標準為限，其他合理可行之方法或標準，法律並不禁止，換言之，上引條文所採之推估計算方法，應解為例示規定，而非列舉規定，方為適當，此由營利事業，始有所謂同業利潤標準可資適用，若個人出售房屋，其交易所得之計算，雖所得稅法第十四條第七類之一明文規定：「財產或權利原為出價取得者，以交易時之成交價額，減除原始取得之成本，及因取得、改良及移轉該項資產而支付之一切費用後之餘額為所得額。」惟若納稅義務人不依法提示有關文據，稽徵機關調查又顯有困難或花費過鉅時，豈可因此免徵？以鼓勵人民規避稅法上應盡之義務，而達逃稅之目的？首揭財政部函釋，當係本此立法意旨而為，並未逾越所得稅法第七十九條、第八十三條所定推估計算原則之範圍。

按前述函釋中之房屋評定價格，係由各縣市不動產評價委員會所評定，不僅其組織超然客觀❹，且於其評定時，已考慮地區、房屋種類等級、折舊、地段以及供需概況等經濟因素❺，在納稅義務人不提示有關課稅資料時，毋寧為計算房屋交易之一相當合理之基礎；至以該評定價格百分之二十計算房屋交易所得，除與性質近似之同業利潤標準接近外，也與民法第二百零五條最高利率限制相吻合，符合社會一般之獲利狀態，尚難謂有何有失公平之處。

何況推估計算原則，原為行政機關為確保稅收，防衛稽徵，針對故意或過失不提示有關文據之納稅義務人所採之一種不得已措施，所採之推估方法，只要客觀並具有相當理由，能適用處於相同地位之多數納稅義務人便為已足，期其應完全接近各個納稅義務人之實際所得，不顧稽徵之實際困難，實嫌奢求，有違推估計算原則之立法精神。

行政機關所制定之規章、命令，若不違法違憲，又無顯然有欠公平合理之處，大法官會議不能僅因其規定有欠適當或在缺乏詳實具體資料佐證下，不能僅以有欠公平、合理之懷疑，就斷然否定其效力，停止其適用。

美國聯邦最高法院院長馬夏爾在一百六十八年前一件著名判決中❻，曾明確地說明：「我們必須承認政府的權力是有限的，而且不可逾越其有限的權利範圍。惟憲法的正確解釋，必須容許國家機關對憲法授予之權力所採取的措施，具有裁量或選擇之自由，俾使政府能以對人民最有利之方法，執行憲法所賦予之職務。只要目的是合法的，是在憲法範圍之內的，則所有正當及顯然合於該目的而未經禁止的，貫徹憲法條文和精神的方法，都是合於憲法的。」誌此以為參考，並為不同意見書如上。

❶ 大法官會議議決釋字第二一七號解釋內載：「憲法第十九條規定人民有依法律納稅之義務，係指人民僅依法律所定之納稅主體、稅目、稅率、納稅方法及納稅期間等項而負納稅之義務。至於課稅原因事實之有無及有關證據之證明力如何，乃屬事實認定問題，不屬於租稅法律主義之範圍。……」

❷ (一) 西德之相關立法例：1.西德租稅通則法（一九七七）第一六二條係關於課稅基礎之推估之規定。其第一項規定：「稽徵機關就課稅基礎不能為調查或計算時，則應推估之。但於推估時，應注意推估上之各種情事」。第二項規定：「納稅義務人就自己之報告不能為完全之說明，或拒絕提供其他資料，或拒絕為代替宣誓之保證，或違反依同法第九十條第二項之協助義務時，尤應推估之。納稅義務人不依稅法設置帳簿或登帳者，或其帳證記錄非依同法第一五八條之規定者，亦同」。2.西德租稅通則法第九十條係關於當事人之合作義務之規定，其第一項規定：「當事人就事實之調查負合作之義務。當事人應藉對於課稅有重大關係之事實完全與真實之公開，並提供於彼所已了然之證據方法，以遵守合作之義務。義務之範圍，視個別情況而定」。第二項規定：「應調查或在稅法上應予評價之事實，如有涉及本法適用範圍以外之事件者，當事人應闡明其事實，並提出所需之證據方法。對此，當事人應盡一切法律上與事實上之可能性。當事人依情況就其關係之形成賦予可能性且容許性者，不得主張不能闡明或不能提出證據方法」。

(二) 美國之相關立法例：依美國內地稅法（一九五四）第四四六條(b)項規定：「如納稅義務人不使用正規之會計處理方法，或其使用之方法不能明確顯示所得時，則將本於稽徵機關之意見，而以足資明確顯示所得之方法計算其課稅所得」。

(三)日本之相關立法例：依日本現行所得稅法第一五六條(法人稅法則為第一三二條)規定：「稅務署長對於住民之所得稅為更正(調整核定)或決定(逕行核定)時，得依其財產或債務之增減狀況、收入或支出之狀況，或依生產量、銷售量及其他使用量、員工數及其事業規模等，以推計其各該年度之各種所得或損失之金額」。

❸ 美國關於推計課稅之態樣，舉其要者，均有下列五種：(一)淨值證明法：此法係依據納稅人之課稅年年度終了時之資產淨值對該年度開始時所增加之金額，與其本年度中各項消費支出之金額合計之總額，推計其所得。(二)現金消費額法：此法係以納稅人在課稅年度期間所支出之消費金額，所超過其所申報之所得額之差額，推計為未申報之所得額。(三)百分率法：此法係以納稅人以往年度結算申報書或同業納稅人之申報書所示之成本、收入、毛利及淨利等之各種百分率，與此納稅人現年度所申報者相互比照，以推計其所得。(四)單位數量法：此法係依銷貨量、用料量、員工數、耗電量等之計算單位，求得每一單位之所得額或生產量等，據以推計其全部所得額。(五)銀行存款額法：此法係將銀行存款之全部金額中，減除顯非所得構成性之部分後，推計其所餘部份為課稅所得。

❹ 房屋稅條例第九條各直轄、縣(市)(局)應選派有關主管人員及建築技術專門人員組織不動產評價委員會。不動產評價委員會應由當地民意機關及有關人民團體推派代表參加，人數不得少於總額五分之二，其組織規程由財政部定之。

❺ 房屋稅條例第十一條房屋標準價格，由不動產評價委員會依據下列事項分別評定，直轄市由市政府

公告之，各縣（市）（局）於呈請省政府核定後公告之。一、按各種建造材料所建房屋，區分種類及等級。二、各種房屋之耐用年數及折舊標準。三、按房屋所處街道村里之商業交通情形及房屋之供求概況，並比較各該不同地段之房屋買賣價格減除地價部分，訂定標準。前項房屋標準價格，如物價總指數有百分之三十以上增減時，應重行評定，並應依其耐用年數予以折舊，按年遞減其價格。

❻ 參見 McCulloch v. Maryland, 4 Wheat. 316; 4L. Ed.5579 (1819)。

附記：可比較民國八十六年十月三十日通過之司法院釋字第四三八號解釋。

肆、司法院釋字第二二八號解釋

中華民國七十七年六月十七日司法院公布

國家賠償法第十三條規定：「有審判或追訴職務之公務員，因執行職務侵害人民自由或權利，就其參與審判或追訴案件犯職務上之罪，經判決有罪確定者，適用本法規定。」係針對審判與追訴職務之特性所為之特別規定，尚未逾越立法裁量範圍，與憲法並無牴觸。

解釋理由書

憲法第二十四條規定：「凡公務員違法侵害人民之自由或權利者，除依法律受懲戒外，應負刑事及民事責任。被害人民就其所受損害，並得依法律向國家請求賠償。」據此而有國家賠償之立法，此項立法，自得就人民請求國家賠償之要件為合理之立法裁量。國家賠償法第二條第二項前段：「公務員於執行職務行使公權力時，因故意或過失不法侵害人民自由或權利者，國家應負損害賠償責任。」係國家就公務員之侵權行為應負損害賠償責任之一般規定。而同法第十三條：「有審判或追訴職務之公務員，因執行職務侵害人民自由或權利，就其參與審判或追訴案件犯職務上之罪，經判決有罪確定者，適用本法規定。」則係國家就有審判或追訴職務之公務員之侵權行為應負損害賠償責任之特別規定。

依現行訴訟制度，有審判或追訴職務之公務員，其執行職務，基於審理或偵查所得之證據及其他資料，為事實及法律上之判斷，係依其心證及自己確信之見解為之。各級有審判或追訴職務之公務員，就同一案件所形成之心證或見證，難免彼此有所不同，倘有心證或見解上之差誤，訴訟制度本身已有糾正機能。關於刑事案件，復有冤獄賠償制度，予以賠償。為維護審判獨立及追訴不受外界干擾，以實現公平正義，上述難於避免之差誤，在合理範圍內，應予容忍。不宜任由當事人逕行指為不法侵害人民之自由或權利，而請求國家賠償。唯其如此，執行審判或追訴職務之公務員方能無須瞻顧，保持超然立場，使審判及追訴之結果，臻於客觀公正，人民之合法權益，亦賴以確保。至若執行此等職務之公務員，因參與審判或追訴案件犯職務上之罪，經判決有罪確定時，則其不法侵害人民自由或權利之事實，已甚明確，非僅心證或見解上之差誤而已，於此情形，國家自當予以賠償，方符首開憲法規定之本旨。

按憲法所定平等之原則，並不禁止法律因國家機關功能之差別，而對國家賠償責任為合理之不同規定。國家賠償法針對審判及追訴職務之上述特性，而為前開第十三條之特別規定，為維護審判獨立及追訴不受外界干擾所必要，尚未逾越立法裁量範圍，與憲法第七條、第十六條、第二十三條及第二十四條並無牴觸。

大法官會議主席 林洋港
大法官 翁岳生
翟紹先
楊與齡
李鐘聲
楊建華
楊日然
馬漢寶
劉鐵錚
鄭健才
吳庚
史錫恩

陳瑞堂
張承韜
張特生
李志鵬

不同意見書

大法官 劉鐵錚

國家賠償法第十三條規定：「有審判或追訴職務之公務員，因執行職務侵害人民自由或權利，就其參與審判或追訴案件，犯職務之罪，經判決有罪確定者，適用本法規定。」係就有審判或追訴職務之公務員之侵權行為，嚴格限制國家應負之損害賠償責任，即唯於該等公務員參與審判或追訴案件犯職務之罪，經判決有罪確定者，國家始負賠償責任，於審檢人員因為過失（包括重大過失）不法侵害人民權益時，國家則置被害人民所受損害於不顧，顯有牴觸憲法第二十四條之規定，依同法第一百七十一條第一項，應為無效。謹就本人採取上述結論之理由，說明如後：

一、憲法第二十四條規定：「凡公務員違法侵害人民之自由或權利者，除依法律受懲戒外，應負刑事及民事責任。被害人民就其所受損害，並得依法律向國家請求賠償。」除就公務員個人應負之責任，有所規定外，並明文揭示國家之賠償責任，所採者為雙重責任制。條文中僅曰凡公務員「違法」侵害人民之自由或權利，國家即應負賠償責任，並未提及故意或過失之問題，是本條所採者，究為無過失責任主義，抑過失責任主義，非無爭議，本人姑採通說❶，以過失責任主義為本不同意見書之立論基礎。

二、憲法第二十四條僅曰「凡公務員」違法侵害人民之自由或權利，國家即應負賠償責任，並未區別公務員之類別，此因公務員種類繁多，職務各異，性質有殊，實難一一劃分，惟於其有故意或過失不法侵害人民權益，構成侵權行為，人民遭受損害時，則其結果相同。為符合憲法保障人民權利之意旨，貫徹國家賠償法制之精神，國家自均應負賠償責任，此不僅為法理之當然，亦為公平正義之要求。蓋國家在公法關係上，與人民雖立於上下統屬（權力）關係，但在私法關係上，卻與人民立於平行對等關係。私人侵害他人自由或權利，國家以法律命其負賠償責任❷；今國家本身侵害人民之自由或權利，國家卻因該等公務員非故意（未構成犯罪，並判刑確定），而推卸國家責任，此豈事理之平？不僅擅改憲法上之過失責任主義為故意責任主義，且也混淆民事與刑事責任之區別，更是違背有權利即有救濟 (Ubi jus, ibi remedium)、有損害就有賠償 (Ubicunque est injuria, ibi dammum sequitur) 之法諺。

三、民法第一百八十六條第一項規定：「公務員因故意違背對於第三人應執行之職務，致第三人之權利受損害者，負賠償責任。其因過失者，以被害人不能依他項方法受賠償時為限，負其責任。」係現行法上關於公務員民事責任之基本規定，並未區別公務員之類別，而一體適用。其中過失侵權行為時，所採責任限制之規定，係因公務員職務之執行，乃推動國家之政務，以促進人民之福祉，事繁且重，難免疏誤，如因而招致人民權益之損害，必也使其負賠償責任，則公務員不免心生畏懼，多所瞻顧，此不僅妨礙國家政務之推動，也嚴重影響人民之利益。職是之故，乃有此學說上所謂之公務員補充責任條款之規定，以促使公務員安心工作，勇於擔當。今公務員因「過失」違法侵害人民之權益，在一般公務員，因被害人民可依國家賠償法第二條第二項前段：「公務員於執行職務行使公權力時，因故意或過失不法侵害人民自由或權利者，國家應負損害賠償責任。」請求國家賠償，一般公務員因而免責；而於有審判或追訴職務之公務員，因被害人民受到國家賠償法第十三條之限制，不能請求國家負賠償責任，而唯有請求有審判或追訴職務之公務員自己賠償。國家賠償法第十三條，針對審判與追訴職務之特性，所為之特別規定，除已造成公務員負民事責任之差別待遇外，豈能促使執行審判或追訴職務之公務員，於執行職務時無所瞻顧？又豈能維護審判獨立及追訴不受外界干擾之原則？相反地，該條規定將造成公務員補充責任條款之立法目的完全落空之境地，殆可斷言。

四、公務員係代表國家行使公權力，於執行職務時，非無違法執行之可能，故國家對其授與之權限，因公務員違法執行，致造成人民損害時，國家自應直接負賠償責任。今推檢人員因「過失」不法侵害人民之權益，推檢人員本身猶須負賠償責任時，國家卻袖手旁觀，此豈國家特別愛護推檢人員之理？若推檢人員經濟能力薄弱，被害人民難獲賠償時，此又豈國家保護人民基本權利之道？抑有進者，於推檢人員有「重大過失」違法侵害人民權益時，國家竟也不負賠償之責，是則憲法上所保障之人民自由或權利，以及憲法上所規定之國家賠償制度，豈不等於一紙空談？而重大過失之責任，不得預先免除之基本法理❸，也破壞殆盡矣！

五、在訴訟程序中，對於法律之運用或解釋，由於執法者之過失，以至錯認事實，誤解法律，誤用法律，違法侵害人民之自由或權利，致人民遭受損害，非無可能。關於刑事案件，雖有冤獄賠償法，對無辜而受羈押或受刑之執行者，予以賠償之規定，然推檢人員因過失違法侵害人民之權益，豈僅冤獄耳！生命權、自由權以外之人格權，以及身分權、財產權，皆有被侵害之可能，訴訟制度上各種程序，雖有糾正機能（有罪改判無罪、敗訴改判勝訴等是）卻未必能完全回復當事人現實上所受損害之權益（如財產已執行、名譽已受損）。於一般公務員違法侵害人民權益，或公有公共設施，因設置或管理有欠缺，致人民權益受損時，國家皆負賠償責任，而於代表公平正義之司法人員，因過失或重大過失違法侵害人民自由或權利時，國家反不負責，剝奪人民依憲法應享有之國家賠償權，此豈符合舉輕以明重之原則，又豈為尊重人權之表現？

六、憲法第二十四條對國家賠償制度，雖具有原則規範之性質，人民不得逕據本條而為賠償之請求，猶須依據法律為之。然此「法律」絕不可限縮國家之責任，嚴格國家賠償之要件，而犧牲人民基本權利之保障，故此所謂「依法律」，並非法律保留之意義，乃為國家無責任原則之拋棄的表示。因而國家賠償法第十三條宥於舊日國王不能為非、官尊民卑之觀念，而為排除國家應負賠償責任之規定，自屬違背憲法。

綜合以上所述理由，國家賠償法第十三條不僅牴觸憲法第二十四條之文義，實也牴觸憲法第二十四條制定之精神，其違背若干法理，並造成推檢人員負民事責任之不平等待遇，已甚明顯，逾越立法上合理裁量之範疇，依憲法第一百七十一條第一項：「法律與憲法牴觸者無效。」之規定，自應為無效之解釋。爰為此不同意見書。

❶ 參照林紀東教授著《中華民國憲法逐條釋義》第一冊（民國七十一年修訂初版），第三六三頁。

❷ 參照民法第一百八十四條。

❸ 參照民法第二百二十二條。

編後附記：

民國七十九年九月十五日司法院編印之《司法院大法官釋憲四十週年紀念論文集》，其中載有第四屆鄭故大法官玉波之大作——〈大法官會議釋字第二三一八號解釋與民法第一八六條之關係〉，對本號解釋有鞭辟入裡之分析與批評，可供參考。

伍、司法院釋字第二三六號解釋

中華民國七十八年三月十七日司法院公布

土地法第二百十九條規定：「徵收私有土地後，不依核准計劃使用，或於徵收完畢一年後不實行使用者，其原土地所有權人得照原徵收價額收回其土地。」所謂「不依核准計劃使用」或「不實行使用」，應依徵收目的所為土地使用之規劃，就所徵收之全部土地整體觀察之，在有明顯事實，足認屬於相關範圍者，不得為割裂之認定，始能符合公用徵收之立法本旨。行政法院六十九年判字第五十二號判例及行政院五十三年六月三十日台五十三內四五三四號令，即係本此意旨，與憲法第十五條並不牴觸。

解釋理由書

按人民之財產權應予保障，憲法第十五條定有明文。惟基於憲法第二十三條、第一百零八條第一項第十四款及第一百四十三條第一項前段規定之意旨，國家為公用之需要，得依法徵收人民之土地。土地徵收後，需用土地人，即應在一定期限內，依照核准計劃實行使用，以防止徵收權之濫用，而保障人民私有土地權益。故土地法第二百十九條規定：「徵收私有土地後，不依核准計劃使用，或於徵收完畢一年後不實行使用者，其原土地所有權人得照原徵收價額收回其土地」。上述規定所謂「不依核准計劃使用」或「不實行使用」，應依徵收目的所為土地使用之規劃，就所徵收之全部土地整體觀察之，在有明顯事實，足認屬於相關範圍者，不得為割裂之認定，始能符合公用徵收之立法本旨。行政法院六十九年判字第五十二號判例：「土地法第二百十九條所謂『徵收私有土地後，不依核准計劃使用』，係對於所徵收土地之整體不依原核准計劃使用而言，若就徵收之土地已按原核准計劃逐漸使用，雖尚未達到該土地之全部，但與不依核准計劃使用之情形有間，應無該條之適用。」及行政院五十三年六月三十日台五十三內四五三四號令：「需地機關是否已於徵收完畢一年後實行使用之認定，應以該項徵收土地之整體為準。而不能仍按徵收前之個別原所有權之各個地區以為認定已否實行使用之準據」各等語，即係本此意旨，與憲法第十五條並不牴觸。

至徵收土地是否符合法定要件，其徵收之範圍有無逾越必需之限度，乃該徵收處分是否違法之問題；就所徵收之土地，於如何情形下，始為依核准計劃為整體之使用，乃具體案件事實認定事項；又原土地所有權人依土地法第二百十九條主張收回其土地，有無期間之限制，均不在本憲法解釋範圍內，併此說明。

大法官會議主席 林洋港
大法官 翁岳生
翟紹先
楊與齡
李鐘聲
楊建華
楊日然
馬漢寶
劉鐵錚
鄭健才
吳庚
史錫恩

陳瑞堂
張承韶
張特生
李志鵬

不同意見書

大法官　劉鐵錚

行政法院六十九年判字第五十二號判例：「土地法第二百十九條所謂『徵收私有土地後，不依核准計劃使用』，係對於所徵收土地之整體，不依原核准計劃使用而言，若就徵收之土地已按原核准計劃逐漸使用，雖尚未達到該土地之全部，但與不依核准計劃使用之情形有間，應無該條之適用。」有變更土地法第二百十九條：「徵收私有土地後，不依核准計劃使用，……其原土地所有權人得照原徵收價額收回其土地」法律效果之嫌，牴觸憲法第十五條保障人民財產權之規定，依憲法第一百七十二條，應為無效。

人民基本權利之保障，是民主法治且實行憲政的國家重要之責任，但另一方面，憲法為追求公共利益，也無不許代表民意的立法機關，於一定條件下，限制人民之自由權利。因此，如何調和私益與公益，追求二者之均衡點，毋寧是國家各種機關——立法、行政、司法努力以赴之目標。

人民財產權應予保障，憲法第十五條定有明文，惟基於憲法第二十三條、第一百零八條第一項第十四款及第一百四十三條第一項前段規定之意旨，國家為公用之需要，得依法徵收人民之土地。故土地法第二百零八條及第二百零九條規定，國家為興辦公共事業或實施國家經濟政策，得徵收私有土地。但徵收之範圍，應以其「必需者」為限（第二〇八條參照），且徵收必須補償（第二三六條以下參照），即為平衡私益與公益之立法作為。惟土地徵收對人民財產權影響極大，必須嚴格管制，方不易產生浪費土地資源、與民爭利及損害人民財產之結果。因此，土地法不僅在徵收前，對徵收之程序，有縝密之規定，即需由需用土地人擬具詳細徵收計劃書，並應附具徵收土地圖說及土地使用計劃書，報請行政院或省政府核准（第二二二條、第二二三條參照），且依土地法施行法第五十條之規定，土地徵收計劃書應記明一定之事項，其中包括：被徵收土地之使用配置及興辦事業所擬設計大概等，依同法第五十三條之規定，土地使用計劃圖如係興辦公共事業指建築地盤圖……；即於徵收土地後，復有第二百十九條之規定：「徵收私有土地後，不依核准計劃使用，或於徵收完畢一年後不實行使用者，其原土地所有權人得照原徵收價額收回其土地。」以為事後之監督，亦所以盡保障私人權益之所能。凡此均為調和私益與公益之立法表現，對人民財產權之維護與公益之增進，可說是兼籌並顧。

因公共事業之「必需」，而徵收私有土地，若徵收後「不依核准計劃使用」，不論其為變更原使用目的或用途，或僅為小部分使用後而停止使用，或不於合理期間內使用等，自均係不依核准計劃使用，此顯見徵收之草率，徵收之土地非全屬必需；至於徵收一年後根本未開始實行使用，更顯示徵收土地實無必要。法律為保障私人財產，防止濫用徵收權起見，乃准許原土地所有權人得照原徵收價額，收回其土地。法良意美，值得肯定。

前開行政法院六十九年判字第五十二號判例，則於原土地所有權人收回權行使要件上——不依核准計劃使用——增加「係對於所徵收土地之整體不依原核准計劃使用而言」乙詞，以示限制，似有變更法律條文原義之嫌，使所謂不依核准計劃使用之要件，成為極不確定之概念，有更形成主觀認定之缺陷，有易被誤用、濫用之可能，對憲法所保障之人民財產權造成嚴重傷害。蓋在整體觀察下，可能會置「不依核准計劃使用」之要件，於無用之境地；在整體觀察下，縱僅使用徵收土地百分之十四，而其餘百分之八十五強未被使用，也可謂非屬不依核准計劃使用；在整體觀察下，部分徵收土地雖長達二、三十年閒置不用，也可謂與不依核准計劃使用有間，是則土地法調和私益與公益，均衡私人財產之保護及公共利益之增進的努力，將被破壞殆盡矣！

按憲法第二十三條限制人民自由權利之規定，必須符合下列三項要件：其一、公共利益之目的。即限制人民自由權利之措施，必須出於公共利益之考慮，即必須為防止妨礙他人自由、避免緊急危難、維持社會秩序或增進公共利益目的之一；其二、須以法律限制。

即法律保留之謂，乃立法機關取得權力之象徵，也是議會受到憲法信任之表現，藉此以防範人民權利受到國家行政權及司法權之侵犯；其三、必要原則。即為達特定目的所採限制之手段，必須合理、適當，不可含混、武斷，換言之，所採之手段固必須能達成目的，然必擇其對人民損害最輕，負擔最低，且不致造成超過達成目的所需要之範圍，始足當之。此項必要原則與英美法系之正當法律程序 (Due Process of Law) 與歐陸法制之比例原則 (Das Prinyie der Verhaeltnismaesaigkeit) 頗相類似，均以調和私益與公益為著力點。

根據上述憲法限制人民基本權利之要件，檢討首開行政法院判例，則可見所謂整體觀察，雖意在闡明法文之原義，但卻使不依核准計劃使用，成為極不確定之標準，置土地法關於徵收應以其事業所必需者為限為無意義（第二〇八條參照）及保留徵收之規定於無益（第二一三條參照），確有逾越法律固有效力範圍之嫌，而與土地法立法意旨不符，不僅有違憲法上法律保留之原則，實也動搖了土地法第二百十九條在憲法上必要原則之基礎，而牴觸憲法第十五條人民財產權應予保障之明文。

徵收私有土地後，是否不依核准計劃使用，當然不能割裂認定，但也不可整體觀察，其唯一之標準，乃依核准計劃加以判斷，否則即有失憲法及法律保護私有財產之原意。職司釋憲，負有保障人民權益之大法官會議，依憲法第一百七十二條：「命令與憲法或法律牴觸者無效」之規定，就首開行政法院六十九年判字第五十二號判例，自應為無效之解釋。

爰為此不同意見書。

陸、司法院釋字第二四二號解釋

中華民國七十八年六月二十三日司法院公布

中華民國七十四年六月三日修正公布前之民法親屬編，其第九百八十五條規定：「有配偶者，不得重婚」；第九百九十二條規定：「結婚違反第九百八十五條之規定者，利害關係人得向法院請求撤銷之。但在前婚姻關係消滅後，不得請求撤銷」，乃維持一夫一妻婚姻制度之社會秩序所必要，與憲法並無牴觸。惟國家遭遇重大變故，在夫妻隔離，相聚無期之情況下所發生之重婚事件，與一般重婚事件究有不同，對於此種有長期實際共同生活事實之後婚姻關係，仍得適用上開第九百九十二條之規定予以撤銷，嚴重影響其家庭生活及人倫關係，反足妨害社會秩序，就此而言，自與憲法第二十二條保障人民自由及權利之規定有所牴觸。

解釋理由書

中華民國七十四年六月三日修正公布前之民法親屬編，其第九百八十五條規定：「有配偶者，不得重婚」，旨在建立一夫一妻之善良婚姻制度。其就違反該項規定之重婚，於第九百九十二條規定：「結婚違反第九百八十五條之規定者，利害關係人得向法院請求撤銷之。但在前婚姻關係消滅後，不得請求撤銷」，以資限制。此項規定，並不設除斥期間，乃在使撤銷權人隨時得行使其撤銷權，為維持一夫一妻婚姻制度之社會秩序所必要，與憲法並無牴觸。惟修正公布前民法親屬編未如修正公布後之第九百八十八條規定重婚為無效，則重婚未經撤銷者，後婚姻仍屬有效，而國家遭遇重大變故，在夫妻隔離，相聚無期，甚或音訊全無，生死莫卜之情況下所發生之重婚事件，有不得已之因素存在，與一般重婚事件究有不同，對於此種有長期實際共同生活事實之後婚姻關係，仍得適用上開第九百九十二條之規定予以撤銷，其結果將致人民不得享有正常婚姻生活，嚴重影響後婚姻當事人及其親屬之家庭生活及人倫關係，反足以妨害社會秩序，就此而言，自與憲法第二十二條保障人民自由及權利之規定，有所牴觸。至此情形，聲請人得依本院釋字第一七七號及第一八五號解釋意旨，提起再審之訴，併予說明。

大法官會議主席 林洋港

大法官 翁岳生

翟紹先
楊與齡
李鐘聲
楊建華
楊日然
馬漢寶
劉鐵錚
鄭健才
吳　庚
史錫恩
陳瑞堂
張承韶
張特生
李志鵬

不同意見書

大法官 劉鐵錚

中華民國七十四年六月三日修正公布前之民法親屬篇，其第九百九十二條對重婚撤銷權，未設合理除斥期間，任令利害關係人可無限期地行使權利之規定，牴觸憲法第二十二條及第二十三條，依同法第一百七十一條應為無效。

一夫一妻之婚姻政策，為維持男女平等、家庭和睦之理想制度，不容吾人置疑，而世界上大多數國家均採之，也為不爭之事實。惟我國民法親屬篇於民國七十四年修正前，關於重婚，其第九百九十二條僅規定：「結婚違反第九百八十五條之規定者，利害關係人得向法院請求撤銷之。」，而未如該篇修正後之第九百八十八條規定為無效。依民法第九百九十二條，其重婚撤銷權係委諸利害關係人，而非代表國家之檢察官，其權利之行使，為「得」撤銷而非「應」撤銷，顯見撤銷權人如不行使其權利，重婚存在自為普遍之事實，法律上概予以容認，因此乃法律不採重婚為絕對無效之可能結果也。

立法者既已為立法裁量，為一夫一妻制開設例外，重婚在未撤銷前為合法，則在憲法的層面上，法律便不能完全無視於第二次婚姻所建構之家庭人倫秩序。在此前提認識下，進一步討論舊民法第九百九十二條，未設合理除斥期間，任令利害關係人可無限期的行使重婚撤銷權之規定，是否牴觸憲法，方有意義。

重婚之情形，本來多種多樣，無論重婚者係恣意為之，或係得利害關係人之同意、原宥，或因一造之不知，或為傳宗接代之目的，或因與原配偶長期隔離，相聚無期，音訊全無之情形，可說不一而足。雖此均不影響撤銷權之行使，惟問題在於後婚姻如已經過一長時期之合法存在狀態，例如十年或數十年，則在此情形下，法律是否可忽視此長期實際共同生活事實之後婚姻關係，對撤銷權不設合理除斥期間以限制之，而任令利害關係人得隨時嚴重影響後婚配偶之家庭生活，破壞久已建立之人倫社會秩序？論者或認為重婚之撤銷，不設除斥期間，正所以貫徹一夫一妻制。惟如前述，修正前民法，並未採絕對一夫一妻制，此由該九百九十二條對重婚採「得」撤銷之規定，即可知之，否則現行民法第九百八十八條何必畫蛇添足改採絕對一夫一妻制，而規定重婚為無效，並犧牲重婚子女之婚生性；或曰撤銷雖不設期限，但法律對重婚者及其子女，已盡保護之能事。殊不知重婚經撤銷者，不但後婚配偶繼承權消滅，更何況身分之喪失、家庭之拆散、精神之痛苦，豈能斤斤於若干保護耳！

茲進一步申述舊民法第九百九十二條未設合理除斥期間之規定，於法律本身及憲法上未盡妥洽之處：

一、身分行為之瑕疵，因顧慮身分之安定性，撤銷權之行使，皆有一定期限，如逾越該期限時，即不得撤銷，以免破壞長期存在之現存秩序，而無裨於公益。此觀民法第九百八十九條至第九百九十一條、第九百九十三條至第九百九十六條之規定自明。另民法為求財產權秩序之穩定，也設有十五年之一般請求權消滅時效之規定，相較之下，豈非舊民法對於因後婚姻所建立之家庭人倫秩序之保障，反不如對財產債務人保障？而重婚依刑法規定為犯罪行為，但其追訴權仍因十年不行使而消滅（刑法第八十條、第二百三十七條參照），相較之下，豈非舊民法對於後婚姻所建立之家庭人倫秩序之制裁，反嚴苛於國家對侵害社會法益之刑事犯之懲處？該第九百九十二條規定不合理之處，實彰彰明甚。重婚不論其理由為何，也不必問其為平常時期或非常時期，倘已有長期實際夫妻生活之事實，則為維持身分行為所建立之人倫秩序，規定撤銷權人應於合理期間內行使其權利，否則不予保護，毋寧是更合乎法之正義性及目的性之要求。

二、人民有免受嚴苛、異常制裁之自由權利，此在法治先進國家，為其憲法所明文保障，例如美國聯邦憲法於西元一七九一年增訂之人權典章第八條，即明文規定不得對人民處以嚴苛、異常之制裁（...nor cruel and unusual punishments inflicted.）。我國憲法第二十二條係關於人民基本權利保障之補充規定，即除同法第七條至第十八條及第二十一條所為例示外，另設本條規定，概括保障人民一切應受保障之自由權利。免受嚴苛、異常制裁之自由權利，既為現代文明法治國家人民應享有之權利，且不妨害社會秩序與公共利益，自亦在該條保障之列。重婚在舊民法相對無效主義下，後婚姻當事人雖已經過長期不安、恐懼、折磨歲月後，縱已子孫滿堂，家庭幸福，如猶不能免於日夜生活於婚姻被撤銷之陰影中，此對其本人及子孫心靈之創傷、精神之威脅，豈可以筆墨形容！此種法律制裁，非嚴苛、異常者何！能不牴觸憲法所保障之人民有免受嚴苛、異常制裁之自由權利乎！

三、婚姻以及由婚姻所建構之家庭倫理關係，是構成社會人倫秩序之基礎，也是民族發展之礎石。憲法第一百五十六條特別強調國家應保護「母性」，即係本此意旨。故婚姻權及家庭倫理關係也應在憲法第二十二條人民其他自由及權利所保障之範疇中。舊民法既已肯認後婚可以合法建立，亦即容認人民可以建立第二次的家庭關係與人倫秩序，則其一旦建立，自應同受憲法保障，立法者不能予與予奪，任意以違憲方式侵害後婚配偶之婚姻權。是故舊民法第九百九十二條容許撤銷權人可以不問久暫，隨時得以訴訟撤銷後婚姻之規定，既為限制人民自由權利之規定，其必須接受憲法第二十三條之考驗，殆為當然。按憲法第二十三條限制人民自由權利之規定，必須符合公共利益之目的，須以法律限制，及必要原則等三項要件。其中必要原則，係指法律為達特定目的所採限制之手段，必須合理、適當，不可含混、武斷，申言之，所採之手段固必須能達成目的，然必擇其對人民損害最輕，負擔最低，且不致造成超過達成目的所需要之範圍，始足當之。以此標準檢驗舊民法第九百九十二條，吾人可以發現舊民法係採取得撤銷主義以控制重婚，立法者自應預見後婚姻配偶可因後婚姻之合法締結而構建後婚姻之家庭關係與人倫秩序，撤銷權規定之目的，無非在阻卻後婚姻之締結，以保護前婚姻之配偶，惟此一限制目的，立法者縱加設除斥期間，對於後婚姻之締結，仍可具有阻卻效用，但其對於立法者原已容認之後婚姻配偶之婚姻權與其家庭關係、人倫秩序之破壞，較之未設合理除斥期間之得撤銷制度，顯然侵害較少，是以未設除斥期間之得撤銷制度，對於人民婚姻權及家庭倫理關係之限制，並非對人民損害最輕、負擔最低之手段，與憲法第二十三條限制人民自由權利之規定不符。

綜上所述，可知舊民法第九百九十二條未設合理除斥期間之規定，不合乎法之正義性及目的性，並牴觸憲法第二十二條及第二十三條，自應為無效之解釋，爰為此不同意見書。

柒、司法院釋字第二四六號解釋

中華民國七十八年九月二十九日司法院公布

公務人員之退休及養老，依法固有請領退休金及保險養老給付之權利，惟其給付標準如何，乃屬立法政策事項，仍應由法律或由法律授權之命令定之。公務人員退休法第八條第二項就同條第一項所稱「其他現金給與」之退休金應發給數額，授權考試院會同行政院定之。公務人員保險法第二十四條授權訂定之同法施行細則第十五條第一項規定「本法第八條及第十四條所稱被保險人每月俸給或當月俸給，暫以全國公教人員待遇標準支給月俸額為準」，而中華民國七十年六月十二日行政院訂頒之全國軍公教人員待遇支給辦法第七條則對工作津貼及軍職幹部服勤加給、主官獎助金，不列入退休（役）保險俸額內計算，以及對於不服勤人員不予支給加以規定，乃係斟酌國家財力、人員服勤與否或保險費繳納情形等而為者，尚未逾越立法或立法授權之裁量範圍，與憲法並無牴觸。至行政院台五十九人政肆字第一七八九七號函載「因案停職人員在停職期間，既未正式服勤，關於停職半薪及復職補薪，均不包括工作補助費計支」，則係兼顧有服勤工作始應支給補助費之特性所為之說明，與憲法亦無牴觸。

解釋理由書

國家基於憲法第八十三條規定之意旨，制定法律，建立公務人員退休及養老制度。公務人員依法固有請領退休金及保險養老給付之權利，惟其給付標準如何，乃屬立法政策事項，仍應由法律或由法律授權之命令定之。公務人員退休法第八條第二項就同條第一項所稱「其他現金給與」之退休金應發給數額，授權考試院會同行政院定之。公務人員保險法第二十四條授權訂定之同法施行細則第十五條第一項規定：「本法第八條及第十四條所稱被保險人每月俸給或當月俸給，暫以全國公教人員待遇標準支給月俸額為準」；公務人員俸給法於中華民國七十五年七月十六日修正前後，關於公務員之各種加給及俸點折算俸額標準，亦均有授權主管機關訂定之規定，行政院為實施此項法律，於中華民國七十年六月十二日修正發布全國軍公教人員待遇支給辦法，其第七條則對工作津貼及軍職幹部服勤加給、主官獎助金，不列入退休（役）保險俸額內計算，以及對於不服勤人員不予支給」加以規定；銓敘部並曾先後作相關函示（銓敘部（六七）台楷特二字第五七九號函、（六八）

台楷特三字第二三四八三號函）；均係斟酌國家財力、人員服勤與否或為計算養老給付基礎之保險費繳納情形等而為者，得視國民經濟狀況而調整，並非一成不變，尚未逾越立法或立法授權之裁量範圍，與憲法並無牴觸。至行政院台五十九人政肆字第一七八九七號函載「因案停職人員在停職期間，既未正式服勤，關於停職半薪及復職補薪，均不包括工作補助費計支」，則係兼顧因工作而支給補助費之特性所為之說明，與憲法亦無牴觸。

大法官會議主席　林洋港
大法官　翁岳生
翟紹先
楊與齡
李鐘聲
楊建華
楊日然
馬漢寶
劉鐵錚

鄭健才
吳庚
史錫恩
陳瑞堂
張承韜
張特生
李志鵬

不同意見書

大法官　劉鐵錚

憲法第十五條規定：「人民之財產權應予保障。」其承認私有財產制度，不容任何人非法侵犯，至為明顯。蓋財產權乃人民勞力所累積，為法律所設定及保護之經濟利益，如獲適當保障，不僅為個人安寧康樂之資，且為社會繁榮發展之所繫。故人民一旦依法律規定取得財產權時，不論其種類性質如何，即得自由使用、收益、處分，國家非有憲法第二十三條之情形，固不得以法律限制之，其屬於低位階而又牴觸法律之行政命令，自更不能有效地限制人民之財產權。

民國七十年六月十二日行政院訂頒之全國軍公教人員待遇支給辦法第七條前段規定：「依本辦法支給之文職工作津貼軍職幹部服勤加給、主官獎助金，不列入退休（役）撫卹及保險俸額內計算……」。是否牴觸法律，而侵害到憲法上所保障之人民財產權？茲從下列幾點檢討之：

一、國家基於憲法第八十三條規定之意旨，分別建立公務人員保險、退休、撫卹等制度。公務人員保險法第十四條規定：「被保險人在保險有效期間，發生殘廢、養老、死亡、眷屬喪葬四項保險事故時，予以現金給付；其給付金額，以被保險人當月俸給數額為計算給付標準。」；公務人員退休法第六條第二項規定：「一次退休金，以退休人員最後在職之月俸額，及本人實物代金為基數。……」；公務人員撫卹法第四條規定：「公務人員撫卹金基數之計算，以公務人員最後在職之月俸額及本人實物代金為準。」上述各法律分別就公務人員或其遺族所可請領之保險、退休金、撫卹金基數計算之標準，加以規定。申言之，在保險金基數計算，係以被保險人當月「俸給數額」為準；在退休金及撫卹金基數之計算，係以公務人員最後在職之月「俸額及本人實物代金」為準。關於實物代金，固無疑義，所謂「俸給數額」或「俸額」，也即「俸給」之意，辭異而義同。關於俸給之意義及範圍，自應依公務人員俸給法為準。該法第二條開宗明義規定：「公務人員之俸給，分本俸、年功俸及加給，均以月計之」；第五條復規定：「加給分左列三種：一、職務加給……二、技術或專業加給……三、地域加給……」。於此關於俸額或俸給數額之意義及範圍，法律規定已極明確，應無任何爭議可言。況公務人員退休法第八條第二項也肯定：「本法所稱月俸額，包括實領本俸及其他現金給與」，即不以本俸為限，而涵蓋各種工作津貼。是則全國軍公教人員待遇支給辦法第七條，將各種工作津貼（現已改稱為加給）不列入保險、退休、撫卹俸給額內計算，豈不牴觸法律明文規定之俸給範圍？嚴重影響公教人員依法應享有之權益。

二、公務人員退休法第八條第二項規定：「前項其他現金給與之退休金應發數額，由考試院會同行政院定之。」此一條項可否解釋法律授權行政機關，得為排除各種加給（工作津貼、現金給與）於計算保險、退休、撫卹俸給基數範圍外之依據？

首先，應說明者，若立法機關真有意排除其他現金給與於計算退休金基數範圍之外，何不於第八條對月俸額為如下的立法解釋：「本法所稱月俸額僅指實領本俸不包括其他現金給與」為直截了當，並杜爭議。立法機關既肯定月俸額，包括其他現金給與於先，焉能解釋又授權行政機關可排除其他現金給與於後，而自陷矛盾？職是之故該第八條第二項僅能解釋為，授權行政機關，得視國家財力、人員服勤（主管、地區、專業）久暫等因素，而規定其他現金給與之退休金應發數額之多寡而已，絕不可解釋為，係授權行政機關得任意變更法律所明定之計算退休金基數之標準。

其次，前述全國軍公教人員待遇支給辦法第七條，將文職工作津貼等不列入保險、退休、撫卹俸給額內計算，乃限制人民權利之規定，無論是依憲法第二十三條抑中央法規標準法第五條第四款，有關限制人民權利或有關人民權義事項之規定，都應以「法律」為之。可知，惟有法律始能限制或規定人民權利。關於法律授權，我國憲法並未有如西德基本法

第八十條第一項之明文❶；反之，於中央法規標準法第六條更明確規定：「應以法律規定之事項，不得以命令定之。」足見以命令方式規定或限制人民權利，是否違法違憲，本來已大有疑問，本人即使同意涉及人民權利事項，也可為立法授權，但為彌補因此可能造成憲法第二十三條及中央法規標準法第五條保障人權之漏洞，在解釋上，法律授權之範圍，不僅必須非常明確，且授與之權，不能與該法律核心基礎相違背，即涉及該法律之重要原則性者，不可授權，否則法律本身豈非成為虛無空洞，而上述憲法及中央法規標準法保障人權之努力，也勢必落空。特此以觀，若認為公務人員退休法第八條第二項，係授權行政機關可以變更公務人員退休法所明文據以為計算退休金基數之標準者，此時，不僅該行政命令難以有效，即該授權法律也難合法存在。

三、再退一步言，即令如本號解釋多數之意見，認為全國軍公教人員待遇支給辦法第七條，係在公務人員退休法第八條第二項立法授權之裁量範圍，但對於無類似授權條文之公務人員保險法及公務人員撫卹法，又將作如何之解釋？上述辦法第七條就保險、撫卹等俸給額之計算所為之規定，能不牴觸法律，而侵害憲法上所保障之人民財產權乎！

綜上所述，本人以為全國軍公教人員待遇支給辦法第七條前段，牴觸法律，侵害憲法第十五條所保障之人民財產權，依憲法第一百七十二條，應為無效之解釋，爰為此不同意見書。

❶ 德意志聯邦共和國基本法第八〇條 一、聯邦政府、聯邦閣員或邦政府，得根據法律發布命令(Rechtsverordnungen)。此項授權之內容、目的及範圍，應以法律規定之。所發命令，應引證法律根據。如法律規定授權得再移轉，授權之移轉需要以命令為之。

編後附記：

立法院於民國八十一年十二月二十九日審議公務員退休法部分條文修正草案時，另作成附帶決議：「早期退休之公務人員，由於考試院及行政院迄未依據原法第八條第二項訂定『其他現金給與』數額，致其權益遭受嚴重傷害。本法修正通過後，早期退休公務人員之權益，應由政府給與合理補償。」考試院乃於民國八十四年十月十七日會銜行政院訂定發布「公教人員退休金其他現金給與補償金發給辦法」，分三年發給民國五十六年七月二日以後，民國八十四年七月一日以前辦理退休之公教人員補償金。

捌、司法院釋字第二五〇號解釋

中華民國七十九年一月五日司法院公布

憲法第一百四十條規定：「現役軍人，不得兼任文官」，係指正在服役之現役軍人不得同時兼任文官職務，以防止軍人干政，而維民主憲政之正常運作。現役軍人因故停役者，轉服預備役，列入後備管理，為後備軍人，如具有文官法定資格之現役軍人，因文職機關之需要，在未居退役年齡前辦理外職停役，轉任與其專長相當之文官，既與現役軍人兼任文官之情形有別，尚難謂與憲法牴觸。惟軍人於如何必要情形下始得外職停役轉任文官，及其回役之程序，均涉及文武官員之人事制度，現行措施宜予通盤檢討，由法律直接規定，併此指明。

解釋理由書

憲法第一百四十條規定：「現役軍人，不得兼任文官」，係指正在服役之現役軍人不得同時兼任文官職務，旨在防止軍人干政，以維民主憲政之正常運作，至已除役、退伍或因停役等情形而服預備役之軍人，既無軍權，自無干政之虞。

依陸海空軍軍官服役條例第十二條第一項第六款、同條例施行細則第九條第一項第八款及第二項規定，常備軍官在現役期間，經核准任軍職以外之公職者，自核准之日起為外職停役。外職停役人員係服預備役，經層報國防部核定後，通知後備軍人管理機關列入後備管理。依兵役法第二十五條第一款規定，是項停役人員為後備軍人，已無現役軍人身分。如具有文官法定資格之現役軍人，因文職機關之需要，在未居退役年齡前辦理外職停役，轉任與其專長相當之文官，與現役軍人兼任文官之情形有別，尚難謂與首開憲法規定有何牴觸。

現行陸海空軍軍官服役條例僅有「停役」之規定，並未直接規定「外職停役」，「外職停役」一詞，見之於該條例施行細則第九條第一項第八款、第十條、第十二條等有關規定，而外職停役人員轉任文官後，又得回服現役或晉任軍階，易滋文武不分之疑慮，且軍人於如何必要情形下，始得以外職停役方式轉任文官，其停役及回役之程序如何，均涉及文武官員之人事制度，現行措施宜本憲法精神通盤檢討改進，由法律直接規定，併此指明。

大法官會議主席　林洋港

大法官　翁岳生

翟紹先

楊與齡

李鐘聲

楊建華

楊日然

馬漢寶

劉鐵錚

鄭健才

吳　庚

史錫恩

陳瑞堂

張承韜

張特生

李志鵬

不同意見書

大法官　劉鐵錚

「命令與憲法或法律牴觸者無效」，憲法第一百七十二條有明文規定。陸海空軍軍官服役條例施行細則第九條第一項第八款規定：常備軍官在現役期間，為應國家需要，於軍事無妨礙，且專長有盈餘時，經核准任軍職以外之公職者，自核准之日起停役，此即所謂外職停役。本人認為此一行政命令違法、違憲，應為無效，茲說明理由如後：

一、外職停役違法。外職停役之制定根據為陸海空軍軍官服役條例第十二條第一項第六款，茲先引述該條項，「常備軍官在現役期間有左列情形之一者，予以停役：一、失蹤逾三個月者。二、被俘者。三、撤職者。四、因案在羈押中逾三個月者。五、判處徒刑在執行中者。六、因其他事故，必須予以停役者。」前五款為停役原因之具體規定，第六款則為概括規定。由前述五款可知，停役係對現役軍人之有違法或不當行為，所採之停職之權宜措施，暫列入後備管理。換言之，停役之原因，係以現役軍人有違法或不當之行為為前提，其直接效果則為剝奪其現職，暫列入後備軍人管理。故第六款之概括規定，僅能在此原因、效果範圍內，補充立法當時所不能預見之情況。現該施行細則，竟違背停役之立法旨意，對連現役軍人都不適宜擔任之停役軍人，卻可出任重要公職？豈不怪哉！故外職停役表面上雖似有法律依據，實際在精神上、內容上乃違背法律所規定之軍人停役制度，逾越停役之範疇。命令牴觸法律，命令自應無效。

此外，法律對常備軍官何時服現役，何時服預備役，規定極為明確，作為二者區別原因者，除前述不光榮之停役原因外，即為退伍。依陸海空軍軍官服役條例第十三條之規定，常備軍官服滿現役年限、屆滿現役最大年限、員額過剩等，予以退伍。是軍人具有文官任用資格者，本可循退伍方式，以轉任文官，乃行政機關竟似違背「停役」精神之外職停役辦法，使現役軍人改為預備役軍人，規避退伍之規定，明顯為一脫法行為，不僅對促進軍人新陳代謝之退伍制度有所妨礙，對未出任公職而退伍者，也非公平。

二、外職停役違憲。憲法第一百四十條規定：「現役軍人不得兼任文官。」按本條立法意旨，固在建立文人政府，防止掌握軍隊指揮權之軍人，以武裝力量，干預國政，左右政局，妨礙民主憲政之正常運作。惟現役軍人中之技術軍官或下級軍官，依本條規定，自亦不得兼任文官，可見防止軍人干政，固為本條主要之立法理由，但避免文武官員身分混淆、職權衝突，以及一人不得兼任性質不相容之二職，毋寧亦為本條立法精神之所繫。姑不論外職停役係違法而無效，即就其本身規定言，實也牴觸憲法第一百四十條，按有關法令雖規定，外職停役人員係服預備役，列入後備管理，已無現役軍人身分。但外職停役者，依前述施行細則第十條之規定，外職被免除後，經其服務之外職機關證明無不良情事者，即得回役復職。是則，由於此一規定，軍人既可擔任文官，於不擔任文官時，又可隨時回役復職。故外職停役之軍人，雖無現役軍人之名，實有現役軍人之實。

再者，在同為文官系統之人員調任職務時，猶需辭去原職，不能停職（役），例如終身職之最高法院法官出任大法官之情形，一旦大法官九年任期屆滿，未獲連任時，彼也不能復職回任最高法院法官，二者相比較，對憲法有明文禁止兼任文官之現役軍人，豈是特別優待？僅因外職停役之一紙行政命令，就能使憲法之規定成為具文？對他人造成不公平之待遇？故外職停役不僅牴觸憲法第一百四十條，實也與憲法上平等原則有所違背。

憲法第七十五條規定：「立法委員不得兼任官吏。」立法委員當然不會制定「立法委員擔任文官，暫停本職之法律」；即使制定，也不因其為法律而非行政命令，即得逃避違憲之命運，殆可斷言。立法委員出任文官，未辭退立法委員本職者，司法院大法官會議曾作成釋字第一號解釋：「立法委員依憲法第七十五條之規定不得兼任官吏，如願就任官吏即應辭去立法委員，其未經辭職而就任官吏者，亦顯有不繼續任立法委員之意思，應於其就任官吏之時，視為辭職。」處於民國卅八年政局動盪不安、情勢混亂之時際，司法院第一屆大法官猶能作出此種維護憲法、合乎法理、不模稜兩可、不瞻前顧後、明快果斷、擲地有聲之解釋，誠令人對前輩司法同仁之學養、風範，敬佩不已！

最後本人願強調者，人民有應考試、服公職之權，為憲法第十八條所明定。常備軍官於服畢法定役期退伍後，如具有文官任用資格，願意擔任文職者，為促進文武交流、人盡其才，不僅為法律所不禁，且更受到憲法之保障。惟若常備軍官捨法律所規定出任文官之正當途徑而不為，假藉不榮譽之「停役」制度，以外職停役之方式，規避現役軍人不得兼任文官之憲法禁令，則非實行憲政、貫徹法治之正道。爰為此不同意見書。

玖、司法院釋字第二六八號解釋

中華民國七十九年十一月九日司法院公布

中華民國五十一年八月廿九日修正公布之考試法第七條規定：「公務人員考試與專門職業及技術人員考試，其應考資格及應試科目相同者，其及格人員同時取得兩種考試之及格資格」，如認此項規定有欠週全，應先修正法律，而在法律未修正前，考試院於中華民國七十一年六月十五日修正發布之考試法施行細則第九條第二項則規定：「公務人員考試及格人員，同時取得專門職業及技術人員考試及格資格者，其考試總成績，須達到專門職業及技術人員考試之錄取標準」，增設法律所無之限制，顯與首述法律使及格人員同時取得兩種資格之規定不符，並有違憲法保障人民權利之意旨，依憲法第一百七十二條之規定，應不予適用。

解釋理由書

憲法第十八條規定人民有應考試、服公職之權。人民依法參加考試，為取得公務人員任用資格或專門職業及技術人員執業資格之必要途徑，此觀憲法第八十六條規定甚明。此種資格關係人民之工作權，自為憲法所保障之人民權利，不得逕以命令限制之。中華民國五十一年八月廿九日修正公布之考試法第七條規定：「公務人員考試與專門職業及技術人員考試，其應考資格及應試科目相同者，其及格人員同時取得兩種考試之及格資格」，原為避免欲取得兩種考試及格資格之應考人分別應試之煩。惟兩種考試之錄取標準，法律並無必須相同之限制，則兩種考試所訂錄取標準不同時，對於經公務人員考試錄取者，尚難不予兼取專門職業及技術人員考試及格資格，如認此項規定有欠週全，應先修正法律，考試院雖曾擬具於同條增設「但公務人員考試及格人員，其考試成績，未達專門職業及技術人員考試錄取標準者，不得兼取其及格資格」之修正草案，送請立法院審議，然經立法院於六十九年十一月四日議決，維持該法第七條條文，不予修正（見立法院公報第六十九卷八十九期第二至十八頁）。而考試院則於七十一年六月十五日修正發布考試法施行細則第九條第二項規定：「公務人員考試及格人員，同時取得專門職業及技術人員考試及格資格者，其考試總成績，須達到專門職業及技術人員考試之錄取標準」，增設法律所無之限制，致同為公務人員考試錄取人員，而有不能同時取得兩種考試及格資格之情形，顯與當時有效之上述法律使考試及格人員同時取得兩種資格之規定不符，並有違憲法保障人民權利之意旨，依憲法第一百七十二條之規定，應不予適用。

大法官會議主席 林洋港

大法官 翁岳生

翟紹先

楊與齡

李鐘聲

楊建華

楊日然

馬漢寶

劉鐵錚

鄭健才

吳庚

史錫恩

陳瑞堂

張承韜

張特生

李志鵬

不同意見書

大法官　劉　鐵　錚

考試院於中華民國七十一年六月十五日修正發布之考試法施行細則第九條第二項規定：「公務人員考試及格人員，同時取得專門職業及技術人員考試及格資格者，其考試總成績，須達到專門職業及技術人員考試之錄取標準」，係考試院本於主管機關之立場，在考試法第三十條之授權下，對民國五十一年八月廿九日修正公布之考試法第七條所謂之「及格人員」之補充規定，使其涵義更臻明確，以符合立法原意，並具有公平性及合理性，俾不牴觸憲法第七條之平等權。此一細則之規定，乃考試院極為負責，勇於任事，維護憲法之表現，何違法、違憲之有！

考試法第七條規定：「公務人員考試與專門職業及技術人員考試，其應考資格及應試科目相同者，其及格人員同時取得兩種考試之及格資格」，為兼取兩種及格資格之法源。按法律允許兼取二種考試及格資格，乃是基於考試權運作之便宜措施，站在考試權行使之立場上，基於時間、人力、物力經濟之考量，准許兼取兩種考試及格資格，固屬便宜措施；即以應考人之立場言，為避免時間、精力、物力之浪費，得以兼取二種考試及格資格，亦屬便宜措施，立法意旨可謂至善。

兩種考試及格標準相同，則在應考資格及應試科目相同條件下，參加其中之一考試及格，即可兼取二種考試及格資格，固屬符合立法上便宜措施之原意；惟如二種考試及格標準不同，例如一為五十分、一為六十分，某甲參加前一考試得五十分，結果取得兩種考試及格資格，某乙參加後一考試得五十九分，結果卻未能取得任何資格，此種結果公平乎！合理乎！憲法第七條之平等權將置於何地！憲法第八十五條考試應採公平競爭之規定，豈不成為具文！

考試法第七條所謂「及格人員」，在二種考試及格標準不同時，涵義本欠明確，也非立法者始料之所及。其究指符合其中之一標準而及格之人員，抑係指符合二種考試之及格標準而及格之人員，在解釋上本可爭議。如採前一見解，將使考試法第七條不具公正性、合理性，即如前例高分不能錄取任一資格，低分反取得二種資格之結果，明顯違反憲法第七條之平等權；如採後一見解，不僅仍可達成兼取二種考試及格人員之立法原意，也不致有損低分及格人員本應享有之權益，僅使其不能享有本不應取得之資格而已，與憲法上人民有應考試之權、人民之工作權應予保障，何影響之有？

對於一項法律條文的解釋，如果有多種可能，只要其中有一種解釋，可以避免導致該法條違憲時，便應選擇其作為解釋的結論，而不應採納其他可能牴觸憲法的解釋，此種符合憲法的法律解釋，不僅為外國釋憲機關所慣採之一種釋憲原則，也為我大法官會議釋字第二三〇號解釋所奉行。

考試院因鑒於當時各種公務人員考試，為配合任用計畫，其錄取標準有低至五十分者，而專門職業及技術人員通常以六十分為及格標準，為保持專門職業人員執業水準，並符合兼取之公平性與合理性，乃於施行細則中，對母法涵義欠明、立法者始料未及之「及格人員」，採取符合憲法的法律解釋，以維持憲法第七條平等權之尊嚴，奈多數大法官竟以該細則的規定違法、違憲。本人誠不悉，低分錄取者本不應取得之資格，未能取得，何以竟受到憲法如此之保護？與其相較，高分未錄取者，不能取得任何資格之結果，卻又受到憲法如此之輕忽！其間輕重失衡有欠公平合理，實不言而喻。

最後本人願附帶一提者，考試院雖曾於民國六十九年擬具於考試法第七條增設「但公務人員考試及格人員，其考試成績，未達專門職業及技術人員考試錄取標準者，不得兼取其及格資格」之修正草案，俾使母法中及格人員之涵義，臻於明確，為立法院所不採；惟考試院於經過三年，立法院成員已有變動後，鑒於事態仍然嚴重，始修正發布前述之施行細則第九條第三項，並於七十一年六月十五日以（七一）考台秘議字第二一九六號函立法院備查，八年於茲，立法院未有任何異議，是則前述修改法律不成之事實，在本件解釋案中，根本已不關乎宏旨。作為釋憲護憲的大法官會議，應重視的是該細則的規定，是否未逾越考試院之職權，是否有使母法的規定更為明確符合法律兼取資格之立法原意，是否有使法律本身更為合理、公平符合憲法的規定，若答案均是肯定的，該細則自無違法，違憲罹於無效之可能。爰為此不同意見書。

拾、司法院釋字第二七八號解釋

中華民國八十年五月十七日司法院公布

中華民國七十九年十二月十九日修正公布之教育人員任用條例第二十一條規定，學校職員之任用資格，應經學校行政人員考試及格或經高普考試相當類科考試及格，與憲法第八十五條所定公務人員非經考試及格不得任用之意旨相符。同條關於在該條例施行前已遴用之各類學校現任職員。其任用資格「適用各該原有關法令」之規定，並不能使未經考試及格者取得與考試及格者相同之公務人員任用資格，因之，僅能繼續在原學校任職。考試院對此類學校職員，仍得以考試定其資格。

解釋理由書

憲法第八十五條規定，公務人員之選拔，應實行公開競爭之考試制度，非經考試及格者，不得任用，乃明示考試用人之原則。中華民國七十九年十二月十九日修正公布之教育人員任用條例第二十一條規定，學校職員之任用資格，應經學校行政人員考試及格或經高普考試相當類科考試及格，與上述意旨相符。中華民國七十四年五月一日公布施行之該條第一項、第二項規定：「學校職員之任用資格，除技術人員、主計人員、人事人員分別適用各該有關法律之規定外，應經學校行政人員考試及格，或經高普考試相當類科考試及格。」「本條例施行前已遴用之學校現任職員，除已依法取得任用資格者外，應由考試院限期辦理考試，以定其資格，其考試辦法，由考試院會同行政院定之。未通過考試者，得繼續任原職至其離職為止。」係為兼顧考試用人原則及該條例施行前遴用之學校現任職員未經考試及格者之原有權益。七十九年十二月十九日該條修正時，將原第一項、第二項合併修正為：「學校職員之任用資格，除技術人員、主計人員、人事人員及本條例施行前已遴用之各類學校現任職員，分別適用各該原有關法令之規定外，應經學校行政人員考試及格，或經高普考試相當類科考試及格。」其所謂本條例施行前已遴用之各類學校現任職員，分別適用各該原有關法令之規定，係例外規定，並不能使未經考試及格者取得與考試及格者相同之公務人員任用資格，因之，僅能繼續在原學校任職。此類學校職員，既未具有法定考試及格之任用資格，對於願應試者，考試院仍得依其法定職權舉辦相關考試，以定其資格。

大法官會議主席　林洋港

大法官

翁岳生
翟紹先
楊與齡
李鐘聲
楊建華
楊日然
馬漢寶
劉鐵錚
鄭健才
吳　庚
史錫恩
陳瑞堂
張承韶
張特生
李志鵬

不同意見書

大法官　劉　鐵　錚

一、我國憲法對於公務人員之範圍及名稱，規定甚不一致。有稱公職者（憲法第十八條），有稱公務員者（憲法第二十四條），有稱文武官員者（憲法第四十一條），有稱官吏者（憲法第七十五條），有稱文官者（憲法第一四〇條），有稱公務人員者（憲法第八十五條）。而憲法第八十五條所謂「公務人員之選拔，應實行公開競爭之考試制度……非經考試及格者，不得任用」，其所指之公務人員之範圍如何，是否包括學校職員？本為一可爭議之問題，惟本解釋已肯認學校職員為憲法第八十五條之公務人員，則民國七十九年修正公布之教育人員任用條例第二十一條「學校職員之任用資格，除技術人員、主計人員、人事人員及本條例施行前已遴用之各類學校現任職員，分別適用各該原有關法令之規定外，應經學校行政人員考試及格，或經高普考試相當類科考試及格」，其中關於「本條例施行前已遴用之各類學校現任職員，仍適用原有關法令」之除外規定，自有是否牴觸憲法第八十五條考試用人規定之疑義。

二、本件考試院聲請主旨，雖在請求解釋教育人員任用條例第二十一條是否牴觸憲法

第八十五條之疑義，惟是否違憲之關鍵問題則繫於吾人對條文中「適用原有關法令規定」之解釋。本席認為多數意見之解釋，「能繼續在原校任職」有使該第二十一條除外規定牴觸憲法第八十五條之嫌；而本席認為不使其牴觸憲法之解釋，應為「得繼續任原職或調任相當職務」。二者文字雖有些微之差，但涵義大不同。蓋依前者之解釋，已遴用之學校職員，今後仍得依原有法令晉升，亦即原有法令繼續的向將來發生效力；而依後者之解釋，則已遴用之職員僅能擔任原職或調任相當職務，不得再依原有法令晉升，亦即就此而言，原有法令不能繼續向將來生效。

三、本席不能贊成多數意見之解釋，實基於下述三點理由：

（一）本件解釋既已肯定教育人員任用條例七十四年制定前已遴用之學校職員為憲法第八十五條之公務人員，豈可又承認彼等今後仍能適用原有關法令任職（包括升遷），不待取得國家考試及格之資格，而得晉升擔任非經考試及格，不得擔任之公務人員，前後論點似有欠一致。制定在前之憲法，效力竟遠遜於制定在後之「原有關法令」與教育人員任用條例，憲法第一七一條、第一七二條法規位階之規定，豈非應該倒置乎！

（二）基於人民對法令秩序安定所產生之信賴，其已取得之權利，自應予以保護；惟法律既是社會生活之規範，自應隨社會之變遷而作相應之修正，此特別於貫徹憲法規定時為尤然，否則憲法之實行、社會之進步、法制之完備，將待於何時？職是之故，「適用原有關法令」，僅能作繼續任原職或調任相當職務解，即對學校職員已取得之權益，根據公法上信賴保護之原則，可認其不牴觸憲法考試用人之規定；如進一步承認彼等今後仍得依原有關法令升遷，則顯然逾越信賴保護之程度，對尚未取得之權益也予保護，忽視根本大法之存在，自與憲法第八十五條之規定有違。

(三) 對「適用原有關法令」作能繼續在原校任職解，不僅對七十三年立法院制定農業委員會組織條例暨行政院經濟建設委員會組織條例後，對各該機關現職未具任用資格者，須依法參加由考試院舉辦之考試取得任用資格始能繼續任職者言，有欠公平；即對七十九年立法院修正公布中央研究院組織法後，對該院已遴用之現任行政人員，未通過考試院舉辦之考試，僅能繼續任原職至其離職為止者言，也有不平之鳴！職司釋憲、維護人民平等權之大法官會議，豈可視如無睹乎！

附註：

1. 行政院農業委員會組織條例第二十一條：「本條例施行前，行政院農業發展委員會原以臨時機關性質依派用人員派用條例審定准予登記有案之現職人員，未具公務人員任用資格者，由考試院以考試方法限期銓定其任用資格。」

2. 行政院經濟建設委員會組織條例第十八條，內容同上。

3. 中央研究院組織法第二十九條：「本法修正前，已遴用之現任行政人員，除已取得任用資格者外，得比照教育人員任用條例第二十一條規定，由考試院辦理考試，以定其資格；未通過考試者，得繼續任原職至其離職為止。」

拾壹、司法院釋字第二八七號解釋

中華民國八十年十二月十三日司法院公布

行政主管機關就行政法規所為之釋示，係闡明法規之原意。固應自法規生效之日起有其適用。惟在後之釋示如與在前之釋示不一致時，在前之釋示並非當然錯誤，於後釋示發布前，依前釋示所為之行政處分已確定者，除前釋示確有違法之情形外，為維持法律秩序之安定，應不受後釋示之影響。財政部中華民國七十五年三月二十一日台財稅字第七五三〇四四七號函說明四：「本函發布前之案件，已繳納營利事業所得稅確定者，不再變更；尚未確定或已確定而未繳納或未開徵之案件，應依本函規定予以補稅免罰」，符合上述意旨，與憲法並無牴觸。

解釋理由書

行政機關基於法定職權，就行政法規所為之釋示，係闡明法規之原意，性質上並非獨立之行政命令，固應自法規生效之日起有其適用。惟對同一法規條文，先後之釋示不一致時，非謂前釋示當然錯誤，於後釋示發布前，主管機關依前釋示所為之行政處分，其經行政訴訟判決而確定者，僅得於具有法定再審原因時依再審程序辦理；其未經訴訟程序而確定者，除前釋示確屬違法，致原處分損害人民權益，由主管機關予以變更外，為維持法律秩序之安定，應不受後釋示之影響。財政部中華民國七十五年三月二十一日台財稅字第七五三〇四四七號函說明四：「本函發布前之案件，已繳納營利事業所得稅確定者，不再變更；尚未確定或已確定而未繳納或未開徵之案件，應依本函規定予以補稅免罰」，符合上述意旨，與憲法並無牴觸。又稅捐稽徵法第二十八條之規定，係指適用法令錯誤或計算錯誤溢繳稅款者，納稅義務人得於五年之法定期間內，申請退還。故課稅處分所依據之行政法規釋示，如有確屬違法情形，其已繳稅款之納稅義務人，自得依此規定申請退還。惟若稽徵機關作成課稅處分時，適用當時法令並無錯誤，則已確定之課稅處分，自不因嗣後法令之改變或適用法令之見解變更而受影響，應無上開規定之適用，乃屬當然。至財政部中華民國六十九年三月二十八日發布之台財稅字第三二五五二號函，並非本件確定終局裁判所適用之法律或命令，聲請人當時繳納稅款，亦因未請求行政救濟，行政法院無從就該函為應否適用之判斷，故不在本件解釋範圍。

大法官會議主席 林洋港
大法官 翁岳生
翟紹先
楊與齡
李鐘聲
楊建華
楊日然
馬漢寶
劉鐵錚
鄭健才
吳　庚
史錫恩
陳瑞堂
張承韶
張特生
李志鵬

不同意見書

大法官　劉　鐵　錚

對於未辦財團法人登記之祭祀公業，其土地被徵收或出售時，究應如何課徵所得稅，財政部曾先後三次作出不同之釋示。依民國六十九年三月二十八日台財稅字第三二五五二號函❶，認應對其課徵營利事業所得稅；依七十五年三月二十一日台財稅字第七五三〇四四七號函❷，認應對其派下員課徵綜合所得稅；而依八十年一月十八日台財稅字第七九〇六八七三八八號函❸，則認對其派下員准免納綜合所得稅。財政部於發現釋示所得稅法錯誤後，勇於改正，積極負責之精神，令人敬佩。

本件聲請解釋，即係因未辦財團法人登記之祭祀公業，其土地被徵收後，稽徵機關於七十四年就其地價補償費，依前述六十九年函示，課徵營利事業所得稅，聲請人按期繳納，於發現財政部七十五年函後，遂於該年七月二十四日，依稅捐稽徵法第二十八條，以適用法令錯誤為由，申請退還營利事業所得稅。經臺北市國稅局援引七十五年函說明四❹，以已繳納營利事業所得稅確定之案件，不再變更為由，否准聲請人之申請。嗣迭經訴願、再訴願及行政訴訟，均持同一理由予以駁回，聲請人爰來函聲請本院大法官會議，就行政法院七十六年度判字第二一三〇號判決所援引之前述三函，為牴觸憲法之解釋。合先說明。

本席對十四位大法官對本案通過之不違憲解釋，無論就解釋之範圍及解釋之結果，均持相反之意見，爰依法提出不同意見書如後：

一、就解釋之範圍言

無論財政部六十九年函或七十五年函，均係該部依據所得稅法等所為之行政釋示，有拘束下級機關之效力，具有普遍之適用性，並為行政法院確定終局裁判所援用之法令。二函示相互牽連，關係密切，後一釋示即為變更前一釋示而產生，豈可僅因聲請書主旨中，未提聲請解釋六十九年函（聲請理由中已提出聲請解釋），即可故予忽視？又豈可因確定終局判決，對祭祀公業課徵營利事業所得稅乙事，僅曰「經核於法並無不合」，而未明白援引前述六十九年函示字號，即謂其非本件判決所適用之法令？如法院裁判皆泛言科稅處分係依法辦理，未具體引用法令之條文或判例或解釋之字號，即可規避違憲之審查，則大法官會議釋憲功能何以發揮？人民權益何以保障？本院釋字第二七一號解釋，即係對確定終局裁判未明白援引判例字號之判例，作出釋憲解釋之前例。事例不遠，吾人豈可厚彼而薄此？

二、就解釋之結果言

本席認為無論財政部六十九年函或七十五年函，皆嚴重違背所得稅法及憲法第十九條之規定，而應為無效之解釋。

㈠就六十九年函言：該函逕以未辦法人登記之祭祀公業為營利事業，而對其管理人課徵營利事業所得稅。既不問祭祀公業是否獨立之權利義務主體[5]，也不問其是否有營利行為[6]，更不問其是否為出售土地之所得符合免稅之規定[7]，即武斷地課徵營利事業所得稅，明顯為一違背所得稅法之行政釋示，牴觸憲法第十九條所謂之無法律即無納稅義務之租稅法律主義。

㈡就七十五年函言：其與本件聲請有關部分，實包括三點，其一、未辦財團法人登記之祭祀公業，如無營利活動，應免課徵營利事業所得稅（見該函說明二），其二、祭祀公業之土地如被徵收或出售，而將該補償費或價款分配派下員名義所有者，應由取得人按其所得合併申報綜合所得稅（見說明二之㈡），其三、本函發布前之案件，已繳納營利事業所得稅確定者，不再變更，尚未確定或已確定而未繳納或未開徵之案件，應依本函規定予以補稅（按指綜合所得稅）免罰（見說明四）。多數意見係就第三點為解釋，並作成「惟在後之釋示如與在前之釋示不一致時，在前之釋示並非當然錯誤，於後釋示發布前，依前釋示所為之行政處分已確定者，除前釋示確有違法之情形外，為維持法律秩序之安定，應不受後釋示之影響」，而認定七十五年函說明四與憲法並無牴觸。

多數意見欲維護財政部七十五年函合憲性之苦心，固令人欽敬，故除自行增加原函所無之除外規定外，對前依六十九年函課徵營利事業所得稅是否確係違法，也不為解釋。本號解釋雖對以後，就依前釋示已確定之行政處分，於有違法情形時，有糾正其非不得變更之效果，但對本件聲請人而言，卻一無實益。蓋本件聲請人自七十五年依稅捐稽徵法第二十八條以適用法令錯誤為由，申請退稅以來，已用盡行政救濟及釋憲之程序，所獲得者，僅一紙變更財政部行政釋示原義之解釋，聲請人即使依本解釋之意旨，不受七十五年函說明四之拘束，申請退稅，也必因稅捐稽徵法第二十八條五年退稅法定期間之經過，而不獲准許，在程序上遭封殺出局。

其實，持平而論，即就七十五年函說明四而言，實已涵蓋六十九年函在內。蓋其所謂「本函發布前已繳納營利事業所得稅確定之案件」，當然係指已依前述財政部六十九年函繳納營利事業所得稅確定之案件；其所謂「不再變更」，依訴願、再訴願決定，乃至行政法院七十六年度判字第二一三〇號判決，均指係不得依稅捐稽徵法第二十八條申請退稅而言；

其所謂「尚未確定或已確定而未繳納或未開徵之案件，應依本函規定予以補稅免罰」，則係指此類案件，今後改課徵派下員之綜合所得稅而言。依本席淺見，七十五年函說明四，此三部分無一不違法、違憲。茲說明理由如下：

第一、關於依六十九年函課徵營利事業所得稅案件，該函係對不應課徵營利事業所得稅之案件，予以課徵，違法、違憲已見前述，於此不贅外；即七十五年函，對此也已承認錯誤，肯定表示今後「應免課徵營利事業所得稅」，此種前後釋示之不同，既非因嗣後法令之變更，也非因不涉及違法之見解變更，而純係發覺前釋示適用法令錯誤後，所為之變更釋示，職司保障人民憲法上權利之大法官會議，豈可對違法之前釋示本身不置一詞，任令違法之狀態繼續存在！

第二、所謂已繳納營利事業所得稅確定，即不再變更部分，更是明顯違背稅捐稽徵法第二十八條之明文❽。對依所得稅法不應課徵營利事業所得稅之案件，行政機關以抽象的法規釋示，對未辦財團法人登記之祭祀公業，不問其有無營利行為，一律課徵營利事業所得稅，當然屬於適用法令錯誤問題，今行政機關為避免退稅或改課綜合所得稅之繁瑣，遂以已繳納確定者為分界點，而不准其退稅，其以命令變更法律，可行乎？其以命令剝奪納稅義務人依該第二十八條應享之退稅權利，能有效乎？已無待乎深論。

第三、就此類案件，今後改課徵派下員之綜合所得稅部分而言，亦屬違法、違憲。按祭祀公業除經登記為財團法人者外，尚非獨立之權義主體，而僅為某死亡者後裔共有祀產之總稱⑨，其財產為祭祀公業派下員之公同共有，而公同共有人就共有之財產，固未如分別共有人對外有顯在之應有部分存在，但仍得依公同關係，就共有財產享有權利，故公同共有人雖不得單獨處分其共有權，但其就公同共有物處分所得價金，仍得依公同關係，而受價金之分配，此項分得之價金，乃屬財產之變形，並非對祭祀公業另有其他所得，從而派下員因祀產之土地被徵收而受分配之補償金，既係公同共有人處分其財產後，基於公同關係，就其價金所受分配之所得，亦即派下員就被徵收之公業土地，因土地徵收喪失對該土地之公同共有權而取得之補償金，本屬於原有財產之型態變更，尚非由另一權利主體（按祭祀公業為祀產並非權利主體）轉得補償金，即難謂另有其他所得發生，依所得稅法第二條第一項前段規定之反面解釋，當不生課徵綜合所得稅之問題，而出售土地之所得，依所得稅法第四條第一項第十六款規定，又在免納綜合所得稅之列。則上開釋示令課徵派下員綜合所得稅部分，自屬違法不當⑩。

憲法第十九條：「人民有依法律納稅之義務」，其涵義不僅指納稅義務人、課稅標的、課稅標準、稅率、稽徵程序、繳納期間及其延緩、租稅之減免、行政救濟、罰則等，均須依立法機關制定之法律，詳予規定；即稅務行政機關也應嚴格遵守稅法之規定，而為稅捐之課徵。若行政機關違反法律、誤解法律所為之行政釋示，自不得據以課徵稅捐。為保障人民在憲法上應享之權利，以伸張正義，此種違法之行政釋示，自應依憲法第一七二條為無效之解釋。

❶ 祭祀公業不符免稅標準者應以祭祀公業管理人為負責人發單課徵營利事業所得稅（財政部六十九、三、廿八台財稅第三二五五二號函），祭祀公業如未依照所得稅法第十一條第四項之規定辦理登記者，應通知該團體儘速向其主管機關登記。至其登記後是否符合所得稅法第四條第十三款之免稅適用標準，請依照本部（六八）財稅第三五三四〇號函釋規定辦理，如祭祀公業逾期未改進而不符合免稅標準者，應對其徵營利事業所得稅並以祭祀公業管理人為負責人，發單由其繳納。

❷ 財政部七十五、三、廿一台財稅第七五三〇四四七號函說明：

二、未辦財團法人登記之祭祀公業，係依據民間習慣成立之祀產，如無營利活動，僅有土地之收益或財產之處分收入，尚非所得稅法第十一條第二項規定之營利事業，應免課徵營利事業所得稅。至綜合所得稅之核課規定如次：

㈠祭祀公業之收益及孳息，倘有分配其派下共有人之情事，應以該受益之所得人為對象，由祭祀公業管理人依所得稅法第八十九條第三項規定，於每年一月底前，依規定格式列報所得人姓名、地址、國民身分證統一編號及實際分配之收益額，向主管稽徵機關申報，分別歸戶計課綜合所得稅。

㈡祭祀公業之土地如被徵收或出售，而將該補償費或價款分配派下員或將祭祀公業名義之土地，變更為派下員名義所有者，各該派下員取得之財產非因繼承、遺贈或贈與而取得，應無所得稅法第四條免稅規定之適用，祭祀公業管理人應依前項規定列報，並由取得人按其他所得合併申報繳納綜合所得稅。又更名登記取得土地屬實物所得，應依更名登記時之土地公告現值，扣除預計之土地增值稅後，按其淨額併計派下員之綜合所得總額課稅。

四、本函發布前之案件，已繳納營利事業所得稅確定者，不再變更，尚未確定或已確定而未繳納或未開徵之案件，應依本函規定予以補稅免罰。本函發布後，稽徵機關應加強追蹤並輔導依上揭規定辦理，以資便民。

❸財政部八十、一、十八台財稅第七九〇六八七三八八號函

主旨：未辦財團法人登記之祭祀公業處分公業之土地，將其所得價款分配予各派下員個人所有時，准免納綜合所得稅；至將祭祀公業名義之土地，更名登記為派下員名義所有時，得比照適用。請查照。

❹見註❷。

❺祭祀公業非獨立之權利義務主體，其財產為祭祀公業派下員之公同共有，為我國有關主管機關一致且一貫之見解，參考最高法院三十七年上字第六〇六四號、三十九年台上字第三六四號、四十年台上字第九九八號判例、六十五年度第二次民事庭推總會議決議㈢、內政部六十六年六月二日台

內民字第七三〇七五九號函，及前司法行政部台（六〇）函民決字第九〇三四號函釋示。

❻ 參見所得稅法第三條第一項及第十一條第二項。

❼ 參見所得稅法第四條第一項第十六款。

❽ 稅捐稽徵法第二十八條：「納稅義務人對於因適用法令錯誤或計算錯誤溢繳之稅款，得自繳納之日起五年內提出具體證明，申請退還。逾期未申請者，不得再行申請。」

❾ 參見註❺。

❿ 參見行政法院七十八年度判字第二六六三號判決、第一八三九號判決。。

拾貳、司法院釋字第三四一號解釋

中華民國八十三年三月十一日司法院公布

七十九年特種考試臺灣省基層公務人員考試規則係考試院依其法定職權訂定，該規則第三條規定，本項考試採分區報名、分區錄取及分區分發，並規定錄取人員必須在原報考區內服務滿一定期間，始取得考試及格及任用資格，係因應基層機關人力需求及考量應考人員志願，所採之必要措施，與憲法第七條平等權之規定尚無牴觸。

解釋理由書

考試院為國家最高考試機關，得依其法定職權訂定考試規則，如未逾越其職權範圍，或侵害人民應考試之權利，即與憲法並無牴觸之可言，業經本院釋字第一五五號解釋釋示在案。又中華民國人民在法律上一律平等為憲法第七條所明定，人民依同法第十八條應考試服公職之權，在法律上自亦應一律平等。惟此所謂平等，係指實質上之平等而言，其為因應事實上之需要，及舉辦考試之目的，就有關事項，依法酌為適當之限制，要難謂與上述平等原則有何違背，亦經本院釋字第二〇五號解釋闡釋甚明。七十九年特種考試臺灣省基層公務人員考試規則係考試院依其法定職權訂定，該規則第三條規定，本項考試採分區報名、分區錄取及分區分發，並限定錄取人員必須在原報考區內服務滿一定期間，始取得考試及格及任用資格，係因應基層機關人力需求及考量應考人員志願，所採之必要措施，其與考試主管機關，於同一時間在各縣市報考區內，分別為設置於各該區省級以下之行政機關及公營事業機構進用人員舉行特種考試之情形相當。該項考試典試委員會基於職權，參酌各縣市提報之缺額及應考人員之考試成績，分別決定各考區各類科之錄取標準，致同一類科各考區錄取標準有所不同，乃屬當然，並為應考人員所預知，與憲法第七條平等權之規定，尚無牴觸。

大法官會議主席　林　洋　港

大法官　翁　岳　生

翟　紹　先

楊　與　齡

李　鐘　聲

楊建華
楊日然
馬漢寶
劉鐵錚
鄭健才
吳庚
史錫恩
陳瑞堂
張承韶
張特生
李志鵬

不同意見書

大法官 劉鐵錚

本件解釋對象為七十九年特種考試臺灣省基層公務人員考試規則第三條：「本考試採分區報名、分區錄取、分區分發」。本席認為此一條文牴觸憲法，應為無效之解釋。

按臺灣省基層人員特考，係按行政區域劃分，以每一縣市為報名、錄取、分發區之考試制度。故時因各縣市同類科錄取標準不同，致造成不公平現象之發生。即往往甲縣市落榜人員之成績，尚比乙縣市名列前茅者為高。同一次考試、同一典試委員會、同一類科、同一命題、同一評分標準，竟不以考試成績高低為選拔人才之標準。此種在一省內，以每一縣市作為報名、錄取、分發區，不僅欠缺憲法上依據，且在應考人僅得選擇某一縣市作為錄取、分發區下，實大大限制了應考人在憲法第十八條保障下，應考試服公職之權利。尤其在應考人落榜成績尚高於他縣市上榜者成績時，自與憲法第八十五條前段，公務人員之選拔應實行公開競爭之考試制度，有所違背，與憲法第七條人民在法律上地位一律平等之原則，難以相容。

高普考及格人員不願到基層服務，致造成基層機構缺員現象，固為實情。惟此乃由於傳統觀念上，對鄉鎮基層較不重視、基層職級編階低、升遷緩慢、人事管道不夠暢通、待遇較為菲薄，進修機會有限等因素有以致之，政府有關部門宜針對上述問題，對症下藥，加以解決，方為正途。考試機關豈可從劃分每一縣市為報名、錄取、分發區，藉限制人民應考試服公職之權利，以期達成充實基層人力之目的。此種捨本逐末之辦法，與憲法所揭示之平等原則、公開競爭之考試理念背道而馳。此種考試方法，不僅難以根本解決充實基層人力之目的——因錄取人員經分發學習一年，再服務一年後，即可取得轉任其他縣市或中央機關服務資格（同考試規則第十條參照），至其不以考試成績較佳人員充實基層，惡性循環下，基層建設及服務，如何迎頭趕上省、縣及中央？故此一限制人民應考試服公職與違背平等原則之法規，顯然欠缺例外採用之正當理由。此外，法規既採分縣市報名、錄取、分發之方式，而不採其他考試辦法，應考人在毫無其他選擇餘地下，如謂應考人係出於志願或預知，即得成為命令阻卻違憲之理由，將難以服人。另外，如謂在同一時間在各縣市報考區，分別舉行特種考試之說，可以成立，則在同一時間，在各鄉鎮報考區，分別舉行特種考試之說，同樣也可以成立。然此種劃地自限，故意排擠人才之作法，豈是憲法上公平競爭之選拔公務人員之考試制度？

憲法第八十五條後段，為按省區分別規定名額，分區舉行考試之規定。前述基層人員考試規則第三條，雖與分省區配額之意義及要件不同，但頗有異曲同工之效果。在分省區配額制下，以省區名額為錄取與淘汰之標準，而非以考試成績為準繩，早為憲法學者所詬病。在分縣市報名、錄取、分發制下，成績較佳者，未能錄取，成績未必佳者，卻可上榜。二者均有違背憲法以考試掄才之基本精神。民國八十一年五月二十七日第二屆國民大會臨時會，通過中華民國憲法增修條文第十四條第三項，已明文規定：「憲法第八十五條有關按省區分別規定名額，分區舉行考試之規定，停止適用。」則基於同一法理，不以考試成績決定錄取與否之特種考試臺灣省基層公務人員考試規則第三條，焉能解釋有效，而繼續適用！

拾參、司法院釋字第三七三號解釋

中華民國八十四年二月二十四日司法院公布

工會法第四條規定：「各級政府行政及教育事業、軍火工業之員工，不得組織工會」，其中禁止教育事業技工、工友組織工會部分，因該技工、工友所從事者僅係教育事業之服務性工作，依其工作之性質，禁止其組織工會，使其難以獲致合理之權益，實已逾越憲法第二十三條之必要限度，侵害從事此項職業之人民在憲法上保障之結社權，應自本解釋公布之日起，至遲於屆滿一年時，失其效力。惟基於教育事業技工、工友之工作性質，就其勞動權利之行使有無加以限制之必要，應由立法機關於上述期間內檢討修正，併此指明。

解釋理由書

憲法第十四條規定人民有結社之自由。第一百五十三條第一項復規定國家為改良勞工之生活，增進其生產技能，應制定保護勞工之法律，實施保護勞工之政策。從事各種職業之勞動者，為改善勞動條件，增進其社會及經濟地位，得組織工會，乃現代法治國家普遍承認之勞工基本權利，亦屬憲法上開規定意旨之所在。國家制定有關工會之法律，應於兼顧社會秩序及公共利益前提下，使勞工享有團體交涉及爭議等權利。工會法第四條規定：「各級政府行政及教育事業、軍火工業之員工，不得組織工會。」其中禁止教育事業技工、工友組織工會部分，因該技工、工友所從事者僅為教育事業之服務性工作，其工作之性質，與國民受教育之權利雖有關連，惟禁止其組織工會，使其難以獲致合理之權益，實已逾越憲法第二十三條規定之必要限度，侵害從事此項職業之人民在憲法上保障之結社權。應自本解釋公布之日起，至遲於居滿一年時，失其效力。又工會為保障勞工權益，得聯合會員，就勞動條件及會員福利事項，如工資、工作時間、安全衛生、休假、退休、職業災害補償、保險等事項與僱主協商，並締結團體協約；協議不成發生之勞資間糾紛事件，得由工會調處；亦得為勞資爭議申請調解，經調解程序無效後，即得依法定程序宣告罷工，以謀求解決。此觀工會法第五條、第六條、第十二條、第二十條、第二十六條及團體協約法、勞資爭議處理法有關規定自明。基於教育事業技工、工友之工作性質與國民受教育權利之保護，諸如校園之安全、教學研究環境之維護等各方面，仍不能謂全無關涉；其勞動權利之行使，有無加以限制之必要，應由立法機關於一年內檢討修正，併此指明。

大法官會議主席 林洋港

大法官 翁岳生

翟紹先

楊與齡

李鐘聲

楊建華

楊日然

馬漢寶

劉鐵錚

鄭健才

吳庚

史錫恩

陳瑞堂

張承韶

張特生

李志鵬

不同意見書

大法官　劉　鐵　錚

本件係關於工會法第四條，就其中限制教育事業技工、工友組織工會部分，是否牴觸憲法之疑義。本席等認為本件應為如下之解釋：「工會法第四條就禁止教育事業技工、工友組織工會部分，與憲法第二十三條所定要件不符，已侵害其憲法上所保障之權利，應不予援用。」基於上述解釋，則由教育事業技工、工友組織之工會，當然應適用工會法所有之規範，包括其他工會依工會法所可行使之團體交涉權及爭議權（罷工）在內。茲申述理由於後：

一、勞工組織工會來爭取或保障自身權益，在憲法上有如何之保障，各國規定或有差異。在德國，威瑪憲法第一五九條規定：「任何人及任何職業以維持並促進勞動條件為目的之結社自由應保障之，限制或妨害此項自由的約定或措施，均屬違法。」戰後之基本法第九條第三項亦有類似之規定。在日本，戰後的憲法第二十八條規定：「勞動者的結社權、團體交涉權及其他集體行動的權利，應受保障。」均係對勞動者的結社權採明文之保障。至於我國憲法，雖未如德、日憲法之有明確規定，但憲法第十四條之結社自由，第十五條之生存權、工作權、財產權應予保障，也均提供了保護勞工，組成工會之憲法上之依據。所謂工人應有組織工會，藉集體力量以保障合法權益之結社自由；所謂工作之結果須足以維持其生存，故國家應規定工資之最低限度，同時並應准許勞動者組織工會，使藉團體力量以維護其應得之利益；又所謂經濟基本權，即泛指生存權、工作權與財產權之保障，其對勞動者而言，則指勞動權之保障，經濟基本權，實即生存權。均在闡明勞動者組成工會之憲法上之涵義。

二、實際上，勞動者之結社權毋寧為其生存權之重要部分。蓋勞動結社權與一般結社權不同，勞動結社權與團體交涉權及爭議權（罷工），在行使上有結合之關係，在結構上有連繫之關係，此勞動三權，或稱為勞工之集體基本權。勞動三權在概念上雖有分別，但在發揮實現其集體勞工之生存權及工作權之功能上，則絕不可分割而任缺其一，同為保障勞工生存，維護勞工權益之有力憑藉。不透過團結權即無以行使團體交涉權；無團體交涉權，爭議權即無著力之點。如果勞動者只有團結權，而無團體交涉權與爭議權，則工會組織與勞工之其他聯誼性組織，將無所區別，豈不盡失其為生存權之重大意義！又如何企盼其獲致其合理之權益？

三、我國之工會法即係具體實體勞動結社權，保障勞動者生存權、工作權之重要立法，除第四條有排除特定職業者不得組織工會之例外限制外，承認所有勞動者之團結權、團體交涉權及罷工權。團體交涉權係為促進勞資或僱傭團體自由進行團體交涉，簽訂團體協約，決定各項勞動條件之權利，乃和平之手段，姑且不論；單就罷工權而言，我國也已建立相當完備之法制。罷工權的行使，並非漫無限制，工會法第二十六條規定：「勞資或僱傭間之爭議，非經過調節程序無效後，會員大會以無記名投票經全體會員過半數之同意，不得宣告罷工。工會於罷工時，不得妨害公共秩序之安寧，及加危害於他人之生命財產及身體自由。工會不得要求超過標準工資之加薪而宣告罷工。」即係對罷工之程序暨限制所為之規定，第五十五條復有煽動違法罷工罪之處罰；此外，勞資爭議處理法第八條也規定：「勞資爭議在調節或仲裁期間，勞方不得因該勞資爭議事件而罷工、怠工，或其他影響工作秩序之行為」；同法第二十四條對調整事項之勞資爭議，則有雙方合意交付仲裁及主管機關依職權交付仲裁之規定；第三十五條復對仲裁之效力，予以明確界定。平實而論，罷工權之存在，一方面固有有效解決勞資糾紛，確保勞工權益之消極功能；同時，他方面也有促使僱主將勞工合法權益，逐一付諸實施，消弭勞資糾紛於無形，合理推動社會發展之積極功能。

四、依工會法組織之產業工會或職業工會，為數繁多，皆為影響國民生計、大眾生活者，例如從事水、電、瓦斯、大眾交通運輸、鋼鐵、水泥業之勞工等所組成之產業或職業工會。此等工會依法均享有團體交涉權及罷工權。教育事業之工友、技工既非本身從事教育事業，僅擔任學校勞力性之服務工作，其組成之工會，縱有罷工之權利，在前述有關罷工法律規範下，如何會影響國民受教育之權利與校園之安寧，實令人費解；其組成之工會，不能與其他工會立於平等之地位，也難令人心安。犧牲勞動者賴以獲致合理權益之憲法上權利，以換取無必然關聯之立法目的，本席等實難以贊同，爰為不同意見書如上。

附記：

本件解釋不同意見書，承戴大法官東雄贊成，曾予簽名。併此說明。

拾肆、司法院釋字第三七七號解釋

中華民國八十四年三月三十一日司法院公布

個人所得之歸屬年度，依所得稅法第十四條及第八十八條規定並參照第七十六條之一第一項之意旨，係以實際取得之日期為準，亦即年度綜合所得稅之課徵，僅以已實現之所得為限，而不問其所得原因是否發生於該年度。財政部賦稅署六十年六月二日台稅一發字第三六八號箋函關於納稅義務人因案停職後，於復職時服務機關一次補發其停職期間之薪金，應以實際給付之日期為準，按實際給付之總額，課徵綜合所得稅之釋示，符合上開所得稅法之意旨，與憲法尚無牴觸。

解釋理由書

認定所得歸屬年度有收付實現制與權責發生制之分，無論何種制度均利弊互見，如何採擇，為立法裁量問題。歷次修正之所得稅法關於個人所得稅之課徵均未如營利事業所得採權責發生制為原則（見中華民國七十八年十二月三十日修正公布之所得稅法第二十二條），乃以個人所得實際取得之日期為準，即所謂收付實現制，此就同法第十四條第一項：個人綜合所得總額，以其全年各類所得合併計算之；第八十八條第一項：納稅義務人有各類所得者，應由扣繳義務人於給付時，依規定之扣繳率或扣繳辦法扣取稅款並編納之，又第七十六條之一第一項對於公司未分配盈餘歸戶，按其歸戶年度稅率課徵所得稅，而不問其實際取得日期之例外規定，對照以觀，甚為明顯。是故個人綜合所得稅之課徵係以年度所得之實現與否為準，凡已收取現金或替代現金之報償均為核課對象，若因法律或事實上之原因而未能收取者，即屬所得尚未實現，則不列計在內。財政部賦稅署六十年六月二日台稅一發字第三六八號箋函稱：「查所得之所屬年度，應以實際給付之日期為準，納稅義務人因案停職後，以復職時服務機關一次補發其停職期間之薪金，自應以實際給付之日期為準，按實際給付之總額，合併補發年度課徵綜合所得稅」，符合上述意旨，與憲法尚無牴觸。至於公務員因法定原因停職，於停職期間，又未支領待遇或生活津貼者，復職時一次補發停職期間之俸給，與納稅義務人得依己意變動其所得給付時間之情形不同，此種所得係由長期累積形成，宜否於取得年度一次按全額課稅，應於所得稅法修正時予以檢討，併予指明。

大法官會議主席 林洋港

大法官 翁岳生

翟紹先

楊與齡

李鐘聲

楊建華

楊日然

馬漢寶

劉鐵錚

鄭健才

吳　庚

史錫恩

陳瑞堂

張承韜

張特生

李志鵬

不同意見書

大法官　劉鐵錚

關於公務員因法定原因停職，於復職時由服務機關一次補發停職數年期間之俸給，其綜合所得稅究應如何課徵？財政部賦稅署六十年六月二日台稅一發字第三六八號箋函謂：「查所得之所屬年度，應以實際給付之日期為準，納稅義務人因案停職後，於復職時服務機關一次補發其停職期間之薪金，自應以實際給付之日期為準，按實際給付之總額，合併補發年度課徵綜合所得稅」，本席認為上述釋示，違背所得稅法之立法意旨，對納稅義務人造成極不公平之結果，牴觸憲法有關保障人民權利之規定，依同法第一百七十二條，應為無效之解釋。茲說明理由於后：

一、從公務員俸給性質言

關於個人綜合所得稅之課徵，所得稅法並無明文採取收付實現制，不過係就相關條文綜合以觀，所得之推論而已。此在通常情形，就課徵個人綜合所得稅而言，固有稽徵之便利，防止納稅義務人規避稅課，同時也不致增加個人納稅負擔，應無爭論。惟公務員薪資所得，與其他所得，在性質上大不相同，其不僅為公務員每年賴以維持生活之所得，且具有固定性、經常性、週期性發生之特質，政府機關有完整之會計、審計帳簿，稽徵機關對所得發生年度，殆無認定上之困難，不致引起爭議，補行核課也無任何困難可言，與納稅義務人得依己意變動其所得給付時間之情形，難以相提並論。將公務員數年薪金所得，合併補發年度課徵綜合所得稅，實不無曲解所得稅法第十四條「全年薪資所得」之真義；況補發公務員停職期間之俸給，原有法律上之依據，公務員懲戒法第六條即規定：「……應許復職，並補給其停職期間之俸給。」其中「補給」、「停職期間之俸給」，辭義明確。一次給付之總額，不過係停職期間各年度俸給之補發而已，何以不准納稅義務人補行辦理停職期間各年度綜合所得稅之申報？而必按實際給付之日期，按實際給付之總額，合併補發年度課徵綜合所得稅？其實，所得稅法本身，對納稅義務人基於過去長期勞務，累積一天取得之所得，已經認定一次全部課徵其綜合所得稅為不公平、有失合理，但將其區分數年度所得，分別課徵，又有認定上之困難，因而於第十四條第三項明文規定：「個人綜合所得總額中，如有自力經營林業之所得、一次給付之養老金、退休金、贍養費、受僱從事遠洋漁業，於每次出海後一次分配之報酬，及因耕地出租人收回耕地而依平均地權條例第七十七條規定，給予之補償等變動所得，得僅以半數作為當年度所得，其餘半數免稅」；是則對照以觀，就補發公務員停職數年期間之薪金，一次課徵其綜合所得稅之賦稅署釋示，豈不有欠公道，盡失所得稅法公平合理之立法精神乎！抑有進者，補發公務員停職期間之薪金，雖也屬過去長期服務之累積所得，但並無區分年度所得認定上之困難，基於所得稅法第十四條第三項規定之相同法理，不得一次全部課徵其綜合所得稅，毋寧為必然之結論，而承認納稅義務人得補行辦理各年度所得稅之申報，始為符合所得稅法立法意旨之當然解釋也。

二、從憲法、法律保障人民權利規定言

憲法第十五條明文保障人民之生存權。所謂生存權，係國民要求國家保障其生存之權利，國家非僅消極的不加侵害而已，且應積極的為各種行為，使國民均能享受健康與文化的生活，而保障人民最低生活，尤為國家責無旁貸之責任。所得稅法固為國家向人民徵收所得稅之依據，但也部分落實憲法保障人民生存權之理念，其規定納稅義務人於年度所得中享有減除免稅額、標準扣除額、薪資所得特別扣除額等，即為維持人民最低生活之必要措施；另為符合社會正義，達成課稅實質平等，而有課稅級距及累進稅率之規定。故個人綜合所得稅，應就年度個人所得總額減除免稅額及各項扣除額之綜合所得淨額課徵之，若

採賦稅署前述函釋，則對因法定原因，未能於薪金發生各年度取得薪資者，即無法扣除各該年度之免稅額及各項扣除額於先；對一次補發停職數年期間之薪金，又合併補發年度課徵綜合所得稅，致該稽徵年度之所得總額及所得淨額提高數倍，因而又必須適用高課稅級距及高累進稅率於後，不僅剝奪納稅義務人依所得稅法原可享有之各項權利，且扭曲適用高累進稅率，根本不符所得稅法課稅公平原則，嚴重侵害納稅義務人受憲法保障之生存權。爰為此不同意見書。

拾伍、司法院釋字第三八五號解釋

中華民國八十四年九月八日司法院公布

憲法第十九條規定人民有依法律納稅之義務，固係指人民有依據法律所定之納稅主體、稅目、稅率、納稅方法及納稅期間等項而負納稅意義之意，然課人民之繳納租稅之法律，於適用時，該法律所定之事項若權利義務相關連者，本於法律適用之整體性及權利義務之平衡，當不得任意割裂適用。獎勵投資條例施行期間內，經依該條例第三條核准受獎勵之外國公司，於該條例施行期間屆滿後，既仍得繼續適用該條例享受租稅優惠，自應一併依同條例第十六條第三項之規定，於其稅後盈餘給付總公司時，扣繳百分之二十所得稅，方符立法原意。財政部八十年九月二十四日台財稅字第八〇〇三五六〇三二號對此之函釋，符合上開意旨，與憲法並無牴觸。

解釋理由書

憲法第十九條規定人民有依法律納稅之義務，固係指人民有依據法律所定之納稅主體、稅目、稅率、納稅方法及納稅期間等項而負納稅意義之意，然課人民之繳納租稅之法律，於適用時，該法律所定之事項若權利義務相關連者，本於法律適用之整體性及權利義務之衡平性，當不得任意割裂適用。中華民國七十六年一月二十六日修正公布之獎勵投資條例第三條核准獎勵之外國公司，依同條例第十六條第三項規定，其所設分公司之所得，於繳納營利事業所得稅後，將其稅後盈餘給付總公司時，應按其給付額扣繳百分之二十所得稅，立法意旨係因外國公司在我國境內之分公司既享受租稅減免之優惠，則其稅後盈餘欲給付總公司時，自應負擔上述所得稅扣繳之義務，否則，外國公司即得以成立分公司之方式規避我國稅負。故兩者係相互關連之規定，要不得割裂適用。茲前述獎勵投資條例雖於七十九年十二月三十一日施行期間居滿而失效，惟在該條例施行期間內核准之案件（五年或四年免稅），就該個案言，尚不因該條例施行期間居滿而失效，仍繼續適用該條例予以獎勵，俾保障投資人之權益。是經核准獎勵投資之外國公司於獎勵投資條例施行期間居滿後，既仍得享受免稅優惠，其與此相關連之總公司稅負，自應併依同條例第十六條第三項扣繳所得稅，方符原立法意旨。財政部八十年九月二十四日台財稅字第八〇〇三五六〇三二號函稱：「如原已享受及繼續享受獎勵投資條例租稅優惠之外國公司，其在臺分公司所產生之相關稅後盈餘，於八十年以後匯回總公司時，為期課稅公平，仍應依獎勵投資條例第十六條第三項規定，按給付額扣繳百分之二十所得稅」，乃係本於法律適用之整體性，不得任意割裂所為之釋示，符合上開意旨，與憲法並無牴觸。

大法官會議主席 林洋港
大法官 翁岳生
翟紹先
楊與齡
李鐘聲
楊建華
楊日然
馬漢寶
劉鐵錚
鄭健才
吳庚
史錫恩

陳瑞堂
張承韶
張特生
李志鵬

協同意見書

大法官 劉鐵錚

獎勵投資條例施行期間屆滿，原已核准受獎勵之外國公司，依行政院訂頒之獎勵投資條例實施期滿注意事項，仍得繼續享有各種租稅優惠；而依財政部八十年九月二十四日台財稅字第八〇〇三五六〇三二號函：「如原已享受及繼續享受獎勵投資條例租稅優惠之外國公司，其在臺分公司所產生之相關稅後盈餘，於八十年以後匯回總公司時，為期課稅公平，仍應依獎勵投資條例第十六條第三項規定，按給付額扣繳百分之二十所得稅」，則須繼續扣繳百分之二十之所得稅。多數意見本於法律適用之整體性及權利義務之平衡，當不得任意割裂適用為理由，認前述財政部函與憲法並無牴觸。

本席雖贊同解釋之原則，但認為財政部函所以不牴觸憲法第十九條租稅法律主義之理由，應係基於限時法之原理，而權利義務之平衡及法律不得任意割裂適用，不過係適用獎勵投資條例之自然結果而已。爰為協同意見書如后：

按中華民國七十六年一月二十六日修正公布之獎勵投資條例，係為獎勵投資，加速經濟發展為目的而制定，對於合於獎勵類目及標準之生產事業，訂有獎勵投資之各種稅捐減免及扣繳所得稅之特別規定等。惟該條例第八十九條規定：「本條例施行期間，自中華民國七十年一月一日起，至中華民國七十九年十二月三十一日止。」此種就特定期間之經濟行為，給予租稅優惠或其他特別規定之法律，性質上應屬於限時法之一種。

關於限時法，雖主要見於特別刑法，通常係指為因應一時特殊情況所需而制定之法律，於該特定期間施行者，故只要該特定期間屆滿，該法律即自行失效。又其失效乃因立法理由之消失，而非因法律觀念的改變所為之修正，故在限時法有效期間內為違法行為者，縱於裁判時限時法已因法定有效期間之經過而失效，仍適用該限時法之規定論罪科刑，此即限時法之追及效力。

獎勵投資條例施行期間之意義，雖主要在於經由立法，授權行政院在該施行期間內得訂定類目及標準，對於合乎標準之生產事業給予獎勵，以提高其投資意願，加速經濟發展。惟在該條例施行期間核准獎勵之案件，施行期間屆滿，獎勵期間未到期者，為貫徹獎勵投資條例之立法意旨，自應繼續適用獎勵投資條例之有關規定。就此而言，獎勵投資條例性質上也應屬於限時法，自當具有追及效力。申言之，發生在獎勵投資條例有效期間內，依該條例可受獎勵之經濟行為，在該條例施行期間屆滿廢止後，自仍當適用該條例之有關租稅優惠及其他特別規定，至剩餘年度屆滿為止，其追及效力固以有法律明文規定為宜，惟一般而言，亦不可以無法律依據而拒絕適用之。必如此方能實現獎勵投資之立法目的，並符合信賴保護之原則。

綜上所述，無論行政院訂頒之獎勵投資條例實施期滿注意事項——就經核准獎勵之外國公司繼續准予享有各種租稅優惠；抑財政部函——對上述公司繼續扣繳百分之二十之所得稅，均係行政命令，不管其規定如何公平，並兼顧權利義務之平衡，但究非法律，若不是基於獎勵投資條例限時法之特殊屬性，自難謂無違背憲法第十九條租稅法律主義之嫌。

拾陸、司法院釋字第四一七號解釋

中華民國八十五年十二月六日司法院公布

道路交通管理處罰條例第七十八條第三款規定：行人在道路上不依規定，擅自穿越車道者，處一百二十元罰鍰，或施一至二小時之道路交通安全講習，係為維持社會秩序及公共利益所必需，與憲法尚無牴觸。依同條例授權訂定之道路交通安全規則第一百三十四條第一款規定：行人穿越道路設有行人穿越道、人行天橋或人行地下道者，必須經由行人穿越道、人行天橋或人行地下道穿越，不得在其三〇公尺範圍內穿越道路，係就上開處罰之構成要件為必要之補充規定，固符合該條例之立法意旨；惟行人穿越道、人行天橋及人行地下道之設置，應選擇適當之地點，注意設置之必要性及大眾穿越之方便與安全，並考慮殘障人士或其他行動不便者及天候災變等難以使用之因素，參酌同條例第七十八條第二款對有正當理由不能穿越天橋、地下道之行人不予處罰之意旨，檢討修正上開規則。

解釋理由書

國家為加強交通管理、維持交通秩序及確保交通安全，乃制定道路交通管理處罰條例，俾車輛及行人共同遵行。如有違反，則予處罰，以維護人車通行之安全，進而保障人民之生命、身體及財產。該條例第七十八條第三款規定：行人在道路上不依規定，擅自穿越車道者，處一百二十元罰鍰，或施一至二小時之道路交通安全講習。其對人民違反行政法上義務之行為予以處罰，係為維持社會秩序及增進公共利益所必需，與憲法第二十三條以法律限制人民自由權利之意旨尚無牴觸。至同條例第九十二條授權訂定之道路交通安全規則第一百三十四條第一款規定：行人穿越道路設有行人穿越道、人行天橋或人行地下道者，必須經由行人穿越道、人行天橋或人行地下道穿越，不得在其三〇公尺範圍內穿越道路，係就上開法條處罰構成要件中「依規定」所為之必要補充，固與該條例之立法意旨相符；惟行人穿越道、人行天橋及人行地下道之設置，應選擇適當之地點，注意設置之必要性及大眾穿越之方便與安全，並考慮殘障人士或其他行動不便者及天候災變等難以使用之因素，參酌同條例第七十八條第二款對有正當理由不能穿越天橋、地下道之行人不予處罰之意旨，檢討修正上開規則。

大法官會議主席 施啟揚
大法官 翁岳生
劉鐵錚
吳　庚
王和雄
王澤鑑
林永謀
林國賢
施文森
城仲模
孫森焱
陳計男
曾華松
董翔飛

楊慧英
戴東雄
蘇俊雄

一部不同意見書

大法官 劉鐵錚

「道路交通管理處罰條例第七十八條第三款規定：行人在道路上不依規定，擅自穿越車道者，處一百二十元罰鍰，或施一至二小時之道路交通安全講習，係為維持社會秩序及公共利益所必需，與憲法尚無牴觸。依同條例授權訂定之道路交通安全規則第一百三十四條第一款規定：行人穿越道路設有行人穿越道、人行天橋或人行地下道者，必須經由行人穿越道、人行天橋或人行地下道穿越，不得在其三〇公尺範圍內穿越道路，係就上開處罰之構成要件為必要之補充規定，固合該條例之立法意旨」，本席均表贊同；對行人穿越道之設置，應盡量考慮殘障人士或其他行動不便者之方便，尤表支持；惟對「並考慮殘障人士或其他行動不便者及天候災變等難以使用之因素，參酌同條例第七十八條第二款對有正當理由不能穿越天橋、地下道之行人不予處罰之意旨，檢討修正上開規則」一段，則表示反對，並認為關係重大，爰為一部不同意見書如後：

在不設行人穿越道（僅設有天橋、地下道）之道路，前述法令為保障行人之安全，故對不經由天橋、地下道穿越道路者，訂有處罰之明文。立法之目的，在提高行人之警覺，罰期無罰，以嚇阻行人穿越「虎口」，俾保障行人之安全。倘吾人建議對殘障人士或其他行動不便者可不予處罰，由於虎口仍為虎口（未設置行人穿越道），一般人因有罰則之嚇阻，不敢穿越道路，得保生命之安全；而殘障人士及其他行動不便者，穿越道路如可不罰，則難免輕心，致陷虎口，而危及生命，「吾人愛之，豈非害之」，「我不殺伯仁，伯仁為我而死」，此豈吾人應有之同情心乎！

拾柒、司法院釋字第四一九號解釋

中華民國八十五年十二月三十一日司法院公布

（副總統兼行政院院長部分）

副總統得否兼任行政院院長憲法並無明文規定，副總統與行政院院長二者職務性質亦非顯不相容，惟此項兼任如遇總統缺位或不能視事時，將影響憲法所規定繼任或代行職權之設計，與憲法設置副總統及行政院院長職位分由不同之人擔任之本旨未盡相符。引發本件解釋之事實，應依上開解釋意旨為適當之處理。

解釋理由書

副總統得否兼任行政院院長之疑義是否屬於政治問題，乃本件解釋關於兼職合憲性之先決事項。按政治問題或類似之概念（如統治行為或政府行為）所指涉之問題，應由憲法上之政治部門（包括行政及立法部門）作政治之判斷，而非屬可供司法裁決之事項，此在立憲民主國家之憲政實踐中，所累積發展而成之理論，不乏可供參考者，本院釋字第三二八號解釋亦有關於憲法第四條所稱固有疆域範圍之界定，係屬重大政治問題，不應由行使司法權之釋憲機關予以解釋之案例。惟就副總統兼任行政院院長之違憲疑義而言，係屬二項憲法職位互相兼任時，是否牴觸憲法之法律問題，並非涉及政治上之人事安排，揆諸本院歷來對憲法上職位兼任所作之諸多解釋（例如釋字第一號、第十五號、第十七號、第二十號、第三十號、第七十四號、第七十五號及第二〇七號等），本件關於副總統兼任行政院院長之憲法疑義部分，尚不能以政治問題或類似概念為由，不為實體之解釋。聲請意旨主張前述兼職非屬政治問題，自屬可採。

憲政慣例在不成文憲法國家，恆居重要地位，其規範效力亦不容置疑。至於在成文憲法之下，雖亦有憲政慣例之概念，但僅具補充成文憲法之作用，尚不能與前者相提並論。所謂慣例係指反覆發生之慣行，其經歷長久時間仍受遵循，而被確信具有拘束行為之效力時，始屬不成文規範之一種。若雖有行為之先例，但因亦曾出現相反之先例或因有牴觸成文規範之嫌，拘束力備受質疑者，即不能認其為具備規範效力之慣例。本件副總統兼任行政院院長，以往雖有二例，然亦有因當選副總統而立即辭卸行政院院長之一例，況此種兼任是否牴觸憲法，即有爭論，依上開說明，自不能認已成為我國之憲政慣例而發生規範效力。

關於憲法上職位兼任是否容許，憲法有明文禁止兼任者當然應予遵守，如憲法第七十五條及第一百零三條之立法委員及監察委員兼職限制之情形是；此外，若兩種職務確屬不相容者亦不得兼任，迭經本院前引釋字第二十號、第三十號、第二〇七號等著有解釋。副總統得否兼任行政院院長憲法未作任何規定，自無明文禁止可言，故本件所涉者要在兩種職務兼任之相容性問題。按所謂不具相容性，係指憲法上職位兼任違反憲政之基本原理或兼任有形成利益衝突之虞而言。自從一七八七年美國聯邦憲法採嚴格之三權分立為其制憲之基本原則，以及法國一七八九年人權宣言第十六條揭櫫：「任何社會中，未貫徹權利保障，亦無明確之權力分立者，即無憲法。」以還，立憲民主國家，莫不奉權力分立為圭臬，故就憲法上職位之兼任是否相容，首應以有無違反權力分立之原則為斷。一旦違反權力分立原則，除非憲法設有例外之規定（例如美國副總統之兼為參議院院長、內閣制國家之議員得兼任閣員），否則即屬違憲行為。依權力分立原則所區分之各個權力範圍（如立法部門、行政部門及司法部門），若因部門內之權限，依憲法之設計，必須由兩個機關不同之構成員分別行使者，亦在不得兼任之列，例如採兩院制之國會，其法案通過須分別經兩院議決，如由一人同時擔任兩院之議員，則與憲法將立法權分由兩院行使之本旨不符，其兼任自亦非憲法之所許，本院釋字第三十號解釋以「若立法委員得兼國民大會代表，是以一人而兼具提案與複決兩種性質不相容之職務」為由，認立法委員不得兼任國民大會代表，即係本於同一意旨。又如在行政權範疇之內，國家元首與閣揆或閣員間職務相容性問題，則端視各國政制而定：在採內閣制之國家或雙首長制之國家，基於元首與閣揆間制衡之機制，一人當然不得同時兼任；在總統制國家（如美國及中南美諸國），通常國家元首即為最高行政首長，並無閣揆之設置，總統兼閣員（部長）固鮮有其例，但副總統則常兼任部長（如哥斯大黎加、巴拿馬等）；再如一般稱為委員制之瑞士，其行政部門聯邦委員會（Conseil Federal, Bundesrat），有部長七名，總統及副總統均由部長輪替兼任，蓋均祇涉及行政權之內部分工，而於權力分立之基本原則無違，自亦不生牴觸憲法問題。若就中央與地方之分權而論，更非所謂一遇職位互兼即為法所不許，以法國為例，內閣總理或部長兼任市長或其他地方民選職位，亦非罕見。我國中央政制與前述各種制度均不盡相同，但於權力分立原則之堅持則不遜於其他各國，司法、考試及監察三權各自獨立行使職權，固無疑義。行政權與立法權亦截然劃分，並使其成員不得互兼，此為憲法第七十五條立法委員不得兼任官吏之所由設。而憲法對總統及副總統均缺位，或任期居滿尚未選出，或選出後總統、副總統均未就職之情形，明定由行政院院長代行總統職權，其期限為三個月（憲法增修條文第二條第八項、憲法第五十條、第五十一條），未如其他國家之憲法對總統或副總統均缺位時由國會議長繼任（如美國、法國第五共和及義大利等），或甚至規定最高司法機關首長亦得代理總統（如一九八八年十月五日之巴西憲法），蓋嚴守權力分立原則，屬於行政權體系內之權限行使，應由行政體系內輪替，不採制憲過程中由五院院長依次代理總統之建議。我國憲法規定行政院院長由總統提名經立法院同意任命之（第五十五條第一項），行政院對立法院決議之事項移請覆議時，須經總統之核可（第五十七條第二款及第三款），總統公布法律、發布命令須經行政院院長之副署，其屬緊急命令者尚須經行政院會議之通過（憲法第三十七條、增修條文第二條第四項），而行政院無論學理上及實際上皆係由院長主導之獨任制官署，論者以總統與行政院院長兩種職位互有制衡之作用，非無理由。是總統與行政院院長不得由一人兼任，其理甚明。副總統為總統之備位，若由副總統兼任司法、考試或監察三院之院長，其違反五權分立原則而為憲法所不許，實毋庸辭費。至於副總統兼任行政院院長則既不生顯然牴觸權力分立原則之問題，自難從權力分立之觀點遽認其為違憲。

其次應審究者，乃副總統與行政院院長有無職權分工，二者之間是否亦存在制衡作用或利益衝突之情事。查自民國二十五年五月五日公布之中華民國憲法草案（俗稱五五憲章）之起草者，以迄制定現行憲法之國民大會，其設置副總統之目的及功能，皆係本於總統缺位時繼任總統，或總統因故不能視事時代行總統職權而已。除此之外，平時別無其他職權，經過情形不僅有相關制憲資料可供參證，亦為聲請人立法委員張俊雄等於八十五年六月十五日提出之釋憲理由書所是認。制憲者之原意乃表現為憲法第四十九條之規定：總統缺位時，由副總統繼任至總統任期居滿為止；總統因故不能視事時，由副總統代行其職權。除本條之外，未見關於副總統職掌及地位之規定，現行法律除國家安全會議組織法第三條及第四條規定副總統與五院院長等同為國家安全會議之組成人員，以及總統不能出席時由副總統代理外，亦未賦予副總統任何權限。故在法定職權上，副總統與行政院院長並無分工之關係，亦無任何制衡作用或利益衝突之可言，與前述國民大會代表與立法委員、總統與行政院院長法定職權即已存有不能相容或角色混淆之情形，其間尚有其差異。副總統既為備位而設，於上開繼位或代行外，未有具體職權，則所謂兼任行政院院長將發生處理公務時間分配問題或有損公益及人民信賴，尚非確論。

副總統地位崇隆，在政治上自有其影響力，但憲法上並無具體職權，已如前述。在未依憲法繼任總統或代行總統職權時，若行使任何屬於總統之憲法上權力，即屬於法無據。與一般行政機關之副首長依成文或不成文規範，當然有輔助該機關首長處理事務者不能同日而語。實際上，我國亦從無副總統在總統未缺位或不能視事時，經授權行使憲法第三十五條至第四十四條或其他憲法上明定屬於總統之權限。副總統在備位之餘雖不免基於總統之信任關係，擔任若干臨時性或禮儀性之任務，但皆非可視為副總統有襄助總統之法定職權，與一般機關首長與副首長在行政組織上之法律關係，尚不能等同視之。職是之故，平時總統在位亦無不能視事之情形時，由副總統兼任行政院院長並不發生二者職務上之利益衝突。又副總統容有輔弼總統之事實，亦未如聲請意旨所稱副總統為總統之僚屬或副手，平日承總統之命行使，一旦兼任則有角色衝突之情事。至所謂兼任有礙憲法機關功能維護一節，實則副總統之備位即屬此一職位維繫國家元首不能一日或缺之憲法功能所在，副總統亦未因兼任行政院院長而喪失其備位作用。

依憲法增修條文第二條第一項規定：「總統、副總統候選人應聯名登記，在選票上同列一組圈選」，故當選總統、副總統者，屬於同一政黨或同一政治派系，其政治理念共通，當為常態。但為爭取選舉勝利，難保不發生政黨合縱連橫之事而將理念不同之人選，同列一組圈選；尤其遇有副總統出缺，依增修條文同條第七項規定，由總統提名候選人，召集國民大會補選，則總統勢須以國民大會中多數黨黨團所能接受之人選為提名對象，而非以理念為優先之考慮，其情形與總統提名行政院院長人選咨請立法院同意，並無不同。是以總統與副總統非必然理念相同，關係密切。縱使二人理念一致，關係匪淺，惟副總統既不能與總統共同行使元首之職權，又不能分享憲法上元首之特權，更無日常互為代理之可言，豈可視二人在法律上為一體？關係機關辯論意旨主張：所謂一體者，除競選時共為夥伴外，別無其他意義，尚非無見。此一情形，亦可用於說明總統與行政院院長之關係，若總統不能影響立法院多數黨黨團之投票，其提名行政院院長固然以多數黨黨團之意見為依歸；反之，總統若為立法院多數黨之黨魁或能影響過半數委員之投票取向時，總統必然提名政見與之一致且為其本身屬意之人選，日後施政行政院院長果追隨總統亦步亦趨，也不生違憲問題，復不能因此而謂總統與行政院院長已具有一體性。聲請意旨中，有從一體性論點而導出「總統不能為者，副總統亦不能為」之結論，自不足採。副總統與總統之關係既如上述，則由副總統兼任行政院院長，憲法第三十七條之副署、第五十七條第二款、第三款之覆議核可及增修條文等二條第四項發布緊急命令之程序等相關規定所涉及之機制，尚難認為即受影響。蓋總統與行政院院長職務之制衡，在於制度上由不同之人分別擔任，而非以任職者之黨派關係或政治主張為斷。尤其不能謂擔任總統與行政院院長者，必須政治主張相反或施政方針對立，始符制衡設計而合憲。又副總統之罷免及補選雖涉及國民大會之職權，然依憲法增修條文副總統並無向國民大會報告國情或聽取建言之職責，自不生聲請意旨所稱兼任行政院院長應分別向國民大會及立法院負責，易造成二民意代表機關衝突之問題。

憲法第四十九條規定：總統缺位時，由副總統繼任至總統任期居滿為止。總統因故不能視事時，由副總統代行其職權。總統、副總統均不能視事時，由行政院院長代行其職權。總統、副總統均缺位時，依憲法增修條文第二條第八項規定，由行政院院長代行其職權，並依同條第一項規定補選總統、副總統，繼任至原任期居滿為止。副總統兼任行政院院長一旦發生上述總統缺位或因故不能視事之情形，確將出現總統、副總統及行政院院長三個職位皆集於原本為副總統者一身，依前開說明顯非正常情況下憲法之所許。惟此種所謂「三位一體」之現象，並非僅於副總統兼任行政院院長時，始有發生之可能，憲法第四七九條、增修條文第二條第八項及憲法第五十條均係為三個職位集中於一人之機率而設。憲法第五十一條對行政院院長代行總統職權時，並明定其期限不得逾三個月。副總統兼任行政院院長一旦出現總統缺位之情形，以副總統身分繼任總統後應立即提名新院長人選，咨請立法院同意；其在立法院休會期間者，則適用憲法第五十五條第二項由副院長代理其職務，並於四十日內咨請立法院召集會議，行使同意權。若所發生者非總統缺位而係因故不能視事，不能視事之事故如超過三個月，兼行政院院長之副總統或可類推亦受憲法第五十一條所定期間之限制，並有憲法第五十五條第二項之適用。由上所述，因副總統兼任行政院院長雖有發生繼任總統或代行職權之疑義問題，然非全無解決途徑，則聲請意旨主張兼任所造成之窒礙情形已達明顯違憲程度云云，尚有商榷之餘地。至憲法增修條文對一般公務人員及總統副總統之彈劾，設有不同程序，分別規定於第六條第三項及第五項。如副總統兼任行政院院長因失職行為而受監察院彈劾時，其適用之程序，本得以其失職行為係緣於副總統抑或行政院院長身分而發生為判斷標準，其後續之懲戒或罷免程序亦同。若與職務行為無關，則可由監察院決定採何種程序提案彈劾，雖不能謂完全不發生適用法律之疑義，然尚難以此遽認副總統兼任行政院院長已達顯不相容之情事。至聲請意旨有謂行政院院長或因施政疏失而遭監察院糾彈甚至去職，則其繼續擔任副總統之適當性將受質疑等語，乃係政治上之疑慮，非關法律問題。

查憲法第四十四條稱：「總統對於院與院間之爭議，除本憲法有規定者外，得召集有關各院院長會商解決之。」此一規定論者有將之比擬為元首之中立權者，本件聲請意旨亦主張總統所行使者為元首權，應超然於五權之上，由副總統兼任行政院院長即形成「協調者」與「被協調者」之矛盾，喪失元首權超然中立之作用等語。惟不論憲法本條之規定是否等同於元首權或中立權，學理上尚無定論，且所謂元首權（pouvoir royal）又稱中立權或調和權（pouvoir neutre, intermédiaire et régulateur），乃十九世紀初年一、二法國學者（Clermont-Tonnerre, B. Constant）為維持在君主立憲體制之下，君主作為國家元首所保留之少許權力所提倡之學說（參看 Carl Schmitt, Der Hüter der Verfassung, 3. Aufl., 1985, S. 133ff.），此種意義之中立權或調和權與日後代議民主政治發展之實情不符，而受批評為人為設想之名詞（參看 Klaus von Beyme, Die parlamentarischen Regierungssysteme in Europa, 2. Aufl., 1973, S. 89.）；且憲法學者亦有認為無論國王或總統作為國家元首，政治上調和鼎鼐本無待憲法規定，可謂事物之本質者（參看 Carl Schmitt, Verfassungslehre, 8. Aufl., 1993, S. 287.）。中立權是否已成為現代國家憲法上之建制，猶有爭論，並未形成普遍接受之權力分立理論，自不影響本件之解釋。況縱使總統行使憲法第四十四條之權限，視為元首之中立權，亦不生協調者與被協調者之矛盾。

憲法上行為是否違憲與其他公法上行為是否違法，性質相類。公法上行為之當然違法致自始不生效力者，須其瑕疵已達重大而明顯之程度（學理上稱為 Gravitäts-bzw. Evidenztheorie）始屬相當，若未達到此一程度者，則視瑕疵之具體態樣，分別定其法律上效果。是故設置憲法法院掌理違憲審查之國家（如德國、奧地利等），其憲法法院從事規範審查之際，並非以合憲、違憲或有效、無效簡明二分法為裁判方式，另有與憲法不符但未宣告無效、違憲但在一定期間之後失效、尚屬合憲但告誡有關機關有轉變為違憲之虞，並要求其有所作為予以防範等不一而足。本院歷來解釋憲法亦非採完全合憲或違憲之二分法，而係建立類似德奧之多樣化模式，案例其多，可資覆按。判斷憲法上行為之瑕疵是否已達違憲程度，在欠缺憲法明文規定可為依據之情形時，亦有上述瑕疵標準之適用（參照本院釋字第三四二號解釋）。所謂重大係指違背憲法之基本原則，諸如國民主權、權力分立、地方自治團體之制度保障，或對人民自由權利之限制已涉及本質內容而逾越必要程度等而言；所謂明顯係指從任何角度觀察皆無疑義或並無有意義之爭論存在。本件副總統兼任行政院院長，憲法並無禁止之明文規定，又未違反權力分立原則，從兩種職務性質而論，復無顯然不能相容或有利益衝突之處，而此一兼任問題，各方仍有仁智之見，則其兼任尚難認為瑕疵重大而明顯，已達顯然違憲程度。況依憲法增修條文第二條第三項之規定，行政院院長之免職命令，須新提名之行政院院長經立法院同意後生效，若原任行政院院長參與副總統競選，並獲當選，總統依法提名新行政院院長，在未經立法院同意前，副總統依上述規定尚須兼任行政院院長，其為憲法之所許，既無疑義，自不能將在特定條件下憲法所許可之行為，遽予解釋為違憲。朝野人士之所以對此一兼任問題之合憲性，各持己見者，主要肇因於現行憲法以五權分立之架構，分別採取內閣制與總統制下之若干建制融合而成，論者基於理念或對政制之偏好，其結論南轅而北轍，毋乃當然。憲法結構之調整應由有權修憲之機關衡情度勢，斟酌損益，非關釋憲機關之權限。惟憲法分設總統、副總統及行政院院長三種職位，其本意實應由不同之人分別擔任。又憲法原文對副總統缺位時，並無補選之規定，增修條文第二條第七項明定：「副總統缺位時，由總統於三個月內提名候選人，召集國民大會補選，繼任至原任期居滿為止。」亦足證明修憲者對副總統職位之重視，不容其長期懸缺，俾維持總統缺位時得立即有法定繼任者，以確保元首職位之機能不致中斷。若遇有總統缺位時，兼任行政院院長之副總統繼任後或可援引憲法第五十一條及第五十五條第二項之規定，作為人事安排之依據，但難謂並無聲請意旨一再指稱減損繼任「雙重保險機制」之疑慮。若副總統兼任行政院院長所遭遇之情形為總統不能視事，則尚不能直接從憲法條文中獲致解答。蓋在副總統與行政院院長分別由二人擔任之常態情形，副總統自可代行總統之職權，直至總統不能視事之原因消滅為止。如副總統與行政院院長同屬一人，其代行總統職權即有產生不能相容之情事，因代行職權者，即非以單純行政院院長身分為之，則與憲法第五十一條專指由行政院院長代行總統職權之規定有間。可見上開情形已不在憲法設計總統職權替代機制之範圍，或須以轉換適用之方式始能勉為因應；究與憲法上述三個職位應分別由不同之人擔任之常態設計不符，並對憲法所規定繼任或代行職權之機制有所影響。聲請意旨迭次執以指摘，自有相當理由。

綜上所述，副總統與行政院院長二者職務性質尚非顯不相容，惟副總統及行政院院長二職位由一位兼任，如遇總統缺位或不能視事時，將影響憲法所規定繼任或代行職權之設計，故由副總統兼任行政院院長，與憲法設置此二職位分由不同之人擔任之本旨，未盡相符。引發本件解釋之事實，應依上開解釋意旨為適當之處理。

大法官會議主席 施啟揚

大法官 翁岳生

劉鐵錚

吳　庚

王和雄

王澤鑑

林永謀

林國賢

施文森

城仲模

孫森焱

陳計男
曾華松
董翔飛
楊慧英
戴東雄
蘇俊雄

不同意見書

大法官　劉　鐵　錚

憲法為規定國家機關組織及人民權利義務等事項之基本大法。我國憲法關於國家之架構，徘徊於三權憲法與五權憲法之間，於中央立法權與行政權關係之規定，則依違於總統制與內閣制之間，二者均忽此忽彼，缺乏明確清晰之體制，是故憲法不明與模糊之處，所在多有，此端賴適當之解釋與正常之運作，方可有濟。

關於副總統兼任行政院院長是否牴觸憲法，本人從憲法條文本身立論，並以其依據之若干憲法原理為基礎，由此分析兼職所以牴觸憲法之理由如下：

一、副總統兼任行政院院長違背憲法上權力分立原則

我國憲法對中央政府之組織及各機關之職權，係採分章規定之方式，即國民大會（第三章）、總統（第四章）、立法（第五章）、行政（第六章）、司法（第七章）、考試（第八章）、監察（第九章）。此項機關組織及權限之劃分，即為權力分立原則之採納，所以防止權力集中，避免專制、遠離擅斷之一種制度上設計，此項權力分立原則對各憲政機關成員本皆有

適用。憲法所以僅對中央民意代表之兼職有所規定（憲法第二十八條第三項、第七十五條、第一百零三條參照），此因民意代表係由選舉產生，身分特殊，兼職問題，易滋爭議之故；憲法對其他憲政機關——總統、行政、司法、考試之成員，無禁止兼職之明文，實因彼等皆為公務員，在權力分立原則下，彼此成員不得互兼，無寧為當然之理。否則，一憲政機關之重要公務員，若得兼任他憲政機關之重要公務員，則有變相形成機關合併、職權混同及身分混淆之弊，後果不可謂不嚴重，而憲法分章規定不同憲政機關之組織及權限之權力分立原意，必遭破壞無疑。

若謂總統與副總統均屬行政權體系，故副總統兼任行政院長不生牴觸憲法權力分立原則，試問在憲法第五十三條：「行政院為國家最高行政機關。」規定下，將置總統與副總統之地位於何處？而憲法第三十七條所規定之副署制度，在同一行政權體系下，又有何存在之價值？

本院歷屆大法官對憲法上職位兼任所作之多次解釋，雖曾提出職務是否相容之認定標準，惟此均係針對民意代表兼職所作之解釋，即釋字第一號（立法委員兼任官吏問題）、釋字第十五號（監察委員兼任國大代表問題）、釋字第十七號（監察委員兼任國立編譯館編纂問題）、釋字第二十號（監察委員兼任醫務人員及公立醫院院長、醫師等問題）、釋字第三十號（立法委員兼任國大代表問題）、釋字第七十四號（國大代表兼任省、縣議會議員問題）、釋字第七十五號（國大代表兼任官吏問題）、釋字第二〇七號（省及院轄市議會議員、議長兼任私立學校院長問題）。上述解釋不僅均係針對民意代表兼職所為，且歷屆大法官均採嚴格標準，而持否定兼職之立場（釋字第七十五號解釋僅係重申憲法之原意而已），在舉輕以明重之法理下，更難以彼例此，援用於憲政機關間公務員互兼之問題。蓋在權力分立原則下，不同憲政機關之公務員，不得相互兼職，可說為事務之本質，亦為貫徹憲法分別設置憲政機關並賦與不同職權之原意。

公務員服務法第十四條第一項前段規定：「公務員除法令所規定外，不得兼任他項公職或業務。」他項公職，公務員均不可兼任，更遑論他憲政機關之公職乎！遍查現行法令，並無副總統或行政院院長，可以兼任他項公職之明文（縱有此種法令存在，也有牴觸憲法之問題），則在一般公務員應嚴守公務員服務法規定下，作為國家副元首或最高行政機關首長者，又豈可例外！故副總統兼任行政院院長除有違憲問題外，實尚有違法之問題。

二、副總統兼任行政院院長違背憲法上權力制衡原則

我國憲法規定行政院院長由總統提名，經立法院同意任命之（第五十五條第一項），行

政院對立法院決議之事項移請覆議時，須經總統之核可（第五十七條第二款、第三款），總統公布法律、發布命令須經行政院院長之副署，其屬緊急命令者尚須經行政院會議之通過（憲法第三十七條、增修條文第二條第四項），因此之故，總統與行政院院長間存有制衡關係，不得互兼，論者皆無疑義。茲就副總統兼任行政院院長是否違背憲法上權力制衡原則，分四種情形述之如下：

（一）在副總統繼任總統或代行總統職權前

依憲法增修條文第二條第一項，副總統競選時須與總統聯名登記，在選票上同列一組圈選。故二人關係密切，形成共同勝選或全部落敗之勝負共同體，為不容否認之事實，且副總統為唯一享有繼任總統之權及不受期間限制之代行總統之權，同時，憲法增修條文第二條第七項也規定，遇到副總統缺位時，必須由總統於三個月內提名候選人，召集國民大會補選，繼任至原任期屆滿為止。由此可見，副總統備位總統之「特質」，即在凸顯副總統在憲法上地位之崇隆與重要。吾人若以其係備位無具體職權為由，反謂其得兼任其他性質相容無利益衝突之職位，似有輕重不分，本末倒置之嫌；抑且，副總統與總統即同列於憲法第四章，又為總統之副手，則在總統與行政院院長間存有制衡關係下，副總統兼任行政院院長，自有破壞或影響此一憲政原則之虞。

（二）在副總統繼任總統或代行總統職權後

憲法第四十九條規定：「總統缺位時，由副總統繼任，至總統任期屆滿為止。……總統因故不能視事時，由副總統代行其職權。」副總統兼任行政院院長，一旦發生上述總統缺位或因故不能視事之情形，於前者總統缺位時，副總統繼任總統後，將出現總統與行政院院長二個職位集於一身之情況；於後者總統不能視事時，副總統代行總統職權後，將發生總統、副總統及行政院院長三個職位集於一身之現象，依首開說明──總統與行政院院長間存有憲法上權力制衡關係，不得互兼之原則，副總統兼任行政院院長，明顯牴觸憲法，無待辭費。

至謂於副總統不兼行政院院長，於1.總統、副總統均缺位（增修條文第二條第八項）或2.總統、副總統均不能視事（憲法第四十九條）或3.總統於任滿之日解職，如屆期次任總統尚未選出，或選出後總統、副總統均未就職時（憲法第五十條），各該憲法條文既均規定由行政院院長代行總統職權，即均有二位一體現象之發生，其既均為憲法所容許，何以副總統兼任行政院院長時，所發生之二位一體或三位一體之現象，即達違憲之程度？此蓋因上述三種情況，雖均違背憲法上權力制衡之原則，但其乃憲法就不得已之狀況所特別明文允許之例外，因此，在憲法無明文規定副總統可兼任行政院院長，又無明文規定就其因此造成之二位一體或三位一體之現象，可被允許下，其與上述三種憲法明文規定之情形，即不可同日而語，自有違背憲法上權力制衡之原則。

另謂副總統兼任行政院院長，一旦出現總統缺位之情形，以副總統身分繼任後，應立即提名新院長人選，咨請立法院同意；其在立法院休會期間者，則適用憲法第五十五條第二項，由副院長代理其職務，即足以解決二位一體之現象，故未達違憲程度云云。其實此種曲意維護現實，勉強解釋適用之方法，均有盲點。簡言之，前一情形，在新院長未獲立法院同意前，二位一體之現象仍然存在（增修條文第二條第三項參照）；在後者情形，憲法第五十五條第二項行政院院長之辭職係出於自願，並非憲法義務之辭職，憲政大事不能依賴當事人之善意，亟需建立制度，以圖憲政秩序之長久安定，方為正途。

至於副總統兼任行政院院長所遭遇之情形為總統不能視事，其因此造成三位一體之現象，依同一理由，也絕非可藉類推或轉換適用之方式，即可圓滿解決，憲法之解釋絕不可圖一時之便利，致貽無窮之後患。

三、副總統兼任行政院院長違背憲法對總統職權所為「雙重安全保障」之規定

總統為國家元首，對外代表中華民國（憲法第三十五條），對內統率全國陸海空軍（憲法第三十六條），並享有憲法第三十七條至第四十四條所列舉之各項權限。總統既為國家統一存在之象徵，全民擁戴之領袖，位高權重，自不能一日或缺。此所以憲法除規定總統缺位時，由副總統繼任，總統不能視事時，由副總統代行其職權外，增修條文第二條第八項復載：「總統、副總統均缺位時，由行政院院長代行其職權。」，以及憲法第四十九條後段：「總統、副總統均不能視事時，由行政院院長代行其職權。」之明文規定。上引條文即為憲法針對確保總統職權行使不能一日中斷，所作之雙重安全保障之規定。我國憲法既分設總統、副總統及行政院院長三個職位，其本意自應由不同之人分別擔任，此所以上引條文皆規定總統、副總統「均」缺位或「均」不能視事時，由行政院院長代行其職權，並未省略其中任一職位，而憲法原條文對副總統單獨缺位時，並無補選之規定，增修條文第二條第七項對此情形，已明定由總統於三個月內提名候選人，召集國民大會補選，繼任至原任

期屆滿為止。尤足證明第二屆國民大會對副總統職位之重視，不容長期虛懸，俾維持總統缺位時得立即繼任，以確保總統職位之功能不致中斷。若萬一總統、副總統「均」缺位或「均」不能視事時，也有行政院院長代行總統之職權，並即進行補選總統、副總統。惟在副總統兼任行政院院長時，一遇總統、副總統「均」缺位或「均」不能視事時，國家即無人有權行使總統之職權，對外無人代表中華民國，對內無人統率全國陸海空軍，國家陷入無人行使元首職權之窘境，是則憲法為鞏固國權，保障民權，奠定社會安寧，增進人民福利之宗旨，豈不盡失。負有解釋憲法重責大任者，於解釋憲法時，除應忠於憲法之原意外，更應為建立長遠的而非一時的憲政秩序之安定，而念茲在茲！爰為不同意見書如上。

拾捌、司法院釋字第四三四號解釋

中華民國八十六年七月二十五日司法院公布

公務人員保險係國家為照顧公務人員生老病死及安養，運用保險原理而設之社會福利制度，凡法定機關編制內之有給人員及公職人員均為被保險人。被保險人應按公務人員保險法第八條第一項及第九條規定繳付保險費，承保機關按同法第三條規定提供生育、疾病、傷害、殘廢、養老、死亡及眷屬喪葬七項給付，前三項給付於全民健康保險法施行後，已列入全民健康保險。公務人員保險法規定之保險費，係由被保險人與政府按一定之比例負擔，以為承保機關保險給付之財務基礎。該項保險費，除為被保險人個人提供保險給付之資金來源外，並用以分擔保險團體中其他成員之危險責任。是保險費經繳付後，該法未規定得予返還，與憲法並無牴觸。惟被保險人所繳付之保險費中，關於養老保險部分，承保機關依財政部核定提存準備辦法規定，應提撥一定比率為養老給付準備，此項準備之本利類似全體被保險人存款之累積。公務人員保險法於第十六條第一項關於養老給付僅規定依法退休人員有請領之權，對於其他離職人員則未規定，與憲法第十五條保障人民財務權之意旨不符，應即檢討修正。

解釋理由書

公務人員保險係國家為照顧公務人員生老病死及安養，運用保險原理而設之社會福利制度，依公務人員保險法第二條及第六條規定，凡法定機關編制內之有給人員及公職人員，應一律參加保險為被保險人。被保險人應按同法第八條第一項及第九條規定繳付應自付之保險費，並另由政府補助一定比例之保險費。承保機關則按同法第三條規定提供生育、疾病、傷害、殘廢、養老、死亡及眷屬喪葬七項給付。全民健康保險法於中華民國八十三年八月九日施行後，已將前三項給付列入全民健康保險。公務人員保險法規定之保險費，係由被保險人與政府按一定之比例負擔，以為承保機關保險給付之財務基礎。而保險費經繳付後，即由承保機關運用於該保險事務之中，並於保險事故發生時，作為保險給付之基金，除別有規定外，被保險人自不得請求返還。是保險費經繳付後，該法未規定得予返還，與憲法並無牴觸。惟上述保險給付中，關於養老、死亡兩項保險部分，類似終身保障型之定額給付保險。故被保險人所繳付之保險費中，關於養老保險部分，依財政部四十九年二月十九日（四九）台財錢發字第〇一四六三號令核定提存準備辦法規定，承保機關應提撥一定比率（四十九年二月為百分之十四點九、五十一年一月為百分之十、五十七年一月回復為百分之十四點九，參照財政部金融局八十六年七月十九日台融局㈡第八六二一九四九五號函）為養老給付準備。此項準備之本利，類似全體被保險人存款之累積，非承保機關之資產。從而被保險人繳足一定年限之保險費後離職時，自有請求給付之權。公務人員保險法於第十六條第一項關於養老給付僅規定依法退休人員有請領之權，對於其他離職人員則未規定，與憲法第十五條保障人民財產權之意旨不符，應即檢討修正。至其請領之要件及金額如何，則屬立法問題。

大法官會議主席 施啟揚

大法官 翁岳生

劉鐵錚

吳庚

王和雄

王澤鑑

林永謀
施文森
城仲模
孫森焱
陳計男
曾華松
董翔飛
楊慧英
戴東雄
蘇俊雄

不同意見書

大法官　劉　鐵　錚

本件釋憲案聲請人曾任公職逾三十年，參加公務人員保險亦逾三十年，惟其後因案免職，無從請領養老給付，遂退而求其次，請求公保單位返還其歷年繳交之保險費，未受允准，經訴願、再訴願及行政訴訟均遭駁回，爰聲請本院大法官解釋，公務人員保險法未規定公務人員離職時應退還其自繳保險費是否牴觸憲法之疑義。

聲請人情固可憫，惟屬特例。本席仍以平常心，就一般公務員參加公保有年，離職時有無權利請求返還就養老保險部分之保險費（或其責任準備金）為解釋對象。

本席以為公務人員離職時（包括自願辭職及被免職），公務人員保險法未規定離職人員有請領養老給付之權或應返還要保人有關養老保險之保險費，有侵害憲法第十五條所保障之人民財產權、工作權及生存權之嫌；並認為離職人員有無權利請求養老給付，固未在當事人聲請解釋之列，但在養老給付之請領，猶需「檢討修正」前，即認定「公務人員保險法未規定得予返還保險費，與憲法並無牴觸」，則將使權利遭受侵害之公務人員，繼續受到侵害，無從獲得最低限度之救濟。因就公保法未規定公務人員離職時應退還有關養老給付方面之保險費（或其責任準備金），有牴觸憲法之理由，分述如下：

一、從保險法理上觀察

離職退費，原為中華民國六十三年修正前公務人員保險法所明定。雖其規定略嫌籠統（參見第三條），條件也嫌過苛（參見第二十一條），並已遭刪除。但就其適用於養老保險方面之保險費而言，其理念值得肯定。蓋於公保法所規定之各類保險中，例如生育、疾病、傷害（全民健康保險法於中華民國八十三年八月九日施行後，已將此三項給付列入全民健康保險）、殘廢、死亡、眷屬喪葬，其發生或何時發生，均具有不確定性，有危險分擔法理之適用極為明顯；而在採現金給付四種保險事故中，除養老給付外，其他如殘廢、死亡、眷屬喪葬，因皆有是否發生、或發生早晚可能，在採定額保險給付下也有危險分擔之存在。惟養老給付，則係繳多付多，繳少付少，危險分擔之意味極少或無。因此，就養老保險以外，對其他各種保險所繳之保費，無論被保險人領取保險給付與否，於離職時，自無退還該部分保費之理，但養老部分之保費（或其責任準備金）則不然，因其係專供養老之用，本身含有強迫儲蓄防老本金之性質，繳少，所領養老給付少，繳多，所領養老給付多，且係一次性給付，退費時應亦然，並無危險分擔之問題。

公務人員保險雖係綜合性保險，保險費亦係統收，但於內部仍係按保險給付種類提撥責任準備金，故被保險人所繳付之保險費中，關於養老保險部分，承保機關依財政部中華民國四十九年二月十九日（四九）台財錢發字第〇一四六三號令核令提存準備辦法規定，承保機關應提撥一定比率（四十九年二月為一四・九%，五十一年一月為一〇%，五十七年回復為一四・九%）為養老給付準備。是此項準備之本利，猶如全體被保險人養老儲蓄之累積，從而被保險人離職時，自應有權請求養老給付，否則也理應返還原屬其所有之保險費或責任準備金部分。

二、從憲法層面觀察

公務人員離職時，若不能請求養老給付，又不能退還已繳之養老保險方面之保費，則有牴觸憲法第十五條：「人民之生存權、工作權及財產權應予保障。」之明文。

（一）就財產權方面言

公務人員保險法中之養老給付，係國家為保障老年人孤苦無依，無力生活所實施之一種社會保險，由於公務人員保險法為強制保險，其保險費由被保險人與政府按一定比例負擔，經年累月儲蓄以供養老，在保費即工資一部分說之理論下，不僅自繳之保費，即政府負擔部分之保費，皆應為被保險人所有，承保機關不過利用此項本金，產生孳息，以供未來支付養老給付之用。則在被保險人離職未能請領養老給付時，要求退還原屬於其所有之金錢，毋寧為合理且正當，否則即有政府侵占公務員財產之嫌。

（二）就工作權方面言

自願離職不予退費也有侵害人民工作權之嫌。按工作權乃指人民有選擇職業及工作場所之權利，工作權不僅是物質生活之基礎，亦是基本權利價值之自我實現，倘離職不予退費為合憲，則等於限制人民選擇職業之自由。蓋除非公務員願意犧牲其歷年所繳養老保險之保費或養老給付，否則即不能選擇其他工作，國家將公務員對工作之忠誠不渝與養老安養混為一談，實有侵害人民工作權之嫌。

（三）就生存權方面言

上述工作權與財產權統合稱為經濟性基本權，此項基本權若遭侵害，則人民生存權必受威脅。無工作難以經營生活，無財產難以養老防疾。是吾人一旦參加公保，除非願意放棄其歷年所強制繳交之養老部分之保費，否則沒有另行選擇工作之自由，若為免職離職，根本難再覓雇主，若強制繳交之儲蓄本金與利息竟不退還，則憲法第一百五十五條所欲建立之社會安全體系，老吾老以及人之老之基本國策，豈非流於理論空談。

綜上所述，公務人員離職時，對原屬於被保險人所有，含有強制儲蓄性質之養老給付部分保險費（或其責任準備金），自應返還予被保險人。其返還既不致影響其他被保險人之利益，也不致動搖公務人員保險之基礎，但確定可提供被保險人離職時最低程度生活之保障，亦符合憲法保障人民生存權、工作權及財產權之意旨。又民國八十二年修正公布之公務人員退休法第八條第五項之規定：「公務人員依規定不合退休資遣於中途離職者或因案免職者，得申請發還其本人原繳付之基金費用，並以臺灣銀行之存款年利率加計利息，一次發還。」已注意憲法第十五條之規定，可資參照，並為不同意見書如上。

附註：

中華民國六十三年修正前公務人員保險法第三條規定：「公務人員保險包括生育、疾病、傷害、殘廢、養老、死亡、眷屬喪葬七項，並附離職退費。」

中華民國六十三年修正前公務人員保險法第二十一條第一項規定：「被保險人離職迄未領取任何保險給付者，得向承保機關申請退還其自付部分之保險費，其復行任職再投保者，以新加入保險論。」

拾玖、司法院釋字第四四一號解釋

中華民國八十六年十一月二十八日司法院公布

為獎勵生產事業從事研究發展，提昇技術水準，增進生產能力，行政院於中華民國七十四年九月十八日，依獎勵投資條例第三十四條之一授權訂定之生產事業研究發展費用適用投資抵減辦法，其第二條第八款規定，生產事業為研究新產品，委託大專校院、研究機構辦理研究工作所支出之費用，為研究發展費用，得抵減當年度應納營利事業所得稅額。所稱研究機構，依財政部七十五年八月十六日台財稅字第七五四九四六四號函釋，依指經政府核准登記有案之財團法人所屬之研究機構而言，僅就私法人而為說明，固欠周延。惟上開辦法第二條抵減事由共有十款，經政府核准登記有案之財團法人所屬研究機構以外之研究機構，仍得依該辦法同條第十款規定申請專案認定獲致減免，未影響生產事業租稅優惠之權益，是財政部該號函釋與上開辦法並未牴觸，於憲法第十九條亦無違背。至生產事業委託研究之選擇自由因而受限及不在抵減範圍之研究機構可能遭受不利影響，仍應隨時檢討改進。

解釋理由書

為獎勵生產事業從事研究發展，提昇技術水準，增進生產能力，七十三年十二月三十日增訂獎勵投資條例（施行期間至七十九年十二月三十一日居滿，另經制定促進產業升級條例）第三十四條之一第一項前段規定，生產事業申報年度之研究發展費用超過以往五年度最高支出之金額者，其超出部分百分之二十得抵減當年度應納營利事業所得稅額。同條第二項又規定前項研究發展費用抵減之適用範圍，由行政院定之。行政院依此授權於七十四年九月十八日訂定生產事業研究發展費用適用投資抵減辦法（現依促進產業升級條例另訂定公司研究與發展人才培訓及建立國際品牌形象支出適用投資抵減辦法），其第二條第八款規定生產事業為研究新產品，委託大專校院、研究機構辦理研究工作所支出之費用為研究發展費用，得抵減當年度應納營利事業所得稅額。所稱研究機構，依財政部七十五年八月十六日台財稅字第七五四九四六四號函釋，係指經政府核准登記有案之財團法人所屬之研究機構而言，僅就私法人而為說明，固欠周延。惟生產事業為研究新產品、改進生產管理技術、改善製程、節約能源、防治污染之研究及產品市場調查所支出之費用符合同條所列各款情形之一者，均屬研究發展費用，得用以抵減當年度應納營利事業所得稅額。個人在生產事業研究發展單位兼職，從事研究者，其費用得適用同條第一款規定；經政府核准登記有案之財團法人所屬研究機構以外之研究機構，經受委託辦理研究工作者，其費用如確屬必要，亦得適用同樣第十款規定，申請專案認定獲致減免，未影響生產事業租稅優惠之權益，是財政部該號函釋與上開辦法並未牴觸，於憲法第十九條規定租稅法律主義之本旨亦無違背。至生產事業委託研究之選擇自由因而受限及不在抵減範圍之研究機構可能遭受不利影響，仍應隨時檢討改進。

大法官會議主席　施　啟　揚

大法官　翁　岳　生

劉　鐵　錚

吳　　　庚

王　和　雄

王　澤　鑑

林　永　謀

施　文　森

城仲模
孫森焱
陳計男
曾華松
董翔飛
楊慧英
戴東雄
蘇俊雄

不同意見書

大法官 劉鐵錚

財政部七十五年八月十六日台財稅字第七五四九四六四號函釋：「生產事業研究發展費用適用投資抵減辦法第二條第八款所稱之『研究機構』，係指經政府核准登記有案之財團法人所屬之研究機構而言。」違背獎勵投資條例立法意旨及生產事業研究發展費用適用投資抵減辦法，牴觸憲法第十九條、第二十三條及第十五條規定，依憲法第一百七十二條，應為無效之解釋。茲就本案之爭點及系爭函釋違憲之理由分述如次：

一、爭點

七十三年十二月二十日增訂之獎勵投資條例第三十四條之一第一項前段規定，生產事業申報年度之研究發展費用超過以往五年度最高支出之金額者，其超出部分百分之二十得抵減當年度應納營利事業所得稅額。同條第二項又規定，前項研究發展費用抵減之適用範圍，由行政院定之。行政院依此授權於七十四年九月十八日訂定生產事業研究發展費用適用投資抵減辦法，其第二條第八款規定，生產事業為研究新產品等委託大專院校、研究機構辦理研究工作所支出之費用為研究發展費用，得抵減當年度應納營利事業所得稅額。該抵減辦法對所稱研究機構，並無任何限制，國內者固無論，國外研究機構亦非不可，奈財政部前述函釋，則限定其為國內少數特定研究機構而言，因而發生該函釋是否牴觸憲法之疑義。

二、函釋違憲之理由

（一）從獎勵投資條例第三十四條之一立法意旨言

國家為獎勵生產事業改進生產技術、發展新產品，以提昇技術水準，增強競爭力，特增訂獎勵投資條例第三十四條之一。按本條文係由立法委員三十七人提案，提案理由說明謂：「我國天然資源不豐，比較充裕的為人力資源。但靠勞力競爭的時代已經過去，今後必須靠提高技術水準來發展工業，繁榮經濟，否則無法在國際上競爭。然技術的升級並非一蹴可幾，必須不斷的透過國外的技術交流，研究發展，才能充實我們本身的技術發展潛力。而要做好研究發展工作，更必須有充裕的費用來支持。」由上述可知，立法者在立法當時，僉認我國為開發中國家，要突破競爭之困局，使事業脫胎換骨，研究發展費用的獎勵，固屬迫切需要，但如何借重先進或競爭國家之知識、經驗，不可閉門造車、劃地自限，尤屬不可或缺之認識。因此，行政院基於同條第二項授權訂定之生產事業研究發展費用適用投資抵減辦法第二條，對各種研究發展費用之支出，均無特別限定必須為國內之支出，其第八款委託大專院校、研究機構辦理研究工作之費用，亦然，並無任何限制。則財政部上述函釋，對研究機構嚴加限制，縮小稅捐抵減範圍，顯與母法及行政院發布之抵減辦法牴觸。

(二) 從法規位階言

在法源層級化之體系中，同一位階之規範，其效力有不分高低者，亦有可分高低者。前者如法律，立法機關通過總統公布之法律，有同等規範效力，倘發生適用之先後順序問題，則依照後法勝於前法或特別法優於普通法等方式解決；至於後者，表現於命令時最為明顯，此即下級機關發布之命令，不得違反上級機關發布之命令，授權命令之效力高於職權命令。執此以觀，財政部之函釋——亦即下級機關之職權命令，明顯變更上級機關所發布之授權命令，限縮研究發展費用可抵減之範圍，侵害人民依憲法應受保障之權利，有違憲法第十九條、第二十三條及第十五條等規定。

(三) 從司法院大法官解釋言

本院對租稅法律主義及命令在何種情形下可限制人民權利，曾著有多號解釋，闡釋甚詳，茲擇要引述如下：關於租稅法律主義，釋字第二一〇號解釋及釋字第三六九號解釋分別載有：「按人民有依法律納稅之義務，為憲法第十九條所明定，所謂依法律納稅，兼指納稅及免稅之範圍，均應依法律之明文。至主管機關訂定之施行細則，僅能就實施母法有關事項而為規定，如涉及納稅及免稅之範圍，仍當依法律之規定，方符上開憲法所示租稅法律主義之本旨。」；「憲法第十九條規定人民有依法律納稅之義務，係指人民有依法律所定要件負繳納稅捐之義務或享減免繳納之優惠而言。」關於命令限制人民權利問題，釋字第三六七號解釋，闡述最為詳盡明確，其謂：「有關人民自由權利之限制應以法律定之且不得逾越必要之程度，憲法第二十三條定有明文。但法律之內容不能鉅細靡遺，立法機關自得授權行政機關發布命令為補充規定。如法律之授權涉及限制人民自由權利者，其授權之目的、範圍及內容符合具體明確之條件時，亦為憲法之所許……。若法律僅概括授權行政機關訂定施行細則者，該管行政機關於符合立法意旨且未逾越母法規定之限度內，自亦得就執行法律有關之細節性、技術性之事項以施行細則定之，惟其內容不能牴觸母法或對人民之自由權利增加法律所無之限制，行政機關在施行細則之外，為執行法律依職權發布之命令，尤應遵守上述原則。」而本件財政部函釋並非基於法律之授權，僅為行政機關依職權發布之命令，其內容不僅牴觸母法及授權命令，又對人民權利增加法律所無之限制，依照前開解釋所揭示之原則，自應為違憲之解釋，否則本院立場實難謂前後一貫。

最後，本人願附帶一提者，尚有左列三點：

其一、財政部函釋，諒係從保護國內研究機構及防止逃漏稅及便利稽徵著眼。惟前者關係重大，是否符合獎勵投資條例第三十四條之一立法意旨及時代潮流，容有討論之空間，但無論如何，其非屬於財政部可決策之事項，亦非職權命令所可規定者，殆可斷言；就後者言，稅捐單位所應審究者，應為生產事業是否確有委託研究與支付費用之研發事實，以及抵減數額是否符合該第三十四條之一第二項各種要件之限制，至逃漏稅捐之處理，行政院所訂抵減辦法第六條已有明文，而所得稅法及稅捐稽徵法固皆有處罰之規定也。執行法律，徒從防弊著手，而不從興利著眼，是否適當，已可爭論，其限制企業經營自由，影響研究發展之隱密性，是否妥適，更有待斟酌。

其二，關於適用抵減辦法第二條之解釋問題。按該第三條雖係就何謂研究發展費用而為界定，惟其首先說明研究發展包含之事項（如研究新產品、改善製程、節約能源、防治污染等），而後列十款，則為從事上述研發事項所支出之「各類」費用。前九款為例示之規定，第十款為概括規定，故必不在前九款例示範圍內之研發費用，始有適用第十款專案認定之可能。倘對原符合抵減辦法第二條第八款「種類」之支出，即委託研究機構辦理研究工作之費用，但依財政部函釋，不為核定時，如何仍有適用概括規定之可能。吾人為一時之便利，紊亂解釋之基本原則，是否妥適，值得三思。

貳拾、司法院釋字第四六七號解釋

中華民國八十七年十月二十二日司法院公布

中華民國八十六年七月二十一日公布之憲法增修條文第九條施行後，省為地方制度層級之地位仍未喪失，惟不再有憲法規定之自治事項，亦不具備自主組織權，自非地方自治團體性質之公法人。符合上開憲法增修條文意旨制定之各項法律，若未劃歸國家或縣市等地方自治團體之事項，而屬省之權限且得為權利義務之主體者，於此限度內，省自得具有公法人資格。

解釋理由書

本件係聲請人於行使職權時，就依憲法增修條文第九條之規定省是否仍具有公法人之地位，發生適用憲法之疑義而聲請解釋，非關法規違憲審查之問題，合先說明。

中央與地方權限劃分係基於憲法或憲法特別授權之法律加以規範，凡憲法上之各級地域團體符合下列條件者：一、享有就自治事項制定規章並執行之權限，二、具有自主組織權，方得為地方自治團體性質之公法人。八十六年七月二十一日公布施行之憲法增修條文第九條第一項分別規定：「省、縣地方制度，應包括左列各款，以法律定之，不受憲法第一百零八條第一項第一款、第一百零九條、第一百十二條至第一百十五條及第一百二十二條之限制：一、省設省政府，置委員九人，其中一人為主席，均由行政院院長提請總統任命之。二、省設省諮議會，置省諮議會議員若干人，由行政院院長提請總統任命之。」「六、中央與省、縣之關係。七、省承行政院之命，監督縣自治事項。」同條第二項規定：「第十居臺灣省議會議員及第一居臺灣省省長之任期至中華民國八十七年十二月二十日止，臺灣省議會議員及臺灣省省長之選舉自第十居臺灣省議會議員及第一居臺灣省省長任期之居滿日起停止辦理。」同條第三條規定：「臺灣省議會議員及臺灣省省長之選舉停止辦理後，臺灣省政府之功能、業務與組織之調整，得以法律為特別之規定。」依上開規定，省為地方制度層級之地位仍未喪失，惟臺灣省自八十七年十二月二十一日起既不再有憲法規定之自治事項，亦不具備自主組織權，自非地方自治團體性質之公法人。

查因憲法規定分享國家統治權行使，並符合前述條件而具有公法人地位之地方自治團體外，其他依公法設立之團體，其構成員資格之取得具有強制性，而有行使公權力之權能，且得為權利義務主體者，亦有公法人之地位。是故在國家、地方自治團體之外，尚有其他公法人存在，早為我國法制所承認（參照國家賠償法第十四條、農田水利會組織通則第一條第二項，八十七年十月二日立法院三讀通過之訴願法第一條第二項）。上開憲法增修條文第九條就省級政府之組織形態、權限範圍、與中央及縣之關係暨臺灣省政府功能、業務與組織之調整等項，均授權以法律為特別之規定。立法機關自得本於此項授權，在省仍為地方制度之層級前提下，依循組織再造、提昇效能之修憲目標，妥為規劃，制定相關法律。符合上述憲法增修意旨制定之法律，其未劃歸國家或縣市等地方自治團體之事項，而屬省之權限且得為權利義務主體者，揆諸前開說明，省雖非地方自治團體，於此限度內，自得具有其他公法人之資格。

憲法增修條文第九條第三項規定，鑑於臺灣省原職掌之功能業務龐大，而相關職權法令之全盤修正曠日廢時，為期其制度及功能、業務為適當之規劃與調整，乃授權立法機關得制定特別法以迅為因應，非謂立法機關得不受憲法增修條文第九條第一項第一款及第二款對省級政府之組織形態決定之限制而為不同之規定，同條第一項其他各款亦然，並此敘明。

大法官會議主席 施 啟 揚

大法官 翁 岳 生

劉鐵錚
吳　庚
王和雄
王澤鑑
林永謀
施文森
城仲模
孫森焱
陳計男
曾華松
董翔飛
楊慧英
戴東雄
蘇俊雄

不同意見書

大法官 劉鐵錚

本件係聲請人於行使職權時，就依憲法增修條文第九條之規定，省是否仍具有公法人之地位，發生適用憲法之疑義而聲請解釋，申言之，聲請人係就省是否仍具有享受權利負擔義務之資格而聲請解釋，至於省是否為地方自治團體性質之公法人，聲請人並無疑義，也未聲請解釋，合先說明。茲針對聲請人之憲法疑義，表示個人意見如後：

一、省為憲法上地域統治團體，自始即具有公法人之地位

關於公法人成立之要件，憲法並未規定，憲法所設置各種層級之地域統治團體，不問其執行機關之首長及其他決策機關之成員如何產生，凡在憲法或法律授與之權限範圍內，為推行政務，其所屬行政機關，既有為各種法律上行為之權能，則因此發生之權利義務關係，自應歸屬於各該地域統治團體。民國三十六年十二月二十五日行憲前之省、縣，與民國八十三年七月二十九日省縣自治法施行前之臺灣省暨臺北、高雄二市，以及目前之福建省，即處於此種公法人地位。行政法院四十七年裁字第五十一號判例謂：「縣為法人，具

有獨立之法律上人格，至其自治制度是否已完全建立，則屬另一問題，不能因尚未制定縣自治法，而謂其法人資格尚未取得。」同院四十九年裁字第二十二號判例意旨亦同；抑有進者，對未由憲法賦與一定權限之鄉、鎮，於未實行地方自治時期，司法院也未因當時戰爭甫告終結，鄉鎮未實施地方自治，而否認鄉鎮為公法人，此有本院三十四年十月二十日公布之院解字第二九九〇號解釋為證；而民國三十六年十一月二十八日行政院指令頒佈之臺灣省土地權利清理辦法第五條規定，原屬臺灣總督府之公有土地，經臺灣省長官公署接管，暨公署所屬機關接管有案，並經呈准行政院歸省政府使用、收益者，為省有土地；再就現行省縣自治法觀之，轄區不完整之省，除該法第六十四條稱其議會與政府之組織由行政院另定之者外，並未排除同法第二條省為法人之適用。由此可知，各級地域統治團體縱其地方自治制度未完全實施，或其組織在實質上亦未完全脫離母行政主體之層層節制，但只要形式上具有財產法、責任法、訴訟法上法之主體性，即不容吾人否認其具有享受權利、負擔義務之公法人地位。此種見解既為我國司法、行政、立法實務所肯認，為長期存在之憲政事實，自不容吾人置疑。

二、臺灣省公法人地位亦不因憲法增修條文第九條而受影響

民國八十六年七月二十一日公布施行之憲法增修條文第九條，雖凍結臺灣省依憲法原享有之自治事項及自主組織權，惟其公法人地位並未受到影響，根據有三：

(一) 省仍受憲法制度保障

我國憲法保障地域統治團體的垂直劃分，上有國家，下有縣、市，中間有省，增修條文第九條雖凍結省之自主組織權及自治權限，但作為地方建制之一個層級地位並未改變。此觀該條文第一項開宗明義地肯認「省、縣地方制度」即為明證，而該項各款之規定，均屬省、縣並舉，也甚為明顯，則在同為地域統治團體之國家及縣之公法人地位無人否認下，作為地域統治團體一級之省之公法人地位，豈應受到質疑？

(二) 從憲法上整體解釋原則觀察

憲法增修條文第九條第一項既肯認省、縣地方制度，又省、縣並舉，而憲法第十一章「地方制度」之結構仍然存在，縱其已名存實亡，惟於憲法解釋上仍有重大之意義，此因憲法增修條文前言首先即謂「為因應國家統一前之需要」，由此可知上開增修條文第九條屬於過渡性安排，當無疑義。在此過渡階段，允宜使其保留原有之法律地位，以待未來終局

的解決。握有修憲大權之國民大會對此尚且多所保留，未予否定省之地位，則僅有釋憲權之司法機關，自不可輕率解釋，以達憲法明文規定以外之目的。

（三）從臺灣省仍有行政機關及保留多項權限言

對照增修條文第九條及憲法本文，吾人不難發現，增修條文所停止適用者，僅為省自治有關事項，其所受影響者也僅為地方自治法人之定位而已。易言之，修憲後省為地方層級之地位並未喪失（增修條文第九條第一項），省仍設省政府及省諮議會作為其行政機關及輔助機關（第一項第一款、第二款），省仍保有源自憲法之一定權限，具體言之，⑴保留若干原屬省執行之固有權限（第一項第六款、第三項）；⑵監督縣自治事項（第一項第七款）；⑶具全省一致性質之事項（憲法第一一一條）；⑷執行「中央立法並執行」（憲法第一〇七條）及「中央立法並執行或交由省、縣執行」之事項（憲法第一〇八條）。修憲後作為政府層級之省，既然仍然存在，並有執行機關及輔助機關，仍享有源自憲法上之多項權限，則其所屬行政機關依各項行政法令規定，而得行使此等公法上之權限，其憲法上之地位既未根本變動，省自然仍為公法人。

三、憲法增修條文無意使臺灣省之公法人地位處於不確定狀態

多數意見雖承認省作為地方制度層級之地位並未喪失，惟認為符合憲法增修條文意旨制定之法律，「其未劃歸國家或縣市等地方自治團體之事項，而屬省之權限且得為權利義務主體者，揆諸前開有關公法人之說明，省雖非地方自治團體，於此限度內，自得具有其他公法人之資格。」言下之意似認為，立法機關亦得將全部事項劃歸國家或縣市等地方自治團體，不予省保留任何權限，則在此情形下，省自亦不具任何公法人之資格，對此本席難予苟同。蓋如前所述，省之公法人地位係源自憲法、因其作為憲法上地域統治團體一個層級而來，增修條文並未改變省在憲法上之地位，此由該第九條第一項首先表明「省、縣地方制度應包括左列各款……」，並未「廢除」省為地方制度之一環可為佐證；況該條第三項又規定：「……臺灣省政府之功能、業務與組織之調整，得以法律為特別規定。」增修條文僅曰「調整」，並非規定臺灣省政府功能、業務與組織之「廢除」，得以法律為特別規定，準此，法律何能任意剝奪所有省原所屬事項不予省任何權限？此恐有違增修條文之本意；抑有進者，若謂省之公法人地位係取決於法律是否賦予省任何權限使之成為權利義務主體而來，則作為憲法上地域統治團體一個層級之省之地位，將永遠處於不確定之狀態，蓋今

日法律授與省權限且得為權義主體者，省具公法人地位，明日法律收回授與之事項及權限時，省即非公法人，此豈本解釋所欲獲致之結果？省在憲法上作為地方制度層級之地位既未喪失，其公法人之定位甚為明確已如前述，若省之主體性得任由法律予取予奪，變動不定，則立法者的自由裁量空間恐已逾越憲法既有的規範架構，殊不可採。

貳壹、司法院釋字第四七一號解釋

中華民國八十七年十二月十八日司法院公布

人民身體之自由應予保障，憲法第八條設有明文。限制人身自由之法律，其內容須符合憲法第二十三條所定要件。保安處分係對受處分人將來之危險性所為拘束其身體、自由等之處置，以達教化與治療之目的，為刑罰之補充制度。本諸法治國家保障人權之原理及刑法之保護作用，其法律規定之內容，應受比例原則之規範，使保安處分之宣告，與行為人所為行為之嚴重性、行為人所表現之危險性，及對於行為人未來行為之期待性相當。槍砲彈藥刀械管制條例第十九條第一項規定：「犯第七條、第八條、第十條、第十一條、第十二條第一項至第三項、第十三條第一項至第三項之罪，經判處有期徒刑者，應於刑之執行完畢或赦免後，令入勞動場所，強制工作，其期間為三年。」此項規定不問對行為人有無預防矯治其社會危險性之必要，一律宣付強制工作三年，限制其中不具社會危險性之受處分人之身體、自由部分，其所採措施與所欲達成預防矯治之目的及所需程度，不合憲法第二十三條所定之比例原則。犯上開條例第十九條所定之罪，不問對行為人有無預防矯治其社會危險性之必要，一律宣付強制工作三年之部分，與本解釋意旨不符，應自本解釋公布之日起不予適用。犯該條例第十九條第一項所列舉之罪，依個案情節符合比例原則部分，固應適用該條例宣告保安處分；至不符合部分而應宣告保安處分者，則仍由法院斟酌刑法第九十條第一項規定之要件，依職權為之，於此，自無刑法第二條第二項之適用，亦即仍有從新從輕原則之適用。

解釋理由書

憲法第八條第一項規定：「人民身體之自由應予保障，除現行犯之逮捕由法律另定外，非經司法或警察機關依法定程序，不得逮捕拘禁。非由法院依法定程序，不得審問處罰。非依法定程序之逮捕、拘禁、審問、處罰，得拒絕之。」係指限制人民身體自由之處置，須以法律定之，其執行亦應分別由司法、警察機關或法院依法定程序為之。而立法機關於制定法律時，其內容必須符合憲法第二十三條所定之要件，即須為防止妨礙他人自由，避免緊急危難，維持社會秩序或增進公共利益所必要。對於人身自由之處罰，有多種手段可供適用時，除應選擇其最易於回歸社會營正常生活者外，其處罰程度與所欲達到目的之間，並須具合理適當之關係，俾貫徹現代法治國家保障人身自由之基本原則。

槍砲彈藥刀械管制條例第十九條第一項規定：「犯第七條、第八條、第十條、第十一條、第十二條第一項至第三項、第十三條第一項至第三項之罪，經判處有期徒刑者，應於刑之執行完畢或赦免後，令入勞動場所，強制工作，其期間為三年。」固在於維護社會秩序，保障人民之生命財產，然保安處分係對受處分人將來之危險性所為之處置，以達教化與治療之目的，為刑罰之補充制度。我國現行刑法採刑罰與保安處分之雙軌制，要在維持行為責任之刑罰原則下，為強化其協助行為人再社會化之功能，以及改善行為人潛在之危險性格，期能達成根治犯罪原因、預防犯罪之特別目的。保安處分之措施亦含社會隔離、拘束身體自由之性質，其限制人民之權利，實與刑罰同，本諸法治國家保障人權之原理及刑法之保護作用，其法律規定之內容，應受比例原則之規範，使保安處分之宣告，與行為人所為行為之嚴重性、行為人所表現之危險性，及對於行為人未來行為之期待性相當。保安處分中之強制工作，旨在對嚴重職業性犯罪及欠缺正確工作觀念或無正常工作因而犯罪者，強制其從事勞動，學習一技之長及正確之謀生觀念，使其日後重返社會，能適應社會生活。刑法第九十條第一項規定：「有犯罪之習慣或以犯罪為常業或因遊蕩或懶惰成習而犯罪者，得於刑之執行完畢或赦免後，令入勞動場所，強制工作。」竊盜犯贓物犯保安處分條例第三條第一項規定：「十八歲以上之竊盜犯、贓物犯，有左列情形之一者，得於刑之執行前，令入勞動場所強制工作：一、有犯罪之習慣者。二、以犯竊盜罪或贓物罪為常業者。」均係本此意旨而制定，而由法院視行為人之危險性格，決定應否交付強制工作，以達特別預防之目的。槍砲彈藥刀械管制條例第十九條第一項之規定，不問行為人有無預防矯治其社會危險性之必要，一律宣付強制工作三年，拘束其中不具社會危險性之受處分人之身體、自由部分，其所採措施與所欲達成預防矯治之目的及所需程度，不合憲法第二十三條所定之比例原則。犯上開條例第十九條所定之罪，不問對行為人有無預防矯治其社會危險性之必要，一律宣付強制工作三年之部分，與本解釋意旨不符，應自本解釋公布之日起不予適用。犯該條例第十九條第一項所列舉之罪，依個案情節符合比例原則部分，固應適用該條例宣告保安處分；至不符部分而應宣告保安處分者，則仍由法院斟酌刑法第九十條第一項規定之要件，依職權為之，於此，自無刑法第二條第二項之適用，亦即仍有從新從輕原則之適用。

有關機關應依本解釋意旨就槍砲彈藥刀械管制條例有關保安處分之規定通盤檢討修正，於該條例此部分修正公布施行後，審判上自無援用本解釋之必要，併此指明。

大法官會議主席　施　啟　揚

大法官 翁岳生
劉鐵錚
吳庚
王澤鑑
林永謀
施文森
孫森焱
陳計男
曾華松
董翔飛
楊慧英
戴東雄
蘇俊雄

不同意見書

大法官 劉鐵錚

本號解釋係就分別提出而合併審理之十一件聲請案所為，綜合各案件之聲請意旨，其請求解釋之目的有二：一、「槍砲彈藥刀械管制條例」（以下簡稱「條例」）第十九條第一項有關一律命付強制工作三年的規定是否違憲；二、刑法第二條第二項規定「保安處分適用裁判時之法律」是否違憲。本號解釋文多數意見認為，「條例」第十九條第一項不問對行為人有無預防矯治其社會危險性之必要，一律宣付強制工作三年，不合憲法第二十三條所定之比例原則，該條項應自本解釋公布之日起不予適用，本席固表贊同，並認為此時關於保安處分的宣告當回歸刑法第九十條本文所定之要件，此於法條適用上單純明確，亦不致發生刑法第二條第二項之規定是否違憲的問題。

惟解釋文後段文字「犯該條例第十九條第一項所列舉之罪，依個案情節符合比例原則部分，固應適用該條例宣告保安處分；至不符合部分而應宣告保安處分者，則仍由法院斟酌刑法第九十第一項規定之要件，依職權為之，於此，自無刑法第二條第二項之適用」，則令本席發生疑義，難予贊同，茲分述如后：疑義一、按法令有違憲疑義經大法官宣告違憲者，受宣告之條文，除解釋文內另作定期失效或其他安排外，應自解釋文公布之日起向後失其效力，此向為大法官釋憲效力之共通見解。本號解釋文雖曰「犯『條例』第十九條所定之罪，不問對行為人有無預防矯治其社會危險性之必要，一律宣付強制工作三年之部分，與本解釋意旨不符，應自本解釋公布之日起不予適用」，似已宣告「條例」第十九條第一項違憲，惟解釋文後段又允許法官在特定情形下（依個案情節符合比例原則部分）適用該條例宣告保安處分，則「條例」第十九條究竟是否違憲而不予適用即陷入混沌不明的狀態，解釋的結果反而製造效力不確定的條文；更何況依本段文字所謂符合比例原則之標準也不明確，按未經許可製造、販賣、運輸、轉讓、出借、出租、或持有槍砲之行為，其行為情狀大不相同，是以「條例」第十九條第一項所列之罪，對上述各種行為，依據行為與客體的種類，分別定其刑度，且刑度相去達數倍之多。然而犯罪情狀嚴重者處以重刑，情狀輕微者處以輕刑，此為量刑上之當然原則，然犯罪行為之輕重與是否宣告保安處分實無必然關聯。犯「條例」第七條、第八條、第十條、第十一條、第十二條及第十三條之罪，其行為人可能僅係偶發初犯亦無再犯之虞，也不具習慣犯、常業犯之犯罪性格，殊無當然採保安處分以達行為人再社會化或改善行為人潛在危險性格的必要；解釋文理由中亦指出「保安處分中之強制工作，旨在對嚴重職業性犯罪及欠缺正確工作觀念或無正常工作因而犯罪者，強制其從事勞動，學習一技之長及正確之謀生觀念，使其日後重返社會，能適應社會生活」，即揭示宣告強制工作時，以是否具有刑法第九十條第一項所謂「有犯罪之習慣或以犯罪為常業」為標準，則吾人何必捨刑法第九十條具體明確之要件而不用，而必委諸法官就個案依抽象之標準（比例原則）以決定「條例」第十九條第一項保安處分之適用？疑義二、推敲本解釋文末段文字之真意，似默認並肯定若個案情節符合比例原則而適用「條例」第十九條第一項宣告保安處分時，即有刑法第二條第二項之適用。按刑法第二條比較新舊法從新從輕之規定，必在刑罰法律變更的情況，即新法與舊法皆有處罰規定前提下，方有定法律如何適用之問題；此一適用法條的原則與方法，應不分刑罰或保安處分而有不同，即舊法原無得宣告保安處分之規定，新法縱然新增，本於罪刑法定主義及法律不溯既往之基本原則，應亦無刑法第二條第二項之適用。蓋保安處分與刑罰，雖然理論上各有其任務，但兩者對人民實際上所產生影響，並非存在一絕對而明顯的界限；刑罰在處罰犯罪的同時，也具有防治犯罪的作用，而保安處分也非全無痛楚的措施，亦帶有相當的報應性質，故二者同屬國家司法權之作用，應力求其正當化之合理基礎，避免國家權力的濫用。惟解釋文就符合比例原則部分並未區分是否新舊法皆有保安處分的規定而一體適用裁判時之法律，此於不拘束自由之保安處分或許問題不大，但對於含有社會隔離、拘束人身自由效果的保安處分，如強制工作等，其在執行過程中對於人民行動自由之侵害，及對受處分人所造成之痛苦懲罰，實與刑罰中之自由刑無異，則在決定是否應宣告強制工作時，舉凡憲法上保障人身自由之各種建制及現代法治國家對人身自由所普遍賦予之權利，如罪刑法定主義、不溯及既往原則、法律安定性與法律可預測性等原則，均應有其適用。雖強制工作本質上係為預防將來之犯罪行為、防衛社會需要而設，惟基於人身自由保護的重大理由，對於人民仍有法律信賴保護原則之適用，故於裁判確定之際，如新的強制工作處分規定不利於行為人，仍應如刑罰有不溯及既往、從輕原則的適用。刑法第二條第二項規定「保安處分適用裁判時之法律」，既不問行為時法是否有保安處分之規定，也不問舊法是否有利於行為人，而一律適用新規定，與法治國家法律安定性與法律可預測性的要求有違，侵害憲法保障之人身自由，有違比例原則，與憲法第八條規定牴觸。

貳貳、司法院釋字第四八一號解釋

中華民國八十八年四月十六日司法院公布

中華民國八十一年五月二十八日修正公布之中華民國憲法增修條文第十七條，授權以法律訂定省縣地方制度，同條第一款、第三款規定，省設省議會及省政府，省置省長一人，省議員與省長分別由省民選舉之，係指事實上能實施自治之省，應受上述法律規範，不受憲法相關條文之限制。省縣自治法遂經憲法授權而制定，該法第六十四條規定，轄區不完整之省，其議會與政府之組織，由行政院另定之。行政院據此所訂定之福建省政府組織規程，未規定由人民選舉省長及省議會議員，乃斟酌福建省之特殊情況所為之規定，為事實上所必需，符合母法授權之意旨，與憲法第七條人民在法律上平等之原則亦無違背。

解釋理由書

依憲法第一百二十一條規定，縣實行縣自治，至省之自治，憲法則授權以法律定之。而憲法上之平等原則，係為保障人民在法律上地位之實質平等，並不禁止法律依事物之性質，就事實狀況之差異而為合理之不同規範。福建省目前管轄之範圍及人口數目，與其原有者，已相去甚遠，且其公共事務之繁簡程度，與臺灣省之狀況，亦難相提並論。處此情況，更宜精簡組織，以增進行政效率。現行福建省政府組織規程，不由人民選舉省長及省議會議員，乃考量事實上差異所為之合理規定，對福建省人民而言，與憲法上開原則亦無違背。

八十六年七月二十一日修正公布之中華民國憲法增修條文，有關省級機關組織雖有重大變革，且省縣自治法已因地方制度法之實施而廢止，然轄區特殊之省，其省級組織之調整，依照本解釋意旨，仍得為不同之規定，併此指明。

大法官會議主席 翁岳生

大法官 劉鐵錚

吳庚

王和雄

王澤鑑

林永謀

曾華松
楊慧英
戴東雄
蘇俊雄
賴英照
謝在全

不同意見書

大法官　劉　鐵　錚

本件解釋案係由一〇五位立法委員提出聲請，就行政院依據省縣自治法第六十四條授權訂定之福建省政府組織規程不設省議會、省議員及省長不由人民選舉產生之規定，發生是否牴觸中華民國八十一年五月二十八日修正公布之中華民國憲法增修條文第十七條第一款、第三款之疑義。本案係八十五年六月七日提出聲請。大法官於八十八年四月九日舉行之審查會作成受理之決議，於同月十四日舉行之審查會通過該組織規程不牴觸前開憲法增修條文之解釋文及解釋理由書草案，合先說明。本席見解與多數大法官之意見完全不同，本席以為本案可採取下列三種方式之一處理，茲分述如下：

(一) 程序上不予受理

本件雖係就福建省政府組織規程中上述規定是否牴觸八十一年修正公布之中華民國憲法增修條文第十七條（八十三年八月一日修正公布之憲法增修條文第八條）而聲請解釋，惟大法官審查會決議受理日期，係在八十八年四月九日，而此時上述憲法增修條文之規定，已為八十六年七月二十一日修正公布之憲法增修條文第九條第一款及第二款所變更，即省長（主席）、省議員（省諮議會議員）不再由人民選舉產生，改為由行政院院長提請總統任命之。

吾人對抽象法規解釋是否牴觸憲法時，原則上應以大法官受理解釋時現行憲法（包括增修條文）而非聲請時憲法為準，此與針對確定終局裁判所援用之法令被指摘違憲時，因涉及到當事人權益，有恢復原狀、請求賠償等利用再審程序救濟可能之情形，在理論及實際上應有所差異。蓋如對作為本案解釋對象之抽象法規而言，依八十一年憲法增修條文解釋，如解釋其為合憲，固不致對現狀有何影響，縱解釋其為違憲，對過去未舉辦之選舉亦不能重新舉辦；又就未來而言，因八十六年憲法增修條文第九條已明文廢止省長、省議員由人民選舉產生。故對此種不具解釋實益、不具解釋必要之聲請案，自應從程序上不予受理。

（二）受理後，以八十六年憲法增修條文之新規定為理由，作成已無再行解釋必要之解釋

因程序上不受理，既未作成解釋，理由可能簡略，本件聲請案在憲法上仍具有一定之意義，為昭慎重，仍得正式作成解釋，詳細說明因有八十六年憲法增修條文第九條之新規

定，八十一年憲法增修條文事實上已無再適用之可能，本案因此無解釋之實益，也不具解釋之必要，並援用本院釋字第四六三號解釋之體例作成解釋。

(三)受理後，本於八十一年憲法增修條文之規定作成「違憲」解釋

本席原則上雖認本案無解釋實益，亦無解釋之必要，但若從寬認定本案系爭抽象法規是否有解釋之必要，亦即於確認該法規是否違背釋憲聲請時之憲法，以彰顯公義，也認為有解釋之實益時，則本案即應按八十一年憲法增修條文而為解釋。

按八十一年憲法增修條文第十七條明文規定：「省、縣地方制度，應包含左列各款，以法律定之……」，其中第一款、第三款規定，省設省議會、省政府，省議員及省長由省民選舉之（八十三年八月一日修正公布之中華民國憲法增修條文第八條與此同）。民國八十一年及八十三年修憲當時國民大會代表所表達之積極推行民主制度、貫徹地方自治之決心，於本條文中展現無遺。基於上述增修條文之規定及國民大會代表修憲之意旨，吾人可由下述理由得到福建省政府組織有關規定，應屬違憲之結論：

第一、八十三年七月二十九日公布之省縣自治法雖係經憲法增修條文之授權而制定，但也祇能於不違背憲法明文規定下，就省縣之組織、省縣民之權利義務、自治事項、自治組織、自治財政、自治監督等事項為詳盡之補充規定。當時憲法增修條文對省長、省議員

應由人民選舉之規定，既未設有限制，也無排除條款，於此情形，縱省縣自治法本身明定福建省（或轄區不完整之省）其省長及省議員不由人民選舉產生，改由官派，依憲法第一百七十一條：「法律與憲法牴觸者無效」，自也應為無效之解釋。

第二、省縣自治法本身既不能限制福建省（或轄區不完整之省）之省長及省議員應由人民選舉產生，省縣自治法第六十四條規定「轄區不完整之省，其省議會與政府之組織由行政院另定之」，則行政院根據此項授權訂定之福建省政府組織規程，又豈可將福建省之省長、省議員由人民選舉產生予以排除？高位階之法律都不可規定之事項，低位階之命令豈可為之？更何況八十一年憲法增修條文第十七條為典型的憲法委託，即由國家這一面規定其義務，要求立法機關為一定立法作為，係藉由立法者來實現憲法目的，此時立法者制定法律，雖為其權利之行使，更為一項「義務」，對立法者而言，雖在法律名稱及內容上有若干裁量之自由，但就憲法明文規定應以法律訂定之事項，包括應設省議會並由人民選舉省長、省議員等，立法者已沒有任意選擇之餘地。更進一步言，立法作為既為立法者依憲法委託而來之義務，立法者即應貫徹代表全體國民意志之立法指示，完成立法，不得再行授權，另委由行政機關以命令作相反之規定，否則將違反憲法上根本之民主原則。

此外，本席尚有下述幾點疑義：

其一、何謂「轄區不完整之省」？憲法只承認省縣之建制，並無轄區不完整之省之名詞，亦無此概念，蓋省縣管轄範圍有大有小，人口亦有多有少，均不影響其地位，大省固可劃分為數省，數省也可縮小為一省，既為省或縣，即不失其憲法上之地位。福建省在現制下既仍存在並置有主席，則其依憲法增修條文所取得之自治地位，豈可由法律或法律概括授權訂定之行政命令，予以剝奪？

其二、自由地區之福建省早非戒嚴地區，亦非動員戡亂體制下實施戰地政務之地區，福建省所屬之金門縣、連江縣之縣長，早由人民選舉產生，其國民大會代表、立法委員亦由人民選出數屆，該地「事實上能實施自治」，有何不能實施自治之處？既無事實上不能實施自治之情形，則福建省基於省之地位，本於憲法增修條文之明定，其省長、省議員自應由人民選舉之。

其三、省縣自治法第六十四條之授權，充其量僅可解釋行政院就轄區不完整之省，得就其議員之人數、省政府規模作特別規定（參照省縣自治法第十七條第二項第一款、第三十五條、第四十二條第一項），至省長、省議員民選部分，連省縣自治法本身都不能作相異之規定，概括授權訂定之行政命令，又豈可變更當時憲法所定以民選省長為中心之獨任制，改為官派委員組成之委員制並置省主席？吾人若猶謂「福建省政府組織規程與省縣自治法立法意旨尚不違背，並未逾越母法之授權意旨」，吾人究竟係以憲法解釋法令，抑以法令來解釋憲法，實令人深感困惑！

其四、若謂「福建省公共事務之繁簡程度，與臺灣省之狀況亦難相提並論，處此情況，更宜精簡組織，以增進行政效率」，吾人無疑以八十六年憲法增修條文第九條（為求精簡組織、增進行政效率，故省長、省議員不再由人民選舉改為官派）之修憲精神，而非以八十一年憲法增修條文第十七條（為求積極推行民主、貫徹地方自治，故省長、省議員由人民選舉）之修憲精神來解釋系爭法規，以今視昔，則昔錯；以昔視今，則今非。大法官既然以八十一年憲法增修條文作為審查本案行政命令是否違憲之標準，豈可反以八十六年憲法增修條文之修憲意旨來合理化其結論，實令人不解！

總之，在福建省未被廢止前，不論其管轄區域大小，人口多寡，依八十一年憲法增修條文第十七條賦與該省省民之省長及省議員之選舉權與被選舉權，既非法律得加以限制，亦非行政命令得任意剝奪。爰為此不同意見書。

貳參、司法院釋字第四八七號解釋

中華民國八十八年七月九日司法院公布

冤獄賠償法為國家賠償責任之特別立法，憲法第二十四條規定：「凡公務員違法侵害人民之自由或權利者，除依法律受懲戒外，應負刑事及民事責任。被害人民就其所受損害，並得依法律向國家請求賠償」，立法機關據此有制定有關國家賠償法律之義務，而此等法律對人民請求各類國家賠償要件之規定，並應符合憲法上之比例原則。刑事被告之羈押，係為確保訴訟程序順利進行，於被告受有罪判決確定前，拘束其身體自由於一定處所之強制處分，乃對人民身體自由所為之嚴重限制，故因羈押而生之冤獄賠償，尤須尊重憲法保障人身自由之精神。冤獄賠償法第二條第二款前段，僅以受害人之行為違反公共秩序或善良風俗為由，剝奪其請求賠償之權利，未能以其情節是否重大，有無逾越社會通常觀念所能容忍之程度為衡量標準，與前述憲法意旨未盡相符。上開法律第二條第二款與本解釋不合部分，應不予適用。

解釋理由書

司法院大法官審理案件法第五條第一項第二款規定，人民於其憲法上所保障之權利，遭受不法侵害，經依法定程序提起訴訟，對於確定終局裁判所適用之法律或命令發生有牴觸憲法之疑義者，得聲請解釋憲法。司法院冤獄賠償覆議委員會依冤獄賠償法第五條規定，由最高法院院長及法官組成，其就冤獄賠償覆議事件所為之決定，性質上相當於確定終局裁判，故其決定所適用之法律或命令發生有牴觸憲法之疑義時，應許人民依首開法律規定，聲請本院解釋，合先說明。

冤獄賠償法為國家賠償責任之特別立法，憲法第二十四條規定：「凡公務員違法侵害人民之自由或權利者，除依法律受懲戒外，應負刑事及民事責任。被害人民就其所受損害，並得依法律向國家請求賠償」，立法機關據此有制定有關國家賠償法律之義務，而此等法律對人民請求各類國家賠償要件之規定，並應符合憲法上之比例原則。刑事被告之羈押，係為確保訴訟程序順利進行，於被告受有罪判決確定前，拘束其身體自由於一定處所之強制處分，乃對人民身體自由所為之嚴重限制，故因羈押而生之冤獄賠償，尤須尊重憲法保障人身自由之精神。

冤獄賠償法第二條對冤獄賠償請求權之行使定有限制，其第二款前段規定，曾受羈押而受不起訴處分或無罪宣告者，若行為違反公共秩序或善良風俗，則不得請求賠償。其立法目的雖在維護社會秩序及公共道德，然泛以公序良俗之違反為理由，使身體自由因羈押遭受嚴重限制之受害人，其冤獄賠償請求權受到排除，而未能以其情節是否重大，致為社會通常觀念所不能容忍為衡量標準，與同款後段及同條其餘各款所定之其他事由相較，亦有輕重失衡之處，實與憲法上之比例原則未盡相符。上開法律規定與本解釋意旨不合部分，自本解釋公布之日起，應不予適用。

大法官會議主席 翁岳生

大法官 劉鐵錚

吳庚

王和雄

王澤鑑

林永謀

施文森

孫森焱
陳計男
曾華松
董翔飛
楊慧英
戴東雄
黃越欽
賴英照
謝在全

不同意見書

大法官　劉鐵錚

冤獄賠償法第二條第二款前段，以行為違反公共秩序或善良風俗，限制受害人之冤獄賠償請求權，有違憲法第七條、第八條、第二十三條及第二十四條，依同法第一百七十一條，應為無效之解釋，茲分述如下：

一、憲法第二十四條以及國家賠償法第二條第二項有關國家賠償之規定，明文以公務員違法或以故意或過失為要件，冤獄賠償法如屬國家賠償法第六條所謂之「本法及民法以外其他法律」，應僅指冤獄賠償法第一條第二項而言。同法第一條第一項依刑事訴訟法令之合法羈押，公務員並未違法或無故意過失，國家仍准予賠償之規定，性質上係由於國家合法行為對人民造成損失所為之「補償」，換言之，冤獄賠償法第一條第一項並非以憲法第二十四條為其憲法上之依據，而應另行探求國家補償之憲法上理由。

二、損失補償之概念，指國家基於公益之目的，合法實施公權力，致人民之生命、身體或財產遭受損失，而予以適當補償之制度，與公用徵收之理論有關。我國憲法對公用徵收並無明文，僅在憲法第十五條規定人民之財產權應予保障，雖然如此，過去大法官已有多號解釋對國家合法行為致人民財產權受到特別犧牲者，承認國家應予補償。例如釋字第三三六號有關公共設施保留地之設立、釋字第四〇〇號有關既成道路符合一定要件而成立公用地役關係者、釋字第四四〇號有關使用既成道路或都市計畫道路地下部分之問題，大法官均認為，若上述國家行為限制人民財產權致形成個人之特別犧牲時，應給予相當補償，方符憲法保障財產權之意旨。損失補償制度既係由於公益而特別犧牲，除了財產權之外，實應包括其他權利，如生命、身體及健康等，如因政府干預構成特別犧牲時，國家必須給予人民一定之補償，始符合憲法保障人民權利之本旨。

三、國家司法機關為維護社會秩序、追訴犯罪，確保刑事訴訟程序順利進行，將被告或犯罪嫌疑人於有罪判決確定前予以羈押，雖屬合法，然受羈押人如最後獲不起訴處分或無罪宣告，等同為國家公益使其人身自由受到嚴重侵害，而人身自由為一切自由權利之基礎，且為憲法第八條所保障，大法官於財產權之侵害已能認同損失補償之概念已如前述，自更應本於憲法對人身自由之保障，認許對合法羈押者之損失補償。

四、對於受合法羈押者之損失補償既係出於憲法第八條保障人身自由之理念，任何對人身自由之限制，甚至對其損失補償請求權之剝奪，如本案系爭條文者，均應符合罪刑法定主義之要求，並應受到憲法第七條平等原則與第二十三條比例原則之檢驗。以公序良俗等不確定概念為由，限制受害人損失補償之請求，自應以憲法有關保障人身自由以最高密度之檢驗標準審查之。

五、冤獄賠償法第一條第二項，所謂「不依前項法令之羈押，受害人亦得依本法請求國家賠償」，究何所指？若指依刑事訴訟法令以外之合法羈押，則公務員所為之違法羈押，將被排除於冤獄賠償法適用之外，而合法羈押所造成之冤獄，尚得請求國家為損失補償，違法羈押所造成之冤獄，焉有不得請求國家賠償之理？故本項之規定，應指違法羈押而言，並且是以憲法第二十四條為依據。若謂國家賠償法制定後，關於違法羈押部分應適用國家賠償法，但該法第十三條對請求國家賠償限制極嚴（本人曾於釋字第二二八號解釋不同意見書中持違憲之見解），對被害人而言，仍以適用冤獄賠償法為有利，故謂冤獄賠償法此部分屬國家賠償法第六條所稱之其他法律應無不當。

六、人民身體自由受憲法第八條之保障，按所謂人身自由，亦稱人身不可侵犯權，係指人民之身體不受國家公權力非法侵害之權利。即使侵害係合法而無責，國家亦應本於人身自由保護之精神，填補其損害，予以補償已如前段所述。司法機關於受理刑事案件，曾於不起訴或無罪判決確定前，以公權力限制人民身體自由，不論其羈押係合法抑非法，均係嚴重侵犯人權之作為，為彌補人民因國家公權力行使所受之犧牲或損害，故有冤獄賠償法之制定，期於事後以金錢賠償（或補償）之方式填補當事人自由及名譽之損害，以貫徹憲法對人身自由之保障及國家賠償之意旨。系爭法規所謂之公序良俗，係指國家社會之秩序利益與國民一般之倫理道德觀念，為極抽象、概括，缺乏客觀明確之判斷標準。於行為單純違反公序良俗者，不論刑法、檢肅流氓條例或社會秩序維護法皆無處罰之明文。現多數意見於系爭法規「行為違反公共秩序或善良風俗」下，另增「其情節是否『重大』，有無逾越社會通常觀念所能容忍之程度」為要件，以緩和受害人不得請求冤獄賠償之限制，然此不過以另一更不確定法律概念限制或解釋原本之不確定概念，實未曾稍改其空洞、抽象原不確定之本質。在罪刑法定主義及法律明確性要求檢驗下，依然不符客觀明確之標準，然其對曾受羈押而受不起訴處分或無罪宣告之受害人，所貼之標籤及因此造成之二度傷害，恐尤甚於原文！再者，刑法第一百四十九條至第一百六十條對妨害秩序罪、第二百十一條至第二百三十五條對妨害風化罪，檢肅流氓條例第二條對破壞社會秩序之流氓，以及社會秩序維護法第六十三條至第七十九條對妨害安寧秩序之行為、第八十條至第八十四條對妨害善良風俗之行為，皆有具體之構成要件，是行為人之行為果違反所謂之公序良俗，自有此等法律可予制裁，豈容吾人於冤獄賠償案件中，以不確定之法律概念，排除受害人之冤獄賠償請求權，或以若予賠償將違反國民感情之理由支持該一排除條款？

七、對於違反公序良俗之行為所為人身自由之限制，依社會秩序維護法第十九條第一項第一款規定，至多不過處以拘留五日，且尚以法有明文並具備一定構成要件為限（同法第二條），然依刑事訴訟法第一百零八條規定，偵查中可羈押犯罪嫌疑人達四個月之久，審判中對被告之羈押有時一審級更可長達九個月（所犯為最重本刑十年以下有期徒刑以下之罪者），而案件經發回者，其延長羈押之次數，在更新計算下，更屬漫長無期，倘不起訴處分或無罪判決宣告後，法律或大法官解釋竟以其行為違背公序良俗而情節重大，致為社會通念所不容為由，即剝奪受害人請求冤獄賠償之權利，二相比較，輕重失衡，因羈押長期遭受自由限制者，明顯受到不公平之待遇；另對受有罪判決確定之犯罪行為人，依刑法第四十六條規定，尚得以其羈押之日數折抵刑期或罰金數額，相較之下，系爭規定以不確定之道德標準，限制曾受羈押而受不起訴處分或無罪宣告之受害人之冤獄賠償請求權，皆與憲法上平等原則有違。總而言之，本案系爭條款之規定，相對於冤獄賠償法第一條應予補償或賠償之規定，實有例外與原則之關係，然而本案系爭條文之例外，顯然逸脫同法第一條或不同法律間已建立之立法原則與體系正義，又無正當而堅實之理由，逾越立法裁量合理之界限，與憲法第七條平等原則不符。

八、系爭規定之立法目的雖在維護社會秩序及公共道德，然所有法律之規定，莫不同以維持社會秩序、增進公共利益為最終目的，本案系爭條款所能發揮之功能實甚為薄弱。相對於使身體自由因羈押遭受嚴重限制之受害人不得請求冤獄賠償，系爭規定縱符合目的性之要求，亦與必要性原則有違，且顯有輕重失衡之瑕疵，不符比例原則，違反憲法第二十三條。

綜上所述，冤獄賠償法第二條第二款前段違反憲法第七條、第八條、第二十三條、第二十四條規定，應為無效之解釋。爰為此不同意見書。

貳肆、司法院釋字第四九〇號解釋

中華民國八十八年十月一日司法院公布

人民有依法律服兵役之義務，為憲法第二十條所明定。惟人民如何履行兵役義務，憲法本身並無明文規定，有關人民服兵役之重要事項，應由立法者斟酌國家安全、社會發展之需要，以法律定之。憲法第十三條規定：「人民有信仰宗教之自由。」係指人民有信仰與不信仰任何宗教之自由，以及參與或不參與宗教活動之自由；國家不得對特定之宗教加以獎勵或禁制，或對人民特定信仰畀予優待或不利益。立法者鑒於男女生理上之差異及因此種差異所生之社會生活功能角色之不同，於兵役法第一條規定：中華民國男子依法皆有服兵役之義務，係為實踐國家目的及憲法上人民之基本義務而為之規定，原屬立法政策之考量，非為助長、促進或限制宗教而設，且無助長、促進或限制宗教之效果。復次，服兵役之義務，並無違反人性尊嚴亦未動搖憲法價值體系之基礎，且為大多數國家之法律所明定，更為保護人民，防衛國家之安全所必需，與憲法第七條平等原則及第十三條宗教信仰自由之保障，並無牴觸。又兵役法施行法第五十九條第二項規定：同條第一項判處徒刑人員，經依法赦免、減刑、緩刑、假釋後，其禁役者，如實際執行徒刑時間不滿四年時，免除禁役。故免除禁役者，倘仍在適役年齡，其服兵役之義務，並不因此而免除，兵役法施行法第五十九條第二項因而規定，由各該管轄司法機關通知其所屬縣（市）政府處理。若另有違反兵役法之規定而符合處罰之要件者，仍應依妨害兵役治罪條例之規定處斷，並不構成一行為重複處罰問題，亦與憲法第十三條宗教信仰自由之保障及第二十三條比例原則之規定，不相牴觸。

解釋理由書

現代法治國家，宗教信仰之自由，乃人民之基本權利，應受憲法之保障。所謂宗教信仰之自由，係指人民有信仰與不信仰任何宗教之自由，以及參與或不參與宗教活動之自由；國家不得對特定之宗教加以獎勵或禁制，或對人民特定信仰畀予優待或不利益，其保障範圍包含內在信仰之自由、宗教行為之自由與宗教結社之自由。內在信仰之自由，涉及思想、言論、信念及精神之層次，應受絕對之保障；其由之而派生之宗教行為之自由與宗教結社之自由，則可能涉及他人之自由與權利，甚至可能影響公共秩序、善良風俗、社會道德與社會責任，因此，僅能受相對之保障。宗教信仰之自由與其他之基本權利，雖同受憲法之保障，亦同受憲法之規範，除內在信仰之自由應受絕對保障，不得加以侵犯或剝奪外，宗教行為之自由與宗教結社之自由，在必要之最小限度內，仍應受國家相關法律之約束，非可以宗教信仰為由而否定國家及法律之存在。因此，宗教之信仰者，既亦係國家之人民，其所應負對國家之基本義務與責任，並不得僅因宗教信仰之關係而免除。

保護人民生命和財產等基本權利乃國家重要之功能與目的，而此功能與目的之達成，有賴於人民對國家盡其應盡之基本義務，始克實現。為防衛國家之安全，在實施徵兵制之國家，恆規定人民有服兵役之義務，我國憲法第二十條規定：人民有依法律服兵役之義務，即係屬於此一類型之立法。惟人民如何履行兵役義務，憲法本身並無明文規定，有關人民服兵役之重要事項，應由立法者斟酌國家安全、社會發展之需要，以法律定之。立法者鑒於男女生理上之差異及因此種差異所生之社會生活功能角色之不同，於兵役法第一條規定：中華民國男子依法皆有服兵役之義務；第三條第一項規定：男子年滿十八歲之翌年一月一日起役，至屆滿四十五歲之年十二月三十一日除役；第四條規定：凡身體畸形、殘廢或有箇疾不堪服役者，免服兵役，稱為免役；第五條規定：凡曾判處七年以上有期徒刑者禁服兵役，稱為禁役。上開條文，係為實踐國家目的及憲法上人民之基本義務而為之規定，原屬立法政策之考量，非為助長、促進或限制宗教而設，且無助長、促進或限制宗教之效果。復次，男子服兵役之義務，並無違反人性尊嚴亦未動搖憲法價值體系之基礎，且為大多數國家之法律所明定，更為保護人民，防衛國家之安全所必需，與憲法第七條平等原則及第十三條宗教信仰自由之保障，並無牴觸。

兵役法施行法第五十九條第二項規定：同條第一項判處徒刑人員，經依法赦免、減刑、緩刑、假釋後，其禁役者，如實際執行徒刑時間不滿四年時，免除禁役。故被免除禁役者，倘仍在適役年齡，其服兵役之義務，並不因此而被免除，兵役法施行法第五十九條第二項因而規定，由各該管轄司法機關通知其所屬縣（市）政府處理。若另有違反兵役法之規定而符合處罰之要件者，仍應依妨害兵役治罪條例之規定處斷，並不構成一行為重複處罰問題，亦與憲法第十三條宗教信仰自由之保障及第二十三條比例原則之規定，不相牴觸。又犯罪判處徒刑在執行中者，停服現役，稱為停役。停役原因消滅時，回復現役，稱為回役。兵役法第二十條第一項第二款後段及同條第二項定有明文。至於回役之程序如何，兵役法第二十五條第一項第一款、第二款祇分別規定常備軍官、常備士官、常備兵、補充兵在現役期間停役者，為後備軍人，應受後備管理而已，初無關於回役之技術性之程序規定。惟回役核其實質，仍不失為後備軍人平時為現役補缺之性質，依兵役法第三十八條第一項第二款規定，自得對之臨時召集。行政院訂定發布之召集規則第十九條第一項第四款乃規定，停役原因消滅，回復現役，得對之臨時召集，並未逾越兵役法第三十八條第一項第二款規定之範圍，亦未增加人民之負擔，核與憲法法律保留之原則，並無不符。本於同一理由，同規則第十九條第一項第五款，補服義務役期之臨時召集之規定，亦與憲法保障人民權利之意旨無違，併此指明。

大法官會議主席　翁岳生

大法官　劉鐵錚

吳　庚

王和雄

林永謀

施文森

孫森焱

陳計男

曾華松

董翔飛

楊慧英
戴東雄
蘇俊雄
黃越欽
賴英照
謝在全

不同意見書

大法官　劉　鐵　錚

本案聲請人等基於崇尚和平之真誠信仰，在良心上始終拒服戰鬥訓練，致一再陷入審判—入獄—回役—審判—入獄之循環中，因而對兵役制度若干規定，提出牴觸憲法疑義之聲請。本席對多數大法官通過之解釋，在程序及實體上皆有不同之意見，茲分述如下：

一、程序上

多數大法官對基於同一事由之諸多聲請本件解釋案，僅對「已用盡審級救濟程序」之確定終局裁判，予以受理解釋；對於未用盡審級救濟程序之確定終局裁判，則不予受理。本席難予同意，因此一區分具有先例之作用，有普遍適用性，在程序上有重要意義，爰表示不同意見如後：

司法院大法官審理案件法第五條第一項第二款係對人民聲請解釋憲法程序要件之規定，其中之一即為須經「確定終局裁判」，從文義上解釋，凡有終結一個審級效果之裁判，且不得再以上訴方式請求救濟者，即為確定終局裁判，並無僅指終審確定終局裁判之意涵，此不僅在文理上理應如此解釋，在法理上實更有堅強之理由。

1.憲法之解釋或法令有無牴觸憲法之解釋，在我國係專屬於大法官，普通法院或行政法院法官僅有釋憲聲請權而無釋憲權。故當事人縱用盡審級救濟程序，其結果也不外由上級法院聲請大法官解釋，或者於終審法院判決確定後，再由當事人聲請，其時間必定是一、二年之後，則此種要求究竟有何實益？但其註定浪費二造當事人之時間、精力與金錢，卻為不爭之事實；而其增加上級審法院法官無謂之審判負荷，虛擲寶貴司法資源，也屬難以避免之事項。即對大法官本身言，對確定會提出之聲請釋憲案，縱可拖延於一時，豈可拖延於永久。故此種要件之添加，實不合乎訴訟經濟原則。

2.上述人民聲請釋憲案，與當事人爭執法院認事用法錯誤致不同審判機關見解有異者之案件，不可相提並論。後者，上級審法院可以糾正下級審法院之錯誤，故在人民請求大法官為統一解釋時，當然應該用盡審級救濟程序，此觀司法院大法官審理案件法第七條第一項第二款，有關人民聲請統一解釋之要件，於「確定終局裁判……」外，另有「但得依法定程序聲明不服者……不在此限」之限制，二相比較，二條文用語雖同，法理有別，涵義有差，實不辯而自明。

3.司法院大法官審理案件法第五條第二項原僅明文規定：「最高法院或行政法院就其

受理之案件，對所適用之法律或命令，確信有牴觸憲法之疑義時，得以裁定停止訴訟程序，聲請大法官解釋。」惟本屆大法官於民國八十四年所作之釋字第三七一號解釋，卻擴大為「各級法院得以之為先決問題，裁定停止訴訟程序，並提出客觀上形成確信法律為違憲之具體理由，聲請本院大法官解釋」。此號解釋值得贊同。細究大法官所以把法律明文規定之最高法院及行政法院始享有之釋憲聲請權，擴大且提前得由下級法院聲請，蓋不欲浪費國家資源，作無權解釋憲法之審級審理也。而今大法官對人民聲請釋憲案，卻反其道而行，限縮法律之規定，添加法律所無之限制，其根據之法理如何一貫，實令人費解。若謂用盡審級救濟程序，有時上級審法院可變更適用有違憲疑義之法條，致釋憲案根本不會發生，此一理由如果可以成立，豈不同樣適用於第三七一號解釋中下級審法院之聲請？當事人所爭執者非法律適用之錯誤，而係對法院正確適用之法律認定為違憲，職司釋憲之大法官，豈可遲延保障人權之重責大任，而將其寄託於不切實際之想像中。

二、實體上

本席認為本案所涉及之若干法律，應為如下之解釋：

（一）兵役法施行法第五十九條第二項違反憲法「禁止雙重處罰原則」，應為無效。

兵役法施行法第五十九條第二項規定：「同條第一項判處徒刑人員，經依法赦免、減刑、緩刑、假釋後，其禁役者，如實際執行徒刑時間不滿四年時，免除禁役」。故免除禁役者，倘仍在適役年齡，將不斷因良心因素持續拒絕服役，而遭受重複之處罰。按「一事不二罰原則」、「禁止雙重處罰原則」係民主國家彰顯人權保障之展現，其本意在禁止國家對於人民之同一行為，以相同或類似之措施多次處罰。美國聯邦憲法早於西元一七九一年增訂之人權典章第五條即有明文（nor shall any person be subject for the same offense to be twice put in jeopardy of life or limb）。我國憲法第二十二條係關於人民基本權利保障之補充規定，即除同法第七條至第十八條及第二十一條所為例示外，另設本條規定，概括保障人民一切應受保障之自由權利。禁止雙重處罰原則，既為現代文明法治國家人民應享有之權利，且不妨害社會秩序與公共利益，自亦在該條保障之列。就所謂良心犯罪與一事不二罰原則而言，德國聯邦憲法法院之見解可資參考，「若行為人一再拒絕兵役、社會役之徵召行為，係基於其所宣稱之永遠繼續存在之良心決定，則該行為仍應屬基本法第一百零三條第三項所稱之同一行為。蓋該等決定係基於單一之良心決定而永遠的拒服兵役，此種良心決定之範圍係原則性的而非個別性的。再者，行為人透過基於其良心所下之決定而表現出來的持續反抗兵役行為，可謂係對國家要求其服兵役之一種反抗，故國家以第一次及其後續之徵召令要求服役之行為，始終為同一行為……。行為人之良心決定具有嚴肅性及繼續性亦屬顯而易見。行為人於其第一次處罰之後以及接獲第二次徵召令後，不過再次堅持以前所為永遠拒服兵役之良心決定，此種過去所為而持續至將來之良心決定，確定了行為人整體外部行為，從而行為人於接獲第二次徵召時，遵循此一決定進而拒服兵役，自屬基本法第一百零三條第三項所稱之同一行為。」(BverfGE 23,191) 就本件聲請案當事人而言，聲請人基於單一之良心因素拒絕服役而遭重複處罰至為明顯。此一由過去持續至將來之良心決定，確定了聲請人外部之行為，從而不論聲請人日後將再受多少次之徵召，其仍將一本初衷，持續拒絕服役。參考前揭德國聯邦憲法法院所表示之見解，原判決及其所適用之兵役法施行法第五十九條第二項規定，顯然未能掌握本件事實之內涵及其特殊性，同時亦使我國憲法所保障之宗教信仰、良心自由受到漠視，違反一事不二罰之憲法原則。

（二）兵役法第五條及兵役法施行法第五十九條第二項之規定有違「禁止嚴苛、異常制裁之原則」，應為無效。

人民有免受嚴苛、異常制裁之自由權利，此在憲政先進國家為其憲法所明文保障，例如前述之美國聯邦憲法人權典章第八條，即明文規定不得對人民處以嚴苛、異常之制裁（nor cruel andunusual punishments inflicted)。我國憲法因有第二十二條之概括規定，自亦應為同一之解釋。按兵役法第五條規定，凡曾判處七年以上有期徒刑者禁服兵役，稱為禁役。故凡因良心或宗教因素而拒服兵役之人，若未判刑七年，或曾判處七年，但執行刑未滿四年時（見兵役法施行法第五十九條第二項），則自其第一次應徵入營服役之日起（約十八歲）至其四十五歲止，均將因抗命而陷入審判—入獄—回役—審判—入獄之循環中。期間最多可達二十七年之久，遠遠超過刑法法定有期徒刑至多二十年之長度，若與強盜、殺人等惡性重大之犯罪相較，聲請人等所面臨之處境，益發悲涼！蓋殺人者，若僥倖僅受無期徒刑之判決，少則十五年多至二十年即可假釋出獄，重新做人。反觀本件聲請人等，本性純良，僅因堅持宗教信仰，追求良心之自由，前已因同一持續之行為遭到多次之處罰，後又以未合於兵役法第五條及其施行法第五十九第二項之要件，而需將其寶貴之青春歲月虛擲於囹圄之中，該二法條所致之殘酷結果，莫此為甚，吾人豈可視而不見。

（三）從憲法人權保障之角度，乃至國家社會整體利益，甚至是戰鬥任務本身而言，使因良心或宗教因素拒絕服兵役之人轉服替代役，始為合乎憲法之作為。

首先，就兵役公平之角度言，試問有多少人願意堅持其個人之信仰而入獄服刑，況其所面臨者係數十年之刑期，若非基於虔誠信仰何能做出此一犧牲。就戰鬥任務本身言，若強令良心上有障礙之人從事戰鬥任務，對所有袍澤之安全、任務之達成，又將造成多少負面之影響與傷害。自國家社會整體利益言，監禁一青年數十年之久，不僅使社會失去一極富愛心與服務熱誠之人，更需花費國家大筆公帑供養其數十年之生活，又有何意義可言！

此類虔誠宗教信仰者與徒托空言，假借信仰自由，意圖逃避兵役者，自應嚴加區別，後者不僅不能享受憲法上宗教自由之保障，更應受到法律嚴格之制裁。至如何鑑別二者之真偽，則屬技術層面而非憲法之問題（事實上有關單位草擬之家庭及宗教因素申請兵役替代役辦法草案中對此已有初步之規劃）。

又憲法第二十條雖規定，人民有依法律服兵役之義務，但此並非憲法層次之全民義務，實係憲法賦與立法者於決定要求人民服兵役時之規範基礎。立法者基於實質平等及比例原則之憲法規定，實應認真考慮提供實施替代役之可能；而憲法第十三條之規定，人民有信仰宗教之自由，更是確認信仰自由事涉人民內心之真誠與生命價值之選擇，即令制定法律規範宗教行為，其內容仍須符合實質正當，更需考量憲法基本權利間內在之一致性。換言之，國家對於宗教行為之規範，應抱持和平與容忍之態度，除非舉證證明有明顯立即之危險或關係重大公共利益，否則不應介入干涉，對於拘束人民宗教自由之立法考慮，亦然。從而，宗教之信仰者，基於教義及戒律之關係，並因虔誠之宗教訓練及信念上等原因，而在良心上反對任何戰爭者，在兵役法上自應避免使其服戰鬥性或使用武器之兵役義務，俾免宗教信仰之核心理念與國家法令相牴觸而影響宗教信仰自由之保障，庶幾憲法之目的與原則暨宗教信仰自由之保障，均能予以兼顧，因此之故，在制度上給予因宗教或良心因素不願服兵役之人轉服替代役之方法，始真正符合憲法保障人權之意旨。

（四）兵役法第五條及兵役法施行法第五十九條第二項對基於良心因素拒絕服兵役者言，其宣告刑及執行刑，皆應作分別累積之計算。退一步言，吾人縱使基於事實之困難及現狀之考慮而認宗教信仰自由、良心自由仍不足以作為聲請人等免服戰鬥兵役之理由，也不認為基於良心因素拒絕服兵役之行為係持續之單一行為，從而並無一事不二罰原則之適用，但考量兵役法第五條及其施行法第五十九條第二項所帶給聲請人等之苛酷效果及對社會國家所造成之負面影響，吾人也應宣告該二條文就因良心因素拒服兵役者而言，對其宣告刑及實際執行之刑期，基於憲法第十三條及第二十二條之考量，應採取「分別累積計算」方為合憲之解釋。應累積計算之合憲解釋，不僅對兵役制度之公平有所維護（因實際再經執行需累積滿四年之刑期始可禁役，對於欲假借宗教、良心因素逃避兵役義務者，應可收之嚇阻之效），亦可免除一優秀青年僅因虔誠信仰而葬送其大半青春歲月於牢獄之中，致不能對國家社會做出積極之貢獻；同時，國家以二倍於役期之時間處罰拒絕履行兵役義務之人已可維持法律之尊嚴，其後亦可節省數十年之監禁花費，可說一舉數得，而相關條文牴觸憲法之疑慮，也可化解於無形。

綜上所述，本席對本件聲請案件所持見解，與多數大法官所通過之解釋不同，爰依法提出不同意見書如上。

貳伍、司法院釋字第四九一號解釋

中華民國八十八年十月十五日司法院公布

憲法第十八條規定人民有服公職之權利，旨在保障人民有依法令從事於公務之權利，其範圍不惟涉及人民之工作權及平等權，國家應建立相關制度，用以規範執行公權力及履行國家職責之行為，亦應兼顧對公務人員之權益之保護。公務人員之懲戒乃國家對其違法、失職行為之制裁。此項懲戒得視其性質，於合理範圍內，以法律規定由其長官為之。中央或地方機關依公務人員考績法或相關法規之規定對公務人員所為免職之懲處處分，為限制人民服公職之權利，實質上屬於懲戒處分，其構成要件應由法律定之，方符憲法第二十三條之意旨。公務人員考績法第十二條第一項第二款規定各機關辦理公務人員之專案考績，一次記二大過者免職。同條第二項復規定一次記二大過之標準由銓敘部定之，與上開解釋意旨不符。又懲處處分之構成要件，法律以抽象概念表示者，其意義須非難以理解，且為一般受規範者所得預見，並可經由司法審查加以確認，方符法律明確性原則。對於公務人員之免職處分既係限制憲法保障人民服公職之權利，自應踐行正當法律程序，諸如作成處分應經機關內部組成立場公正之委員會決議，處分前並應給予受處分人陳述及申辯之機會，處分書應附記理由，並表明救濟方法、期間及受理機關等，設立相關制度予以保障。復依公務人員考績法第十八條規定，服務機關對於專案考績應予免職之人員，在處分確定前得先行停職。受免職處分之公務人員既得依法提起行政爭訟，則免職處分自應於確定後方得執行。相關法令應依本解釋意旨檢討改進，其與本解釋不符部分，應自本解釋公布之日起，至遲於屆滿二年時失其效力。

解釋理由書

憲法第十八條規定人民有服公職之權利，旨在保障人民有依法令從事於公務之權利，其範圍不惟涉及人民之工作權及平等權，國家應制定有關任用、銓敘、紀律、退休及撫卹等保障公務人員權益之法律，用以規範執行公權力及履行國家職責之行為。公務人員之懲戒乃國家對其違法、失職行為之制裁，此項懲戒為維持長官監督權所必要，自得視懲戒處分之性質，於合理範圍內，以法律規定由長官為之。中央或地方機關依公務人員考績法或相關法規之規定，對公務人員所為免職之懲處處分，為限制其服公職之權利，實質上屬於懲戒處分。其構成要件應由法律定之，方符憲法第二十三條規定之意旨。關於限制憲法第十八條所定人民服公職之權利，法律固得授權主管機關發布命令為補充規定（參照本院釋字第四四三號解釋理由書），其授權之目的、範圍及內容則應具體明確而後可。惟公務人員考績法第十二條第一項第二款規定各機關辦理公務人員之專案考績，一次記二大過者免職，同條第二項復規定一次記二大過之標準由銓敘部定之。此項免職處分係對人民服公職權利之重大限制，自應以法律定之。上開法律未就構成公務人員免職之標準，為具體明確之規定，與前述解釋意旨有違。又懲處處分之構成要件，法律以抽象概念表示者，不論其為不確定概念或概括條款，均須符合明確性之要求。其意義須非難以理解，且為一般受規範者所得預見，並得經由司法審查加以確認方可。對於公務人員之免職處分既係限制憲法保障人民服公職之權利，自應踐行正當法律程序，諸如作成處分應經機關內部組成立場公正之委員會決議，委員會之組成由機關首長指定者及由票選產生之人數比例應求相當，處分前應給予受處分人陳述及申辯之機會，處分書應附記理由，並表明救濟方法、期間及受理機關等，設立相關制度為妥善之保障。復依公務人員考績法第十八條規定，服務機關對於專案考績應予免職之人員，在處分確定前得先行停職。受免職處分之公務人員既得依法提起行政爭訟，則免職處分自應於確定後方得執行。相關法令應依本解釋意旨檢討改進，其與本解釋不符部分，應自本解釋公布之日起，至遲於屆滿二年時失其效力。

大法官會議主席 翁岳生

大法官 劉鐵錚

吳庚

王和雄

林永謀

施文森

孫森焱

陳計男

曾華松

董翔飛

楊慧英

戴東雄

蘇俊雄

黃越欽

賴英照

謝在全

不同意見書

大法官 劉鐵錚

本件聲請案關鍵問題，應在於公務人員考績法第十二條第一項第二款各機關辦理公務人員專案考績，一次記兩大過免職之規定，有無假考績之名，行使懲戒權最嚴厲之撤職處分之實，剝奪公務員服公職之憲法上權利，而生牴觸憲法增修條文第七條、憲法第七十七條之問題。

奈多數大法官對上述問題避而不談，遷就現行法令之架構，在維護主管長官行政權思維下，僅在枝節上，從事法律層面之修正補全工作，例如對免職事由提升為法律位階，免職程序應踐行正當法律程序及行政爭訟確定後始可執行等。站在維護及解釋現行憲法之立場上，本席實難同意，茲說明理由如後：

一、公務人員考績法第十二條第一項第二款牴觸憲法增修條文第七條、憲法第七十七條

憲法第十八條規定：「人民有應考試服公職之權。」第八十五條規定：「公務人員之

選拔，應實行公開競爭之考試制度……」足見我國憲法對公務人員甚為重視，並藉公開公平之競爭制度，以選拔優秀人才為國為民服務，因此之故，憲法對公務人員之各種保障也甚週全（參見憲法增修條文第六條）。就公務人員違法失職行為之懲戒言，憲法增修條文第七條第一項除規定監察院為國家最高監察機關，行使彈劾權外，其第三項更明文規定「監察院對於中央、地方公務人員及司法院、考試院人員之彈劾案，須經監察委員二人以上之提議、九人以上之審查及決定，始得提出，不受憲法第九十八條之限制。」；憲法第七十七條規定：「司法院為國家最高司法機關，掌理民事、刑事、行政訴訟之審判及公務員之懲戒。」（上述憲法條文有無將彈劾與懲戒混淆不清，致弊端叢生，係制憲或修憲者之責任，非釋憲者所可置喙）相關法律並有進一步之規定，於此不贅。

由上引憲法條文可知，憲法對中央及地方公務人員違法、失職之彈劾案，係規定須由超出黨派以外，獨立行使職權之二位監察委員提議及九位以上之審查及決定，始得提出。並由司法院所屬之公務員懲戒委員會審議，程序是何等之慎重，也符合權力分立相互制衡之原則（至懲戒案件之審議程序，自當本正當法律程序之原則予以檢討改進，已見本院釋字第三九六號解釋）。惟由於我國公務人員眾多，官等有高低之別，懲戒處分有輕重之分，對公務人員違法失職行為之懲戒，若一律踐行上述程序，有其事實上困難及不便之處，故公務員懲戒法第十九條第一項遂規定：「各院、部、會長官，地方最高行政長官或其他相當之主管長官，認為所屬公務員有第二條所定情事者，應備文聲敘事由，連同證據送請監察院審查。但對於所屬九職等或相當於九職等以下之公務員，得逕送公務員懲戒委員會審議」，而同法第九條第三項也規定：「九職等或相當於九職等以下公務員之記過與申誡，得逕由主管長官行之」。凡此規定，或未剝奪司法院公務員懲戒委員會之懲戒審議權，或未涉及公務人員服公職權利之喪失，從性質言，其規定要屬在合理範圍，尚難謂為違背首開憲法條文。

惟主管長官依公務人員考績法一次記二大過之免職規定，既為對單一重大違法失職事件，所為之制裁，性質上即為懲戒處分，且與懲戒法上最嚴重之懲戒處分——撤職，效果無異。依此規定主管長官對所有公務員包括十職等以上十四職等以下之高級文官，對其違法或失職行為，既可不送監察院審查，也可不送公務員懲戒委員會審議，直接剝奪公務員服公職之憲法上權利，此種以迂迴之方法，規避前引憲法條文，架空監察院及司法院公懲會之職權，能不牴觸憲法而無效乎！

二、對釋字第二四三號解釋及第二九八號解釋之省思及檢討

釋字第二四三號解釋雖已承認考績懲處之合憲性，惟其理由書起首即謂「公務員之懲戒，依憲法第七十七條規定，屬於司法院職權範圍，司法院設有公務員懲戒委員會，為主管懲戒事項之司法機關。對於公務員所為具有懲戒性質之免職處分，不論其形式用語如何，實質上仍屬懲戒處分，此項權限之行使及其救濟程序如何規定，方符憲法意旨，應由有關機關通盤檢討，而為適當之調整。」可見大法官對於具有懲戒性質之免職處分，究應如何為適當之調整，並無確定之見解。釋字第二九八號解釋雖進一步承認考績懲處之合憲性，而謂「憲法第七十七條規定，公務員之懲戒屬司法院掌理事項。此項懲戒得視其性質於合理範圍內以法律規定由其長官為之。」惟本號解釋有二項不確定法律概念，即「視其性質」、「於合理範圍內」，考績法上免職處分當然屬於該號解釋所稱足以改變公務員身分或對公務員有重大影響之懲戒處分，惟考績法規定的考績免職，有年終及專案考績二種，二者性質並不相同，年終考績係平時考核，於年終時併計成績增減總分，獎懲也得相互抵銷，年終考績做為長官決定獎懲、升遷、調職甚至淘汰（免職）之用，應屬無可厚非，就「其性質言」，應屬於「合理範圍內」，以法律規定由其長官為之。但專案考績之免職處分則係對單

一事件之處理，其懲處標準不外乎違法失職之範疇，與懲戒法上之懲戒事由完全重疊，從「其性質言」，乃屬於懲戒法上最嚴厲之處分（撤職），為剝奪公務員服公職之憲法上權利。如此種懲處亦屬於釋字第二九八號所稱之「合理範圍內」，得由法律規定由其長官為之，則在舉重以明輕之法理下，又有何種懲戒處分得不由法律規定由其長官為之？是則該「視其性質、於合理範圍內」之限制，豈不成為贅語，憲法增修條文第七條所規定之監察院對公務人員違法失職之彈劾權，憲法第七十七條所規定之司法院（公懲會）所掌理之懲戒審議權，不也皆成為具文！故本席以為釋字第二九八號解釋，雖承認考績懲處之合憲性，但就足以改變公務員身分或對公務員有重大影響之懲戒處分，解釋文既未明示係指專案考績之免職，吾人從法理上就應為限縮之解釋，將專案考績一次記二大過免職之規定，排除於外，俾維持上述兩憲法條文最低之尊嚴。

三、從實際層面觀察

多數大法官所通過之解釋，既不能使主管長官對違法、失職公務員所做一次記二大過「免職處分」，得到快速、直接、果斷之「免職結果」，因其必須於行政爭訟確定後始可執行；但對重大違法、失職行為採取憲法所規定之懲戒程序時，其情節重大，有急速處理之必要者，無論監察法第十四條，或公務員懲戒法第四條原都有為急速救濟處理或先行停止其職務之規定，已足達成維持長官監督權之必要及整飭公務員紀律之效果。此外，在採取懲戒程序——監察院審查及公懲會審議時，無論其結果是否撤職處分，因其係由公正獨立行使職權之第三者所為，確定不致引起公務員之忿怨與不平，既可阻絕長官濫權以杜悠悠之口，又可維持公務員起碼之尊嚴，更不致發生法律牴觸憲法之疑義，吾人豈可以有關機關初步完成之相關法規之修正，已不朝此方向進行，即視而無睹！

最後本席願附帶一提者，即外國立法例雖多以懲戒本屬於行政監督權之作用範疇，並未規定於憲法，而規定於法律，為行政處分，受懲戒人得依訴願程序請求救濟，並設獨立行使職權之準司法機關為其行政救濟之終審機關，如英國之文官申訴委員會（Civil Service Appeal Board）、美國之功績制度保護委員會(Merit System Protection Board)、日本之人事院等等，最後尚得請求司法救濟，始由司法介入，為司法審查，用資保障公務員權益。惟吾人援用外國立法例時，必須考慮外國憲法中是否亦有類似我國憲法增修條文第七條、憲法第七十七條之規定，若答案是否定的，則外國立法例僅可供未來我國修憲時之參考，而不得做為解釋我國憲法之依據。爰為不同意見書如上。

貳陸、司法院釋字第五二〇號解釋

中華民國九十年一月十五日司法院公布

預算案經立法院通過及公布手續為法定預算，其形式上與法律相當，因其內容、規範對象及審議方式與一般法律案不同，本院釋字第三九一號解釋曾引學術名詞稱之為措施性法律。主管機關依職權停止法定預算中部分支出項目之執行，是否當然構成違憲或違法，應分別情況而定。諸如維持法定機關正常運作及其執行法定職務之經費，倘停止執行致影響機關存續者，即非法之所許；若非屬國家重要政策之變更且符合預算法所定要件，主管機關依其合義務之裁量，自得裁減經費或變動執行。至於因施政方針或重要政策變更涉及法定預算之停止執行時，則應本行政院對立法院負責之憲法意旨暨尊重立法院對國家重要事項之參與決策權，依照憲法增修條文第三條及立法院職權行使法第十七條規定，由行政院院長或有關部會首長適時向立法院提出報告並備質詢。本件經行政院會議決議停止執行之法定預算項目，基於其對儲備能源、環境生態、產業關連之影響，並考量歷次決策過程以及一旦停止執行善後處理之複雜性，自屬國家重要政策之變更，仍須儘速補行上開程序。

其由行政院提議為上述報告者，立法院有聽取之義務。行政院提出前述報告後，其政策變更若獲得多數立法委員之支持，先前停止相關預算之執行，即可貫徹實施。倘立法院作成反對或其他決議，則應視決議之內容，由各有關機關依本解釋意旨，協商解決方案或根據憲法現有機制選擇適當途徑解決僵局，併此指明。

解釋理由書

本件行政院為決議停止興建核能第四電廠並停止執行相關預算，適用憲法發生疑義，並與立法院行使職權，發生適用憲法之爭議，及與立法院適用同一法律之見解有異，聲請解釋。關於解釋憲法部分，與司法院大法官審理案件法第五條第一項第一款中段中央機關因行使職權與其他機關之職權，發生適用憲法之爭議規定相符，應予受理；關於統一解釋部分，聲請意旨並未具體指明適用預算法何項條文與立法機關適用同一法律見解有異，與上開審理案件法第七條第一項第一款所定聲請要件尚有未合，惟此部分與已受理之憲法解釋係基於同一事實關係，不另為不受理之決議。又本件係就行政院停止執行法定預算與立法院發生適用憲法之爭議，至引發爭議之電力供應究以核能抑或其他能源為優，已屬能源政策之專業判斷問題，不應由行使司法權之釋憲機關予以裁決，不在解釋範圍，均合先敘明。

預算制度乃行政部門實現其施政方針並經立法部門參與決策之憲法建制，對預算之審議及執行之監督，屬立法機關之權限與職責。預算案經立法院審議通過及公布為法定預算，形式與法律案相當，因其內容、規範對象及審議方式與法律案不同，本院釋字第三九一號解釋曾引用學術名詞稱之為措施性法律，其故在此。法定預算及行政法規之執行，均屬行政部門之職責，其間區別在於：賦予行政機關執行權限之法規，其所規定之構成要件具備，即產生一定之法律效果，若法律本身無決策裁量或選擇裁量之授權，該管機關即有義務為符合該當法律效果之行為；立法院通過之法定預算屬於對國家機關歲出、歲入及未來承諾之授權規範（參照預算法第六條至第八條），其規範效力在於設定預算執行機關得動支之上限額度與動支目的、課予執行機關必須遵循預算法規定之會計與執行程序、並受決算程序及審計機關之監督。關於歲入之執行仍須依據各種稅法、公共債務法等相關規定，始有實現可能。而歲出法定預算之停止執行，是否當然構成違憲或違法，應分別情形而定，在未涉及國家重要政策變更且符合預算法所定條件，諸如發生特殊事故、私經濟行政因經營策略或市場因素而改變等情形，主管機關依其合義務之裁量，則尚非不得裁減經費或變動執行，是為所謂執行預算之彈性。

法定預算中維持法定機關正常運作及履行其法定職務之經費，因停止執行致影響機關之存續，若仍任由主管機關裁量，即非法之所許。其因法定預算之停止執行具有變更施政方針或重要政策之作用者，如停止執行之過程未經立法院參與，亦與立法部門參與決策之憲法意旨不符。故前述執行法定預算之彈性，並非謂行政機關得自行選擇執行之項目，而無須顧及法定預算乃經立法院通過具備規範效力之事實。預算法規中有關執行歲出分配預算應分期逐級考核執行狀況並將考核報告送立法院備查（參照預算法第六十一條），執行預算時各機關、各政事及計畫或業務科目間經費流用之明文禁止（參照同法第六十二條），又各機關執行計畫預算未達全年度百分之九十者，相關主管人員依規定議處（參照中華民國八十九年八月三日行政院修正發布之行政院暨所屬各機關計畫預算執行考核獎懲作業要點第四點第二款），凡此均屬監督執行預算之機制，貫徹財政紀律之要求。本院釋字第三九一號解釋係針對預算案之審議方式作成解釋，雖曾論列預算案與法律案性質之不同，並未否定法定預算之拘束力，僅闡明立法機關通過之預算案拘束對象非一般人民而為國家機關，若據釋字第三九一號解釋而謂行政機關不問支出之性質為何，均有權停止執行法定預算，理由並不充分。至預算法雖無停止執行法定預算之禁止明文，亦不得遽謂行政機關可任意不執行預算。矧憲法增修條文對憲法本文第五十七條行政院向立法院負責之規定雖有所修改，其第三條第二項第二款仍明定：「行政院對於立法院決議之法律案、預算案、條約案，如認為有窒礙難行時，得經總統之核可，於該決議案送達行政院十日內，移請立法院覆議。立法院對於行政院移請覆議案，應於送達十五日內作成決議。如為休會期間，立法院應於七日內自行集會，並於開議十五日內作成決議。覆議案逾期未決議者，原決議失效。覆議時，如經全體立法委員二分之一以上決議維持原案，行政院院長應即接受該決議。」從而行政院對立法院通過之預算案如認窒礙難行而不欲按其內容執行時，於預算案公布成為法定預算前，自應依上開憲法增修條文覆議程序處理。果如聲請機關所主張，執行法定預算屬於行政權之核心領域，行政機關執行與否有自由形成之空間，則遇有立法院通過之預算案不洽其意，縱有窒礙難行之情事，儘可俟其公布成為法定預算後不予執行或另作其他裁量即可，憲法何須有預算案覆議程序之設。

預算案除以具體數字載明國家機關維持其正常運作及執行法定職掌所需之經費外，尚包括推行各種施政計畫所需之財政資源。且依現代財政經濟理論，預算負有導引經濟發展、影響景氣循環之功能。在代議民主之憲政制度下，立法機關所具有審議預算權限，不僅係以民意代表之立場監督財政支出、減輕國民賦稅負擔，抑且經由預算之審議，實現參與國家政策及施政計畫之形成，學理上稱為國會之參與決策權。本件所關核能電廠預算案通過之後，立法院於八十五年五月二十四日第三屆第一會期第十五次會議，亦係以變更行政院重要政策，依當時適用之憲法第五十七條第二款規定決議廢止核能電廠興建計畫，進行中之工程立即停工並停止動支預算，嗣行政院於同年六月十二日，亦以不同意重要政策變更而移請立法院覆議，可見基於本件核能電廠之興建對儲備能源、環境生態、產業關連之影響，並考量經費支出之龐大，以及一旦停止執行善後處理之複雜性，應認係屬國家重要政策之變更，即兩院代表到院陳述時對此亦無歧見。是本件所關核能電廠預算案自擬編、先前之停止執行，以迄再執行之覆議，既均經立法院參與或決議，則再次停止執行，立法機關自亦有參與或決議之相同機會。法定預算已涉及重要政策，其變動自與非屬國家重要政策變更之單純預算變動，顯然有別，尚不能以所謂法定預算為實質行政行為，認聲請機關有裁量餘地而逕予決定並下達實施，或援引其自行訂定未經送請立法機關審查之中央機關附屬單位預算執行要點核定停辦，相關機關立法院執此指摘為片面決策，即非全無理由。

民主政治為民意政治，總統或立法委員任期屆滿即應改選，乃實現民意政治之途徑。總統候選人於競選時提出政見，獲選民支持而當選，自得推行其競選時之承諾，從而總統經由其任命之行政院院長，變更先前存在，與其政見未洽之施政方針或政策，毋迺政黨政治之常態。惟無論執政黨更替或行政院改組，任何施政方針或重要政策之改變仍應遵循憲法秩序所賴以維繫之權力制衡設計，以及法律所定之相關程序。蓋基於法治國原則，縱令實質正當亦不可取代程序合法。憲法第五十七條即屬行政與立法兩權相互制衡之設計，其中同條第二款關於重要政策，立法院決議變更及行政院移請覆議之規定，雖經八十六年七月二十一日修正公布之憲法增修條文刪除，並於該第三條第二項第三款增設立法院對行政院院長不信任投票制度，但該第五十七條之其他制衡規定基本上仍保留於增修條文第三條第二項，至有關立法院職權之憲法第六十三條規定則未更動，故公布於八十八年一月二十五日之立法院職權行使法第十六條，仍就行政院每一會期應向立法院提出施政方針及施政報告之程序加以規定，同法第十七條則定有：「行政院遇有重要事項發生，或施政方針變更時，行政院院長或有關部會首長應向立法院院會提出報告，並備質詢。前項情事發生時，如有立法委員提議，三十人以上連署或附議，經院會議決，亦得邀請行政院院長或有關部會首長向立法院院會報告，並備質詢。」所謂重要事項發生，即係指發生憲法第六十三條之國家重要事項而言，所謂施政方針變更則包括政黨輪替後重要政策改變在內。針對所發生之重要事項或重要政策之改變，除其應修改法律者自須向立法院提出法律修正案，其應修改或新頒命令者應予發布並須送置於立法院外，上開條文復課予行政院向立法院報告並備質詢之義務。如前所述，法定預算皆限於一定會計年度，並非反覆實施之法律可比，毋庸提案修正，遇此情形則須由行政院院長或有關部會首長向立法院院會提出報告並備質詢，立法委員亦得主動依同條第二項決議邀請行政院院長或部會首長提出報告並備質詢。上開報告因情況緊急或不能於事前預知者外，均應於事前為之。本件停止預算之執行，已涉國家重要政策之變更而未按上述程序處理，自有瑕疵，相關機關未依其行使職權之程序通知有關首長到院報告，而採取杯葛手段，亦非維護憲政運作正常處置之道。行政院應於本解釋公布之日起，儘速補行前述報告及備詢程序，相關機關亦有聽取其報告之義務。

行政院院長或有關部會首長依前述憲法增修條文第三條及立法院職權行使法第十七條向立法院提出報告之後，若獲多數立法委員之支持，基於代議民主之憲政原理，自可貫徹其政策之實施。若立法院於聽取報告後作成反對或其他決議，此一決議固屬對政策變更之異議，實具有確認法定預算效力之作用，與不具有拘束力僅屬建議性質之決議有間，應視其決議內容，由各有關機關選擇適當途徑解決：行政院同意接受立法院多數意見繼續執行法定預算，或由行政院與立法院朝野黨團協商達成解決方案。於不能協商達成解決方案時，各有關機關應循憲法現有機制為適當之處理，諸如：行政院院長以重要政策或施政方針未獲立法院支持，其施政欠缺民主正當性又無從實現總統之付託，自行辭職以示負責；立法院依憲法增修條文第三條第二項第三款對行政院院長提出不信任案，使其去職（不信任案一旦通過，立法院可能遭受解散，則朝野黨派正可藉此改選機會，直接訴諸民意，此亦為代議民主制度下解決重大政治衝突習見之途徑）；立法院通過與建電廠之相關法案，此種法律內容縱然包括對具體個案而制定之條款，亦屬特殊類型法律之一種，即所謂個別性法律，並非憲法所不許。究應採取何種途徑，則屬各有關機關應抉擇之問題，非本院所能越俎代庖予以解釋之事項。然凡此均有賴朝野雙方以增進人民福祉為先，以維護憲法秩序為念，始克回復憲政運作之常態，導引社會發展於正軌。

大法官會議主席　翁　岳　生
大法官　劉　鐵　錚
吳　　庚
王　和　雄
王　澤　鑑
林　永　謀
施　文　森
孫　森　焱
陳　計　男

曾華松

董翔飛

楊慧英

戴東雄

蘇俊雄

黃越欽

謝在全

不同意見書

大法官 劉鐵錚

基於憲法上主權在民、權力分立以及制衡關係等原則，特別是憲法增修條文第三條第二項第二款有關覆議規定之同一法理，本席認為行政院決議停止執行涉及國家重大政策法定預算之釋憲案，應為如下之解釋：

「因施政方針或重要政策變更涉及法定預算之停止執行時，應本行政院對立法院負責之憲法意旨暨尊重立法院參與國家重要事項之決策權，依照憲法增修條文第三條第二項及立法院職權行使法第十七條規定，由行政院院長或有關部會首長適時向立法院提出報告並備質詢。引起本件釋憲案爭議之行政院會議決議，仍須儘速補行上開程序。其由行政院提議為前述報告者，立法院有聽取之義務，行政院提出前述報告後，其政策變更若獲得多數立法委員明示或默示之支持，先前停止相關預算之執行，即可貫徹實施。『倘立法院做成反對決議，行政院院長應即接受該決議』。」茲說明理由如後：

一、憲法第二條規定中華民國主權屬於國民全體，與憲法第一條規定中華民國為民有民治民享之民主共和國，均係強調國民主權與主權在民之原則。國家權力直接來自人民，只是權力的行使，則透過民意代表監督政府各機關為之，即所謂民主政治、民意政治。申言之，人民藉選舉國會議員而參與國家政策意見之作成，並透過選舉、罷免、任期制以監督人民之代表，並使其最終對人民負責。憲法第六十二條及第六十三條分別規定，「立法院為國家最高立法機關，由人民選舉之立法委員組織之，代表人民行使立法權」；「立法院有議決法律案、預算案、戒嚴案、大赦案、宣戰案、媾和案、條約案及國家其他重要事項之權」。即揭示立法院藉由上述職權之行使，代表人民參與國家重要政策之形成及重要事項之決定，以落實民意政治、實踐主權在民之憲法意旨。是立法院在上述權限上，即享有權力行使之民主正當性。

二、權力分立可謂民主國家建構憲法所依據之基本原則，我國憲法實係以行政、立法兩權互動為核心，在此基礎上所建築之權力分立與制衡關係之體制，此一核心互動關係最具體表現者厥為憲法第五十七條，現為憲法增修條文第三條第二項所取代。依後者之規定，首揭行政院對立法院負責之大原則，繼則詳列各種相互制衡之機制。此即第一款規定，行政院施政報告之責與立法院質詢之權；第二款規定：「行政院對於立法院決議之法律案、預算案、條約案，如認為有窒礙難行時，得經總統之核可……移請立法院覆議。……覆議時，如經全體立法委員二分之一以上決議維持原案，行政院院長應即接受該決議」；第三款規定，立法院得對行政院院長提出不信任案及總統解散立法院之權。按預算制度乃行政部門實現其施政方針，落實各種政策，並經立法部門參與審查及決議之憲法建制，預算案經立法院審議通過及總統公布後為法定預算，形式與法律案、條約案相當，在憲法上也是與法律案、條約案並列一款，效力應無軒輊，三種議案，經立法院議決後，若未經行政院移請覆議或覆議而未成功，經總統公布施行後，國家機關即應遵守，俾符法治國原則。縱國家總預算金額龐大，預算項目包羅萬象，難以精準把握執行，而應保有若干彈性，此故吾人所可了解，預算法也有若干合理之規定。但涉及國家重大政策之法定預算，若謂行政院亦可以窒礙難行或政策變更之理由，單獨決議停止此項法定預算之執行，則憲法明文規定之覆議制度豈不等同虛設？今後對窒礙難行之預算案，行政院根本不必事先提出覆議，縱提出而未成功，亦屬毫無影響，只要事後經行政院會議議決停止執行即可。若然，則立法院代表人民行使之國家政策參與形成權——審議預算案，豈非成為有名無實之憲法規定，權力分立與制衡關係之憲法原則，必也被破壞無遺。

三、憲法增修條文第三條第二項第二款對立法院議決之法律「案」、預算「案」、條約「案」，行政院若認為窒礙難行時，尚設有覆議制度，請求立法院重行考慮，改變決議，已如上述，則對已經行政院院長副署、總統明令公布之具有拘束力之「法律」、「預算」、「條約」，若事後因情事變遷，行政院認為有窒礙難行時，依照舉輕以明重之法理，豈非更應尊重立法院，依照憲法增修條文第三條第二項第二款覆議規定之意旨，基於同一法理，應向立法院報告並備質詢以尋求其支持，（事實上對法律或條約之修正與廢止，更是必須送立法院審議，經立法院通過、總統公布，始能發生效力；亦即必須遵循與原先「制訂、審議」過程相同之憲法程序。）此時，若立法院明示或默示同意行政院停止執行涉及國家重大政策之法定預算時，固無問題；然若立法院決議反對時，其效果應等同覆議失敗，依前引憲法增修條文之明文，行政院院長應即接受該決議，繼續執行該項預算，別無其他選擇。憲法增修條文第三條變更憲法第五十七條覆議失敗，行政院院長「應即接受」或「辭職」之規定，為「應即接受」，係為確保政局之安定，避免形成兩院僵局而久延不決，雖不免犧牲行政院院長之志節或責任政治之真諦，然卻可貫徹民主政治之原則，並維護憲政秩序之安定。

至若行政院長基於其他原因，自行辭職以示負責時，固無不可，然此並非憲法義務之辭職，與依憲法第五十七條不接受立法院決議即須辭職，乃屬憲法義務之辭職，截然有別。憲法第五十七條所以規定行政院院長可在接受與辭職間作一選擇，乃係因行政院院長縱不接受立法院之決議而辭職，立法院依憲法第五十五條仍保有同意權以制衡新提名之行政院院長，即可貫徹立法院之決議；現行憲法增修條文因取消立法院之閣揆同意權，故規定行政院長僅能接受立法院之決議而無其他選擇。是以立法院作出反對決議後，行政院院長縱自行辭職（非憲法義務之辭職），新任命之行政院院長也必須接受立法院決議，方能貫徹行政院對立法院負責之憲法明文，並達成維持政局穩定，避免形成憲政僵局之憲法意旨。故單純建議並認為行政院院長自行辭職，以示負責，即可化解此一憲法爭議，而不首先確認行政院院長有應即接受立法院決議之憲法義務，無疑是本末倒置、緣木求魚，絲毫無助於此憲政僵局之消除。

或有謂憲法第五十七條第二款有關立法院主動移請行政院變更政策之權已遭凍結，而由增修條文第三條第二項第三款之立法院得提出不信任案規定取代，故行政院至立法院報告後，立法院若欲表示反對意見，僅有提出不信任案一途。對此本席仍難加以贊同。首先，姑不論本案乃係涉及重要政策之法定預算執行與否之問題，並非單純之重要政策變更問題；而不信任案規定，亦非專為取代立法院政策變更權而設，其實為憲法凍結立法院對行政院長任命同意權之折衷產物。再者，立法院政策變更權遭到凍結，在憲政之實際運作上並非重要，蓋立法院對行政院所提出之政策亦非僅有提出不信任案之單一控制方式，立法院仍可藉由預算審議，或於法律中明定某項政策應經立法院決議（即所謂「立法否決」，大陸地區與臺灣地區人民關係條例第九十五條參照)而對行政院提出之政策加以控制之可能。更有甚者，現仍有效適用之憲法第六十三條，即明文規定：「立法院有議決法律案、預算案……及『國家其他重要事項』之權」，故立法院雖因憲法第五十七條遭到凍結而無法「主動」移請行政院變更其政策；然依據憲法第六十三條之明文，其仍保有「被動」審議決定行政院所提出之重要事項(包括：重要政策)之權力。

另須加以說明者，採取與覆議同一之法理解決目前所面臨之憲政僵局，若立法院仍決議反對行政院變更涉及重要政策之法定預算之執行時，該決議亦絕非憲法第七十條，立法院不得為增加支出之提議之情形可比，此觀諸該項法定預算早經行政院提出、立法院議決、總統公布而「存在」，並非「從無到有」之事實自明。至若採取此一解決途徑，即有立法院為行政院設定施政方針，強制行政院執行其不欲施行之政策之疑慮，然初不論立法院是否果不可為行政院設定施政方針或強制行政院執行其不欲施行之政策(例如：透過憲法第六十三條議決國家其他重要事項之權，甚或制訂所謂措施性法律)，此所涉及者乃係變更早經立法院決議之「既有」政策之問題；係行政院向立法院負責之問題；係立法院代表人民參與政策制訂過程之問題。若吾人接受立法院對於任何行政院所欲施行或不欲施行之政策，均無參與決定權的看法，則憲法權力分立、權力制衡、民意政治之諸項原則豈非淪為空談，行政權獨大而立法權衰弱之情形亦非不能想像。

退一步言，縱肯認立法院僅得藉由提出不信任案以解決目前之憲政僵局，然吾人若對於國會解散重行改選之結果詳加分析，仍可佐證行政院對立法院負責，行政院對立法院所作出之反對決議僅能接受之結論，乃憲法當然之解釋。蓋立法院改選之結果，若仍由目前之在野黨獲得多數席次，則行政院當無理由再對立法院之反對決議表示異議；然縱由目前執政黨獲得多數之席次，行政院亦僅係因能篤定獲得多數同黨立法委員之支持，而能貫徹其決定，並非謂行政院可無視立法院前揭權能，而有自行片面決定變更法定預算或其他重要政策之行政裁量權。是故，對於本件解釋案件所由生之爭議，立法院是否提出不信任案，乃係立法院是否行使其憲法所賦予權限之問題，立法委員自有其行使職權之衡量標準；然其與本案解釋之標的，行政院決議停止執行涉及重大政策之法定預算，經向立法院報告後，不獲立法院同意，究竟發生何種效力，根本係不同之兩個問題，不應混為一談。

最後本席必須指出，本件解釋之核心問題，即行政院補行相關報告程序後，立法院若仍持異議而為反對決議時，該反對決議之效力問題，多數意見對此閃爍其辭，未能提出明確之解釋，實有未盡全功之憾。換言之，多數意見雖已表明立法院反對決議應具有一定之拘束力，然其結論卻又提出包括協商、辭職、不信任及立法在內之種種解決方式。姑不論此一解釋在邏輯上是否合理一貫，即就有關機關是否有遵照多數意見所示途徑辦理之義務而論，恐亦有所疑義；蓋立法院是否立法與是否提出不信任案，本為立法院得自由選擇與裁量之事項，非釋憲機關所得過問。然縱有關機關依據多數意見之指示，採行其他解決途徑，於其仍不能獲得一致之共識而形成僵局時（例如：協商不成或行政院長辭職，而繼任之行政院長仍採取和前任院長相同之政策）究應如何處理？恐一切又回到現行爭議之原點，徒然浪費國家有限之資源。職是之故，對於立法院作成反對決議之效力問題，釋憲機關實有不可迴避之解釋義務。此時若憲法本身未有明文可供遵循，釋憲機關自當本於憲法相關條文之意旨、依循民主憲政之基本原則及憲法法理明確地為憲政僵局指引明路，此方為增進人民福祉、維護憲法秩序，回復憲政常態運作，導引社會發展之正道，爰為此不同意見書如上。

貳柒、司法院釋字第五二五號解釋

中華民國九十年五月四日司法院公布

信賴保護原則攸關憲法上人民權利之保障，公權力行使涉及人民信賴利益而有保護之必要者，不限於授益行政處分之撤銷或廢止（行政程序法第一百十九條、第一百二十條及第一百二十六條參照），即行政法規之廢止或變更亦有其適用。行政法規公布施行後，制定或發布法規之機關依法定程序予以修改或廢止時，應兼顧規範對象信賴利益之保護。除法規預先定有施行期間或因情事變遷而停止適用，不生信賴保護問題外，其因公益之必要廢止法規或修改內容致人民客觀上具體表現其因信賴而生之實體法上利益受損害，應採取合理之補救措施，或訂定過渡期間之條款，俾減輕損害，方符憲法保障人民權利之意旨。至經廢止或變更之法規有重大明顯違反上位規範情形，或法規（如解釋性、裁量性之行政規則）係因主張權益受害者以不正當方法或提供不正確資料而發布者，其信賴即不值得保護；又純屬願望、期待而未有表現其已生信賴之事實者，則欠缺信賴要件，不在保護範圍。

銓敘部中華民國七十六年六月四日台華甄四字第九七〇五五號函將後備軍人轉任公職

考試比敘條例第三條第一款適用對象常備軍官，擴張及於志願服四年預備軍官現役退伍之後備軍人，有違上開條例之意旨，該部乃於八十四年六月六日以台中審一字第一一五二二四八號函釋規定：「本部民國六十四年十一月十五日六四台謨甄四字第三五〇六四號函暨七十六年六月四日七六台華甄四字第九七〇五五號函，同意軍事學校專修班畢業服預備軍官役及大專畢業應召入伍復志願轉服四年制預備軍官役依法退伍者，比照『後備軍人轉任公職考試比敘條例』比敘相當俸級之規定，自即日起停止適用」，未有過渡期間之設，可能導致服役期滿未及參加考試，比敘規定已遭取銷之情形，衡諸首開解釋意旨固有可議。惟任何行政法規皆不能預期其永久實施，受規範對象須已在因法規施行而產生信賴基礎之存續期間，對構成信賴要件之事實，有客觀上具體表現之行為，始受信賴之保護。前述銓敘部七十六年六月四日函件雖得為信賴之基礎，但並非謂凡服完四年預備軍官役者，不問上開規定是否廢止，終身享有考試、比敘之優待，是以在有關規定停止適用時，倘尚未有客觀上具體表現信賴之行為，即無主張信賴保護之餘地。就本件而言，其於比敘優待適用期間，未參與轉任公職考試或取得申請比敘資格者，與前述要件不符。主管機關八十四年六月六日之函釋停止適用後備軍人轉任公職考試比敘條例有關比敘之規定，符合該條例之意旨，不生牴觸憲法問題。

解釋理由書

法治國為憲法基本原則之一，法治國原則首重人民權利之維護、法秩序之安定及誠實信用原則之遵守。人民對公權力行使結果所生之合理信賴，法律自應予以適當保障，此乃信賴保護之法理基礎，亦為行政程序法第一百十九條、第一百二十條及第一百二十六條等相關規定之所由設。行政法規（包括法規命令、解釋性或裁量性行政規則）之廢止或變更，於人民權利之影響，並不亞於前述行政程序法所規範行政處分之撤銷或廢止，故行政法規除預先定有施行期間或經有權機關認定係因情事變遷而停止適用，不生信賴保護問題外，制定或發布法規之機關固得依法定程序予以修改或廢止，惟應兼顧規範對象值得保護之信賴利益，而給予適當保障，方符憲法保障人民權利之意旨。

制定或發布法規之機關基於公益之考量，即社會整體利益優先於法規適用對象之個別利益時，自得依法定程序停止法規適用或修改其內容，若因此使人民出於信賴先前法規繼續施行，而有因信賴所生之實體法上利益受損害者，倘現有法規中無相關補救規定可資援用時（如稅捐稽徵法第四十八條之三等），基於信賴之保護，制定或發布法規之機關應採取合理之補救措施或訂定過渡期間之條款，俾減輕損害。至有下列情形之一時，則無信賴保護原則之適用：一、經廢止或變更之法規有重大明顯違反上位規範情形者；二、相關法規（如各種解釋性、裁量性之函釋）係因主張權益受害者以不正當方法或提供不正確資料而發布，其信賴顯有瑕疵不值得保護者；三、純屬法規適用對象主觀之願望或期待而未有表現已生信賴之事實者，蓋任何法規皆非永久不能改變，法規未來可能修改或廢止，受規範之對象並非毫無預見，故必須有客觀上具體表現信賴之行為，始足當之。至若並非基於公益考量，僅為行政上一時權宜之計，或出於對部分規範對象不合理之差別對待，或其他非屬正當之動機而恣意廢止或限制法規適用者，受規範對象之信賴利益應受憲法之保障，乃屬當然。

銓敘部中華民國七十六年六月四日台華甄四字第九七〇五五號函將後備軍人轉任公職考試比敘條例第三條第一款適用對象常備軍官，擴張及於志願服四年預備軍官現役退伍之後備軍人，有違上開條例之意旨，該部乃於八十四年六月六日以台中審一字第一一五二二四八號函釋規定：「本部民國六十四年十一月十五日六四台謨甄四字第三五〇六四號函暨七十六年六月四日七六台華甄四字第九七〇五五號函，同意軍事學校專修班畢業服預備軍官役及大專畢業應召入伍復志願轉服四年制預備軍官役依法退伍者，比照『後備軍人轉任公職考試比敘條例』比敘相當俸級之規定，自即日起停止適用」。姑不論銓敘部七十六年六月四日之函件，是否牴觸前開條例規定，維護憲法所揭示公開競爭考試制度及法律所定正常文官甄補管道，其利益顯然優於對少數延長役期預備軍官賦予之特殊優待，該部八十四年六月六日之函釋停止七十六年規定之適用，未有過渡期間之設，可能導致服役期滿未及參加考試、比敘規定已遭取銷之情形，固有可議之處，要屬符合公益之措施。銓敘部七十六年六月四日發布之上開函件，雖得為信賴之基礎，惟係基於招募兵員之權宜措施，與法律之規定既不一致，自不能預期其永久實施，除已有客觀上具體表現信賴之行為者外，尚不能因比敘措施廢止即主張其有信賴利益之損失。就本件而言，參與轉任公職考試或取得申請比敘資格，乃表現其服役之初即對應考試服公職可獲優待具有信賴之客觀具體行為。是以於停止適用時，尚未應考試及格亦未取得公務人員任用資格者（本件聲請人遲至八十六年始應特種考試後備軍人轉任公務人員考試及格），難謂法規廢止時已有客觀上信賴事實之具體表現，即無主張信賴保護之餘地。主管機關八十四年六月六日之函釋停止適用後備軍人轉任公職考試比敘條例有關比敘之規定，符合該條例之意旨，不生牴觸憲法問題。

大法官會議主席　翁　岳　生

大法官　劉　鐵　錚

吳庚
王和雄
王澤鑑
林永謀
施文森
孫森焱
陳計男
曾華松
董翔飛
楊慧英
戴東雄
蘇俊雄
黃越欽
謝在全

不同意見書

大法官 劉鐵錚

本席與多數大法官意見主要不同之處，雖僅在於對作為信賴基礎之法規（銓敘部七十六年函）信賴事實之認定問題，但此認定因和系爭法規（銓敘部八十四年函）是否牴觸憲法息息相關，因而導出相反之結論，爰為不同意見書如後。

銓敘部七十六年六月四日台華甄四字第九七〇五五號函「同意大專畢業應召入伍復志願轉服四年制預備軍官役依法退伍者，比照後備軍人轉任公職考試比敘條例比敘相當俸級」，乃國家權責機關依法發布之函令，具有公信力，即構成人民信賴之基礎。大專畢業生應召入伍，因信賴該函令，從而志願轉服四年制預備軍官役，並依法退伍者，即為信賴事實之具體表現，與信賴基礎具有因果之關係；至比照後備軍人轉任公職考試比敘條例比敘相當俸級，則為服四年制預備軍官役者，於依法退伍後取得公務人員任用資格並轉任公務員時可享受之優待，此乃信賴利益。至此信賴利益能否實現，則繫於其未來能否取得公務員任用資格並轉任公務員以為斷。故於本件聲請案中，信賴基礎、信賴事實以及信賴利益三者層次井然，階段分明，本不應產生任何混淆。

銓敘部七十六年發布之前述函令對大專畢業生信賴利益之取得，既未設有期限之限制於先，則在無預警下銓敘部八十四年六月六日以台中審一字第一一五二二四八號函釋規定：「本部……七十六年六月四日台華甄四字第四七〇五五號函，同意……大專畢業應召入伍復志願轉服四年制預備軍官役依法退伍者，比照後備軍人轉任公職考試比敘條例比敘相當俸級之規定，自即日起停止適用」，突然取消比敘優惠之適用，既未設除外之規定（如對停止適用前已志願服四年制預官役，其後並依法退伍者不適用），也未訂有過渡條款（如對已依法退伍者，於停止適用後，再給予二年之緩衝期間，對已志願服四年制預官役尚未退伍者，於依法退伍後，仍享有二年之比敘優惠期間），則對於在八十四年六月六日以前尚未取得比敘優惠信賴利益之預備軍官，豈非毫無保障。而人民對國家機關因公權力行使之結果，所產生之合理信賴，豈非蕩然無存！

多數意見認定於銓敘部八十四年函停止適用比敘優惠時即於比敘優惠適用期間，未參與轉任公職考試或取得申請比敘資格者，即屬未有客觀上具體表現信賴之行為，即無主張信賴保護之餘地。似有混淆信賴事實與信賴利益之嫌。因此又不得不對「可能導致服役期滿未及參加考試，比敘規定已遭取消之情形」，作出「衡諸首開解釋意旨固有可議」之論斷，但對已依法退伍，於比敘優惠存續期間，未參與轉任公職考試，或取得申請比敘資格者，則認定與信賴保護之要件不符，而不予保護。

惟比敘優惠存續期間，並非七十六年函釋事先規定之期間，多數意見認為八十四年函一經公布停止適用比敘優惠，即為優惠期間之終止，試問利害關係人如何預見比敘優惠期間之長短？大法官對「固有可議」之情形，既未以參與公職考試作為信賴事實有無之認定標準，何以獨對已具體表現信賴事實，但不能預見比敘優惠存續期間，而基於各種原因，如考試準備尚未充足、疾病、生涯規劃，而於八十四年六月六日以後始參與公職考試及格並轉任公務員者，排除憲法上信賴保護原則之適用。

服畢四年預備軍官役者，由於公務員考試、任用法規多有年齡之限制，絕無「終身享有考試、比敘優待」之期待，但對比敘優惠適用期間，何時停止適用，倒是根本不能預見，則屬實情。對同一信賴基礎，原應產生之同一信賴事實，今因大法官之解釋，竟有不同之認定標準，致生不同之結果，又難免顧此而失彼，違反實質之平等。鑒於信賴保護原則，具有憲法位階之效力，因此人民對命令建構的法律秩序所產生的信賴，也應如同對法律所建構的法律秩序一般，具有一般的信賴，凡命令之溯及效力或立即效力造成人民既得權益或信賴利益重大變動時，自應認定該命令（銓敘部八十四年函）違反公法上信賴保護原則而無效。

貳捌、司法院釋字第五四一號解釋

中華民國九十一年四月四日司法院公布

中華民國八十九年四月二十五日修正公布之憲法增修條文第五條第一項前段規定，司法院設大法官十五人，並以其中一人為院長、一人為副院長，由總統提名，經立法院同意任命之，自中華民國九十二年起實施，不適用憲法第七十九條之規定。關於司法院第六居大法官於九十二年任期屆滿前，大法官及司法院院長、副院長出缺時，其任命之程序，現行憲法增修條文未設規定。惟司法院院長、副院長及大法官係憲法所設置，並賦予一定之職權，乃憲政體制之一環，為維護其機制之完整，其任命程序如何，自不能無所依循。司法院院長、副院長及大法官由總統提名，經民意機關同意後任命之，係憲法及其增修條文之一貫意旨，亦為民意政治基本理念之所在。現行憲法增修條文既已將司法、考試、監察三院人事之任命程序改由總統提名，經立法院同意任命，基於憲法及其歷次增修條文之一貫意旨與其規範整體性之考量，人事同意權制度設計之民意政治原理，司法院第六居大法官於九十二年任期屆滿前，大法官及司法院院長、副院長出缺時，其任命之程序，應由總統提名，經立法院同意任命之。

解釋理由書

本件聲請係總統府秘書長經呈奉總統核示：「應依司法院大法官審理案件法第五條第一項第一款之規定，送請司法院大法官解釋」，乃代函請本院解釋，是本件聲請人係總統而非總統府秘書長，合先敘明。

中華民國八十九年四月二十五日修正公布之憲法增修條文第五條第一項前段規定，司法院設大法官十五人，並以其中一人為院長、一人為副院長，由總統提名，經立法院同意任命之，自中華民國九十二年起實施，不適用憲法第七十九條之規定。關於司法院第六屆大法官於九十二年任期居滿前，大法官及司法院院長、副院長出缺時，其任命程序，現行憲法增修條文未設規定。惟司法院院長、副院長及大法官係憲法及其增修條文所設置，並經賦予一定之職權（憲法第七十八條、現行憲法增修條文第五條、司法院組織法第三條及第八條參照），乃憲政體制之一環，為維護其體制之完整，其任命程序，自不能無所依循。本院大法官職司憲法疑義之解釋（司法院大法官審理案件法第五條第一項第一款前段參照），對於憲法增修條文之上述情形，自應為合於憲法整體規範設計之填補。

憲法第七十九條規定，司法院院長、副院長及大法官由總統提名，經監察院同意任命之，是時監察院亦屬民意機關而行使人事同意權，嗣第二居國民大會於八十一年五月二十八日修正公布之憲法增修條文第十三條第一項規定，司法院院長、副院長及大法官由總統提名，經國民大會同意任命之，不適用憲法第七十九條之規定。自此項規定實施後，監察院對總統提名之司法院院長、副院長及大法官已無同意任命之權限。同居國民大會於八十三年八月一日復將上述第十三條第一項調整為第四條第一項。第三居國民大會又於八十六年七月二十一日將該條內容修正，並變動條次為第五條第一項：「司法院設大法官十五人，並以其中一人為院長、一人為副院長，由總統提名，經國民大會同意任命之，自中華民國九十二年起實施，不適用憲法第七十九條之有關規定。」繼於八十九年四月二十五日再將該條由國民大會同意任命之規定，修正為由立法院同意任命之。自憲法與其增修條文之上述歷次增修規定可知，司法院院長、副院長及大法官之提名、任命權屬總統之權限，而其同意權則係由具有民意基礎之民意機關行使。此乃憲法及其增修條文之一貫意旨。

第三居國民大會於八十九年四月二十五日修正公布之憲法增修條文已將國民大會之設置及職權作重大調整，除將國民大會之職權明列於第一條，國民大會代表之選舉與集會，亦以行使該條所定之職權為限，並將總統提名之司法院院長、副院長、大法官，考試院院長、副院長、考試委員及監察院院長、副院長、監察委員之任命同意權，均改由立法院行使（上開增修條文第五條第一項、第六條第二項、第七條第二項參照）。是自現行憲法增修條文施行後，國民大會已無司法院院長、副院長及大法官之同意任命權，國民大會代表亦無從為此而選舉與集會。基於憲法及其增修條文規範整體性之要求，司法院院長、副院長及第六屆大法官出缺時，總統對缺額補行提名，應由立法院行使同意權，以符民主政治應以民意為基礎始具正當性之基本理念。憲法與其增修條文之上開各項人事任命同意權制度，應係本此意旨所為之設計。對總統之司法院院長、副院長及大法官提名，於國民大會已無任命同意權後，其任命同意權即應由民意機關之立法院行使。是以司法院第六屆大法官於九十二年任期屆滿前，大法官及司法院院長、副院長出缺而影響司法院職權之正常運作時，其任命之程序，應由總統提名，經立法院同意任命之。

大法官會議主席 翁岳生

大法官 劉鐵錚

吳庚

王和雄

王澤鑑
林永謀
施文森
孫森焱
曾華松
董翔飛
楊慧英
戴東雄
蘇俊雄
黃越欽
謝在全

不同意見書

大法官 劉鐵錚

本席對解釋文「司法院第六屆大法官於九十二年任期屆滿前，大法官及司法院院長、副院長出缺時，其任命之程序，應由總統提名，經立法院同意任命之」，表示贊同，惟對本案受理程序問題，即本件釋憲案係由總統府以秘書長名義函請釋憲，則有不同意見，茲說明理由於後：

一、聲請機關應為總統而非總統府秘書長

司法院大法官審理案件法第五條第一項第一款規定：中央或地方機關，於其行使職權，適用憲法發生疑義時，得聲請解釋憲法。按總統為憲法第四章明文規定之憲法上機關，於其行使憲法上賦予之大法官人事提名權，適用憲法增修條文發生疑義時，自得由總統以本人之名義，依司法院大法官審理案件法，聲請解釋憲法。而總統府僅為總統行使職權所設之諮詢幕僚作業機構，總統府秘書長則係承總統之命，綜理總統府事務，並指揮監督所屬職員之幕僚長，其職權及性質與總統顯然不同。故本件釋憲案由總統府具函以總統府秘書

長名義聲請釋憲，自有當事人不適格之瑕疵。

二、總統職權之代行憲法有明文規定

總統位高權重，其依憲法或憲法增修條文所享有之各項職權，如公布法律、發布命令、締結條約、宣戰、媾和、行使赦免權，乃至人事提名權、解散國會……等等權限，均係一身專屬權，非有憲法所明定之事由——因故不能視事，並由憲法明定之人員——副總統代行，或於總統、副總統均不能視事時，由行政院院長代行（憲法第四十九條後段）之外，其他無論何人，縱經總統授權，亦不可行使總統之上述職權。大法官人事提名權既專屬於總統，伴隨提名權行使疑義而生之聲請釋憲權，自也應由總統以本人名義行使，而不可由總統府以總統府秘書長自己名義行使聲請釋憲權。

三、權限之委任或委託法律有一定要件

退一步言，縱認總統之聲請釋憲權得如一般行政事項般委任或委託下級機關代為執行，然依行政程序法第十五條第三項之規定，不僅事先應將委任或委託事項及法規依據公告之，並應刊登政府公報或新聞紙。但在本件聲請釋憲案，均付之闕如。

四、與訴訟程序代理之法理亦不合

吾人固承認，總統聲請釋憲之權利，是一種實現實體法之程序性權利，與一般人民同，得委任（訴訟）代理人，代為一切聲請釋憲行為。然代理聲請，依法理不僅仍須以權利人總統本人名義（非代理人名義）提出釋憲聲請，並須由本人提出委任書狀，方屬適法。

聲請函中提及奉總統核示：「應依司法院大法官審理案件法第五條第一項第一款之規定，送請司法院大法官解釋」，此一核示之正確解讀，應是總統指示總統府幕僚長，依司法院大法官審理案件法規定以總統名義聲請釋憲，而非交待以總統府秘書長名義聲請釋憲。可是早於民國八十七年大法官作成釋字第四七〇號解釋時，聲請人未明察總統與總統府秘書長區別於先，大法官於審查受理要件時復失察於後，無異議予以受理，致造成此次聲請釋憲案，仍依據往例辦理之結果，誠屬遺憾。大法官理應自責，並應勇於改正缺失，可惜大法官於本件釋憲案改正自己錯誤後，卻未要求聲請人補正，反根據首開核示逕行認定聲請人係總統而非總統府秘書長，以期符合司法院大法官審理案件法之規定，本席實難苟同。

本席所以斤斤於此，並為此一部不同意見書，除根據前述理由外，實基於下列三點考量：

其一、本院對聲請解釋案之程序要件審查向屬嚴格，民國九十年大法官就聲請解釋案已結案件中，因程序要件不合或命當事人補正而未補正因而不受理者，佔百分之八十九。站在法律之前人人平等原則上，吾人豈可厚此薄彼，對程序上有瑕疵之聲請案，不僅未依法要求聲請人補正，而自動代聲請人補正，其結果卻使自己陷入說理不清之泥淖。是否明智，令人懷疑。

其二、本案認定聲請人係總統而非總統府秘書長，未見理由根據，但卻有變更司法院大法官審理案件法乃至民事訴訟法、刑事訴訟法及行政訴訟法之嫌，今後有權為聲請人或原告者，似均可不以本人名義為之，也可不出具委託書即得由他人代為聲請，有混亂訴訟程序之虞。

其三、本席以為對任何人包括對元首之尊重，應發乎內心，出自至誠。改正他人缺失，拂逆他人意思，只要有法理之依據，是否為識者所諒解，似非吾人應考慮之事項。惟無論如何，只圖一時之便利任意解釋遷就法律，絕非建立長遠憲政秩序，維持國家典章制度之福。

貳玖、司法院釋字第五五二號解釋

中華民國九十一年十二月十三日司法院公布

本院釋字第三六二號解釋謂：「民法第九百八十八條第二款關於重婚無效之規定，乃所以維持一夫一妻婚姻制度之社會秩序，就一般情形而言，與憲法尚無牴觸。惟如前婚姻關係已因確定判決而消滅，第三人本於善意且無過失，信賴該判決而與前婚姻之一方相婚者，雖該判決嗣後又經變更，致後婚姻成為重婚，究與一般重婚之情形有異，依信賴保護原則，該後婚姻之效力，仍應予以維持。首開規定未兼顧類此之特殊情況，與憲法保障人民結婚自由權利之意旨未盡相符，應予檢討修正。」其所稱類此之特殊情況，並包括協議離婚所導致之重婚在內。惟婚姻涉及身分關係之變更，攸關公共利益，後婚姻之當事人就前婚姻關係消滅之信賴應有較為嚴格之要求，僅重婚相對人之善意且無過失，尚不足以維持後婚姻之效力，須重婚之雙方當事人均為善意且無過失時，後婚姻之效力始能維持，就此本院釋字第三六二號解釋相關部分，應予補充。如因而致前後婚姻關係同時存在時，為維護一夫一妻之婚姻制度，究應解消前婚姻或後婚姻、婚姻被解消之當事人及其子女應如何保護，屬立法政策考量之問題，應由立法機關衡酌信賴保護原則、身分關係之本質、夫妻共同生活之圓滿及子女利益之維護等因素，就民法第九百八十八條第二款等相關規定儘速檢討修正。在修正前，對於符合前開解釋意旨而締結之後婚姻效力仍予維持，民法第九百八十八條第二款之規定關此部分應停止適用。在本件解釋公布之日前，僅重婚相對人善意且無過失，而重婚人非同屬善意且無過失者，此種重婚在本件解釋後仍為有效。如因而致前後婚姻關係同時存在，則重婚之他方，自得依法向法院請求離婚，併此指明。

解釋理由書

一夫一妻婚姻制度係為維護配偶間之人格倫理關係，實現男女平等原則，及維持社會秩序，應受憲法保障。民法第九百八十八條第二款關於重婚無效之規定，即本此意旨而制定。婚姻自由雖為憲法上所保障之自由權，惟應受一夫一妻婚姻制度之限制。本院釋字第三六二號解釋謂：「民法第九百八十八條第二款關於重婚無效之規定，乃所以維持一夫一妻婚姻制度之社會秩序，就一般情形而言，與憲法尚無牴觸。惟如前婚姻關係已因確定判決而消滅，第三人本於善意且無過失，信賴該判決而與前婚姻之一方相婚者，雖該判決嗣後又經變更，致後婚姻成為重婚，究與一般重婚之情形有異，依信賴保護原則，該後婚姻之效力，仍應予以維持。首開規定未兼顧類此之特殊情況，與憲法保障人民結婚自由權利之意旨未盡相符，應予檢討修正。」其所稱類此之特殊情況，並包括協議離婚等其他足以使第三人產生信賴所導致之重婚在內。就協議離婚言，雖基於當事人之合意，但依民法第一千零五十條規定應為離婚之戶籍登記，第三人對此離婚登記之信賴，亦應同受保護。惟婚姻不僅涉及當事人個人身分關係之變更，且與婚姻人倫秩序之維繫、家庭制度之健全、子女之正常成長等公共利益攸關，後婚姻之當事人就前婚姻關係消滅之信賴應有較為嚴格之要求，僅重婚相對人之善意，尚不足以維持後婚姻之效力，須重婚之雙方當事人均為善意且無過失時，後婚姻效力始能維持，以免重婚破壞一夫一妻婚姻制度，就此本院釋字第三六二號解釋相關部分，應予補充。如因而致前後婚姻關係同時存在時，為維護一夫一妻之婚姻制度，究應解消前婚姻或後婚姻、婚姻被解消之當事人，即解消後婚時，對後婚善意且無過失之重婚相對人；於解消前婚時，對前婚之重婚者他方，應如何保護，及對前後婚姻關係存續中所生之子女，在身分、財產上應如何保障，屬立法政策考量之問題，應由立法機關衡酌信賴保護原則、身分關係之本質、夫妻共同生活之圓滿及子女利益之維護等因素，就民法第九百八十八條第二款等相關規定儘速檢討修正。在修正前，對於符合前開解釋意旨而締結之後婚姻效力仍予維持，民法第九百八十八條第二款之規定關此部分應停止適用。在本件解釋公布之日前，僅重婚相對人善意且無過失，而重婚人非同屬善意且無過失者，此種重婚在本件解釋後仍為有效。如因而致前後婚姻關係同時存在，則後婚之重婚相對人或前婚之重婚者他方，依民法第一千零五十二條第一項第一款或第二項規定，自得向法院請求離婚，併此指明。

大法官會議主席 翁岳生
大法官 劉鐵錚
王和雄
王澤鑑
林永謀
孫森焱
陳計男
曾華松
楊慧英
戴東雄

蘇俊雄
黃越欽
謝在全
賴英照

不同意見書

大法官　劉　鐵　錚

一夫一妻婚姻制度係在維護配偶間人格倫理關係，促進善良風俗，民法第九百八十八條第二款關於重婚無效之規定，即本此意旨而制定，無人懷疑，亦應予以支持。惟在特殊情況下，基於保護善意第三人之憲法上結婚自由權利（憲法第二十二條參照），對於後婚，仍有予以維持之必要。蓋非如此，將致人民不得享有正常婚姻生活，嚴重影響後婚姻當事人及其子女之家庭幸福，反足以影響家庭倫理關係，妨害社會秩序，此所以本院八十三年八月二十九日公布之釋字第三六二號解釋謂：「惟如前婚姻關係已因確定判決而消滅，第三人本於善意且無過失，信賴該判決而與前婚姻之一方相婚者，雖該判決嗣後又經變更，致後婚姻成為重婚；究與一般重婚之情形有異，依信賴保護原則，該後婚姻之效力，仍應予以維持。首開規定未兼顧類此之特殊情況，與憲法保障人民結婚自由權利之意旨未盡相符，應予檢討修正。」此雖係針對裁判離婚之情形所為之解釋，惟其所稱之「類此之特殊情況」，解釋上自應包括兩願離婚嗣後又經變更，致後婚姻成為重婚之情形在內。

多數意見對前述解釋文中「類此之特殊情況」雖認為應包括兩願離婚在內，但補充原解釋文，添加須後婚雙方當事人均為善意且無過失之要件，後婚姻之效力始能維持；並進一步作出，如因而致前後婚姻同時存在時，為維護一夫一妻制，究應維持前婚姻抑後婚姻之效力，應由立法機關決定之結論。本席難予同意。並認為此種見解有違憲違法之虞，且不符情理，不切實際。茲申述理由如下：

一、違背第三人信賴保護原則

民法除規定裁判離婚外，復創設兩願離婚制度為解消婚姻關係之方法，為加強後者之公信力，於民國七十四年修正民法時，並以離婚之戶籍登記並為離婚之要件（民法第一千零五十條參照），修正法律立法理由書云：「舊法對兩願離婚規定過於簡略，極易發生弊端，特增設應向戶政機關為離婚之登記，使第三人對其身分關係更易於查考，符合社會公益。」此外，戶籍法第三十六條規定：「離婚登記以雙方當事人為申請人」；而同法第四十六條第二項也規定，「兩願離婚登記之申請，除有正當理由經戶政事務所核准者外，申請應親自為之」。凡此足以證明法律對兩願離婚公信力之重視，蓋非如此實不足以保護善意第三人結婚自由權利也。今第三人善意且無過失信任法律所創設之裁判離婚或兩願離婚制度，依賴法律所精心設計之離婚公信力，而與離婚者之一方相婚，雖該離婚嗣後又經變更，致後婚姻成為重婚，吾人豈可以重婚者非善意或有過失，兩婚姻若同時存在，將影響社會秩序，有違一夫一妻制度為由，將責任完全推給善意第三人，而宣告後婚姻為無效。置法律上信賴保護原則於不顧，則由最具公信力之法院裁判離婚或兩願離婚添加應向戶政機關為離婚之登記，有何實益？有何作用？豈非均淪為引誘他人上當受騙之條款？使國家公權力之威信，蕩然無存。民事訴訟法第五百零六條規定：「再審之訴之判決，於第三人在起訴前以善意取得之權利無影響。」此條文保護之對象究限於財產抑身分利益，或有爭議，但本席確信，依舉輕以明重之法理，在財產法上若尚不問善意第三人之對方是否善意，第三人之信賴利益均予保護，況影響第三人結婚自由權、身分權及其子女身分權之身分行為，豈非更值得保護，更不應受到相對人是否善意的影響。今日基於人權之維護，法秩序之安定及誠信原則之遵守等基本原則之重要性，信賴保護原則，已被提昇至憲法層次，從而拘束眾多行使公權力之行為。故本院釋字第五二五號解釋即宣示：「人民對公權力行使結果所生之合理信賴，法律自應予以適當保障，此乃信賴保護之法理基礎」。在特殊重婚情形下，基於善意第三人之結婚自由權，以及前婚姻已有破綻，雙方當事人對婚姻之解消，難謂全無過失，而實際上該婚姻也難予維持，再衡量後婚子女婚生性之維護，權衡各種利益，難道必須犧牲後婚，才符合公益，也才能維持社會秩序嗎？

二、違背人民有免受嚴苛、異常制裁之自由權利

人民有免受嚴苛、異常制裁之自由權利，此在法治先進國家，為其憲法所明文保障，例如美國聯邦憲法於西元一七九一年增訂之人權典章第八條，即明文規定不得對人民處以嚴苛、異常制裁，而一九四八年聯合國所通過之世界人權宣言第五條亦明文，任何人不容加以酷刑，或施以殘忍不人道或侮慢之待遇或處罰；一九五〇年歐洲理事會所通過之歐洲人權及基本自由保護公約第三條亦同。我國憲法第二十二條係關於人民基本權利之補充規定，即除同法第七條至第十八條及第二十一條所為例示外，另設本條規定，概括保障人民一切應受保障之自由權利，免受嚴苛、異常制裁之自由權利，既為現代文明法治國家人民應享有之權利，且不妨害社會秩序與公共利益，自亦在該條保障之列。

因此，前婚姻關係已因裁判離婚或兩願離婚而消滅，第三人本於善意且無過失，信賴法院之裁判或該經戶籍登記之兩願離婚，而與前婚姻之一方相婚，若干年後，若該離婚又經變更，致後婚姻成為重婚，依多數大法官之見解，認重婚者若非善意並有過失時，此後婚姻不應予以維持，即為無效。倘若如此，則任何善意第三人與離婚之一方結婚後，豈非永遠生活於不安、恐懼之歲月，縱已子孫滿堂，家庭幸福，如猶不能免於日夜生活於婚姻

會羅於無效之陰影中，此對其本人及子孫心靈之創傷、精神之威脅，豈可以筆墨形容，此種制裁非嚴苛、異常者何！能不牴觸憲法第二十二條所保障之自由權利乎！且此種制裁，不僅及於重婚之相對人，更禍延子孫，使彼等成為非婚生子女，喪失繼承權。吾人若以第三人自己選擇與該離婚之一方相婚，係屬自己承擔風險，咎由自取相責，則本人不禁要問：國家何以由最具公信力之法院介入裁判，並為加強兩願離婚之公信力，特別修定民法第一千零五十條，添加以戶籍登記為其成立要件，豈非有引誘善意第三人破壞一夫一妻制，而成為後婚姻影響社會秩序之幫兇乎！

三、違背結婚自由權及婚姻所建構之家庭倫理關係

婚姻以及由婚姻所建構之家庭倫理關係，是構成社會人倫秩序之基礎，也是民族發展之礎石，憲法第一百五十六條特別強調應保護母性，即係本此意旨，故人民結婚自由權利及家庭倫理關係也應在憲法第二十二條人民其他自由權利所保障之範圍中。世界人權宣言第十六條第一項規定「成年男女，不受種族、國籍或宗教之任何限制，有權婚嫁及成立家庭。……」歐洲人權及基本自由保護公約第十二條亦規定，「成年男女有依其本國法律婚嫁及組成家庭之權利。」上述「成年男女有權婚嫁及組成家庭之權」，在多數文明國家固可解

釋蘊涵一夫一妻之婚姻制度。惟結婚自由權與一夫一妻制度，無所謂位階高低之問題，蓋沒有結婚自由權，何來一夫一妻婚姻制度，故只有在一夫一妻婚姻存在下，方有限制婚姻自由權之必要。因而在前婚姻已由法律規定之方式藉公權力之行使證明其消滅時（例如裁判離婚之確定終局判決、兩願離婚之已經戶籍登記），第三人基於善意且無過失而與離婚之一方相婚，雖「結婚後」該離婚又經法定程序變更而罹於無效，致後婚姻成為重婚，此究與一般之重婚情形有異，蓋後婚姻「成立」時，並無前婚姻關係之存在，此時何來侵害一夫一妻之婚姻制度，職是之故，倘後婚姻不予維持，不僅侵害憲法所保障之人民結婚自由權利，實也侵害該後婚姻所建構之家庭倫理關係，蓋重婚無效時，不但後婚姻配偶身分關係消滅，繼承權喪失，而子女更成為非婚生子女，彼等所遭受之精神痛苦、家庭破碎，豈是此後可以他種損害賠償及子女認領之方式獲得彌補？因此，於此特殊情況，前後婚姻應不分軒輊同受保護，方符「成年男女有權婚嫁及組成家庭之權」。而二全之道，即在賦與重婚之他方（前婚或後婚配偶），依法請求離婚之權，暨請求財產上及精神上之損害賠償及慰撫金之權（民法第一千零五十六條、第一千零五十七條參照），而非斷然否定後婚之效力。

婚姻係男女感情之結合，多數意見對實際上難以維持之前婚姻（在兩願離婚，雙方當事人已有離婚之意願，在裁判離婚，一造已有離婚之意願），在法律修正前，仍予以維持，本席固不反對；但對雙方當事人顯然願意維持之後婚姻，多數意見卻強行拆散，能通過憲法第二十二條，人民有免受嚴苛異常制裁之自由及婚姻自由權之檢驗嗎？符合情理，切合實際嗎？最終能達到拆散後婚姻的目的嗎？

至於多數意見結論中所指，於前後婚姻關係同時存在時（按指後婚姻雙方當事人皆善意無過失時），在維護一夫一妻制之下，究應使前婚姻抑後婚姻無效，應由立法機關決定。關於使後婚姻無效，本席於前已表示反對之見解，不再贅述。就維持後婚姻，使前婚姻無效，本席同樣表示反對，蓋前婚姻既甫經法院判決恢復效力，豈可又因後婚姻雙方善意無過失，使前婚姻再罹於無效，而令前婚配偶，兩度受到傷害，其人格尊嚴、婚姻關係，受到無情踐踏，真是情何以堪！而法院判決一再出爾反爾，豈非使公權力之威信喪失殆盡。故於此種特殊情況，若仍拘泥一夫一妻婚姻制度之表象，無論犧牲前婚姻抑後婚姻，均非良策，也不符合法理。大法官釋字第三六二號解釋所宣示之前後婚同時存在，由重婚之他方（前婚或後婚配偶），向法院請求離婚，並請求財產及非財產之損害賠償及贍養費，毋寧是兼顧前後婚姻配偶尊嚴、保護無辜子女利益、維護社會秩序而又符合情理、切合實際之作法，而一夫一妻之婚姻制度，在當事人衡量感情能否維繫，金錢賠償是否合理情況下，自然會得到解決，爰為此不同意見書。

參拾、司法院釋字第五五三號解釋

中華民國九十一年十二月二十日司法院公布

本件係臺北市政府因決定延期辦理里長選舉，中央主管機關內政部認其決定違背地方制度法第八十三條第一項規定，經報行政院依同法第七十五條第二項予以撤銷；臺北市政府不服，乃依同條第八項規定逕向本院聲請解釋。因臺北市為憲法第一百十八條所保障實施地方自治之團體，且本件事關修憲及地方制度法制定後，地方與中央權限劃分及紛爭解決機制之釐清與確立，非純屬機關爭議或法規解釋之問題，亦涉及憲法層次之民主政治運作基本原則與地方自治權限之交錯，自應予以解釋。

地方制度法第八十三條第一項規定：「直轄市議員、直轄市長、縣（市）議員、縣（市）長、鄉（鎮、市）民代表、鄉（鎮、市）長及村（里）長任期屆滿或出缺應改選或補選時，如因特殊事故，得延期辦理改選或補選。」其中所謂特殊事故，在概念上無從以固定之事故項目加以涵蓋，而係泛指不能預見之非尋常事故，致不克按法定日期改選或補選，或如期辦理有事實足認將造成不正確之結果或發生立即嚴重之後果或將產生與實現地方自治之合理及必要之行政目的不符等情形者而言。又特殊事故不以影響及於全國或某一縣市全部轄區為限，即僅於特定選區存在之特殊事故如符合比例原則之考量時，亦屬之。上開法條使用不確定法律概念，即係賦予該管行政機關相當程度之判斷餘地，蓋地方自治團體處理其自治事項與承中央主管機關之命辦理委辦事項不同，前者中央之監督僅能就適法性為之，其情形與行政訴訟中之法院行使審查權相似（參照訴願法第七十九條第三項）；後者除適法性之外，亦得就行政作業之合目的性等實施全面監督。本件既屬地方自治事項又涉及不確定法律概念，上級監督機關為適法性監督之際，固應尊重該地方自治團體所為合法性之判斷，但如其判斷有恣意濫用及其他違法情事，上級監督機關尚非不得依法撤銷或變更。

憲法設立釋憲制度之本旨，係授予釋憲機關從事規範審查（參照憲法第七十八條），除由大法官組成之憲法法庭審理政黨違憲解散事項外（參照憲法增修條文第五條第四項），尚不及於具體處分行為違憲或違法之審理。本件行政院撤銷臺北市政府延期辦理里長選舉之決定，涉及中央法規適用在地方自治事項時具體個案之事實認定、法律解釋，屬於有法效性之意思表示，係行政處分，臺北市政府有所不服，乃屬與中央監督機關間公法上之爭議，惟既屬行政處分是否違法之審理問題，為確保地方自治團體之自治功能，該爭議之解決，自應循行政爭訟程序處理。臺北市如認行政院之撤銷處分侵害其公法人之自治權或其他公法上之利益，自得由該地方自治團體，依訴願法第一條第二項、行政訴訟法第四條提起救濟請求撤銷，並由訴願受理機關及行政法院就上開監督機關所為處分之適法性問題為終局之判斷。

解釋理由書

本件係臺北市政府因決定延期辦理里長選舉，中央主管機關內政部認其決定違背地方制度法第八十三條第一項規定，經報行政院依同法第七十五條第二項予以撤銷；臺北市政府不服，乃依同條第八項規定逕向本院聲請解釋。因臺北市為憲法第一百十八條所保障實施地方自治之團體，且本件事關修憲及地方制度法制定後，地方與中央權限劃分及紛爭解決機制之釐清與確立，非純屬機關爭議或法規解釋之問題，亦涉及憲法層次之民主政治運作基本原則與地方自治權限之交錯，自應予以解釋。本件聲請屬地方政府依據中央法規辦理自治事項，中央與地方政府間對於中央法規之適用發生爭議，非屬本院釋字第五二七號解釋之範圍，本院依地方制度法第七十五條第八項受理其聲請，與該號解釋意旨無涉，合先敘明。

地方制度法第八十三條第一項所謂特殊事故得延期辦理改選或補選，在概念上無從以固定之事故項目加以涵蓋，而係泛指不能預見之非尋常事故，致不克按法定日期改選或補選，或如期辦理有事實足認將造成不正確之結果或發生立即嚴重之後果或將產生與實現地方自治之合理及必要之行政目的不符等情形者而言。又特殊事故不以影響及於全國或某一縣市全部轄區為限，即僅於特定選區存在之特殊事故如符合比例原則之考量時，亦屬之。上開法條使用不確定法律概念，即係賦予該管行政機關相當程度之判斷餘地，蓋地方自治團體處理其自治事項與承中央主管機關之命辦理委辦事項不同，前者中央之監督僅能就適法性為之，其情形與行政訴訟中之法院行使審查權相似（參照訴願法第七十九條第三項）；後者得就適法性之外，行政作業之合目的性等實施全面監督。本件既屬地方自治事項又涉及不確定法律概念，上級監督機關為適法性監督之際，固應尊重地方自治團體所為合法性之判斷，但如其判斷有恣意濫用及其他違法情事，上級監督機關尚非不得依法撤銷或變更。對此類事件之審查密度，揆諸學理有下列各點可資參酌：（一）事件之性質影響審查之密度，單純不確定法律概念之解釋與同時涉及科技、環保、醫藥、能力或學識測驗者，對原判斷之尊重即有差異。又其判斷若涉及人民基本權之限制，自應採較高之審查密度。（二）原判斷之決策過程，係由該機關首長單獨為之，抑由專業及獨立行使職權之成員合議機構作成，均應予以考量。（三）有無應遵守之法律程序？決策過程是否踐行？（四）法律概念涉及事實關係時，其涵攝有無錯誤？（五）對法律概念之解釋有無明顯違背解釋法則或牴觸既存之上位規範。（六）是否尚有其他重要事項漏未斟酌。又里長之選舉，固有例外情事之設計如地方制度法第五十九條第二項之遴聘規定，但里長之正常產生程序，仍不排除憲法民主政治基本原則之適用，解釋系爭事件是否符合「特殊事故」而得延辦選舉，對此亦應一併考量，方能調和民主政治與保障地方自治間之關係。本件因不確定法律概念之適用與上級監督機關撤銷之行政處分有不可分之關係，仍應於提起行政訴訟後，由該管行政法院依照本解釋意旨並參酌各種情狀予以受理審判。

本件臺北市政府對於行政院依地方制度法第七十五條第二項撤銷其延選決定，臺北市政府有所不服，乃屬與中央監督機關間公法上之爭議，雖得依地方制度法第七十五條第八項聲請本院解釋，然因係中央監督機關之撤銷處分違憲或違法之具體審理，衡諸憲法設立釋憲制度之本旨，係授予釋憲機關從事規範審查權限（參照憲法第七十八條），除由大法官組成之憲法法庭審理政黨違憲解散事項外（參照憲法增修條文第五條第四項），尚不及於具體處分違憲或違法之審理（本院釋字第五二七號解釋理由書參照）。本件行政院撤銷臺北市政府延期辦理里長選舉之行為，係中央主管機關認有違法情事而干預地方自治團體自治權之行使，涉及中央法規適用在地方自治事項時具體個案之事實認定、法律解釋，屬於有法效性之意思表示，係行政處分，並非行政機關相互間之意見交換或上級機關對下級機關之職務上命令。上開爭議涉及中央機關對地方自治團體基於適法性監督之職權所為撤銷處分行為，地方自治團體對其處分不服者，自應循行政爭訟程序解決之。其爭訟之標的為中央機關與地方自治團體間就地方自治權行使之適法性爭議，且中央監督機關所為適法性監督之行為是否合法，對受監督之地方自治團體，具有法律上利益。為確保地方自治團體之自治功能，本件臺北市之行政首長應得代表該地方自治團體，依訴願法第一條第二項、行政訴訟法第四條提起救濟請求撤銷，並由訴願受理機關及行政法院就上開監督機關所為處分之適法性問題為終局之判斷，受訴法院應予受理。其向本院所為之釋憲聲請，可視為不服原行政處分之意思表示，不生訴願期間逾越之問題（參照本院院字第四二二號解釋及訴願法第六十一條），其期間應自本解釋公布之日起算。惟地方制度法關於自治監督之制度設計，除該法規定之監督方法外，缺乏自治團體與監督機關間之溝通、協調機制，致影響地方自治功能之發揮。從憲法對地方自治之制度性保障觀點，立法者應本憲法意旨，增加適當機制之設計。

本件聲請意旨另指地方制度法第七十五條第二項有違憲疑義，核與司法院大法官審理案件法第五條第一項要件不符；又聲請統一解釋與已解釋部分有牽連關係，均不另為不受理之諭知，併此指明。

大法官會議主席　翁岳生
大法官　劉鐵錚
吳　庚
王和雄
王澤鑑
林永謀
施文森
孫森焱
陳計男
曾華松
董翔飛
楊慧英

戴東雄
蘇俊雄
黃越欽
謝在全
賴英照

不同意見書

大法官 劉鐵錚

本席對解釋文有關地方制度法第八十三條第一項「特殊事故」涵義之解釋，雖表示贊同，並認為此為本件聲請案之關鍵問題，解釋文所為之詮釋，理論與實際兼顧，並能確實把握憲法保障地方制度之精神、落實地方自治團體之自治功能，惟關於左列重要事項，本席則與多數意見不同：

一、本件解釋對臺北市政府聲請統一法令見解之解釋，認為不合受理要件，不予受理，本席難予同意。

二、本件解釋依地方制度法第七十五條第八項受理解釋後，竟不對臺北市辦理自治事項——延期選舉之決定，作出是否違法、違憲之終局宣告，本席難予同意。

三、本件解釋以事涉具體處分為由，認臺北市應提起行政爭訟以求救濟，迴避大法官依法應自行肩負公法爭議解決之責任，本席難予同意。

茲分別說明理由如後：

第一：

機關間法律見解爭議，不僅影響政府機關威信，也直接影響人民權益，有速為終局解決之必要，是憲法第七十八條、增修條文第五條第四項明定大法官掌理解釋憲法並有統一解釋法律及命令之權。依司法院大法官審理案件法第七條第一項第一款規定，必須是中央或地方機關就其職權上適用法律或命令所持見解與他機關適用同一法令所已表示之見解有異，且不受他機關見解之拘束時，方得聲請統一解釋。本件聲請案中，地方自治團體之臺北市對自治事務有其自主之法令解釋權，而行政院之解釋，只不過為不具拘束力性質之行政指導，對地方自治團體並無拘束力。雙方發生爭議時，臺北市政府自享有聲請大法官為統一解釋之權利。若謂臺北市應受上級監督機關見解之拘束，則其自有服從之義務，又何能以行政訴訟尋求救濟？大法官強令當事人以行政救濟解決爭議，不僅理由前後矛盾，也曠日廢時，最後無異剝奪或架空當事人依法原得享有之聲請大法官統一解釋權。此與人民權利遭受侵害，認確定終局裁判適用法令所表示之見解，與其他審判機關之確定終局裁判，適用同一法令時所已表示之見解有異者，須依法定程序聲明不服，或非後裁判變更前裁判之見解者，方得聲請統一解釋之情形大相逕庭（司法院大法官審理案件法第七條第一項第二款參照）。大法官對應受理之聲請統一解釋案，有受理之義務，且此一解決途徑可快速解決爭議，何需延宕數月，今多數意見卻不附理由而不予受理，本席自難同意。

第二：

依地方制度法第七十五條第八項規定：「第二項、第四項及第六項之自治事項有無違背憲法、法律、中央法規、縣規章發生疑義時，得聲請司法院解釋之；在司法院解釋前，不得予以撤銷、變更、廢止或停止其執行。」足見發生違法、違憲疑義者，應為地方政府所辦理自治事項之本身，而非監督機關之撤銷行為，此兩者雖有牽連關係，但概念上仍有所不同。因是之故，本件依地方制度法第七十五條第八項聲請司法院解釋之標的，應是臺北市政府延期辦理選舉決定之本身，解釋文竟以中央監督機關之撤銷處分涉及具體行為違憲或違法之審查，認其應提起行政訴訟以求救濟。姑不論審查對象是否錯誤，即就行政院撤銷行為言，性質上是否果為行政處分，本已大有爭論；然無論如何，該條文白紙黑字之「司法院解釋」，實無法轉換為「行政爭訟」。查民國八十八年地方制度法立法審議該條文時，原有五種版本，對於辦理自治事項有無違憲違法發生疑義時，其紛爭解決制度，也有兩種不同之設計，其中之一雖為行政爭訟，但最後為立法者所不採（參見立法院公報第八十八卷第五期）。大法官難道可藉由解釋回復立法院所不採之規定？大法官豈可全然無視法律之明文與立法者之原意？司法院大法官審理案件法第十三條明定大法官解釋案件應參考立法資料之規定，又豈是具文。大法官在提示行政法院審查本案時，應注意臺北市「對法律概念之解釋，有無明顯違背解釋法則」，不知此一注意事項，是否同樣亦適用於大法官本身？

第三：

多數意見以臺北市如認行政院之撤銷處分侵害其公法人之自治權時，自得依訴願法第一條第二項、行政訴訟法第四條提起救濟請求撤銷。姑且不論次級統治團體與國家間，關於憲法所保障之自治事項所生爭議，是否為訴願法第一條第二項所稱爭訟客體，得提起行政爭訟以求救濟；然無論如何，行政訴訟法第二條已明文規定：「公法爭議，除法律別有規定外，得依據本法提起行政訴訟。」司法院大法官審理案件法第七條第一項所規定法令見解之統一解釋，與地方制度法第七十五條第八項就地方自治事項有無違法違憲發生疑義時，得聲請司法院解釋之規定，難道不是「法律別有規定之公法爭議解決途徑」。統一解釋之要件何其嚴格，聲請司法院解釋之規定，立法時又何其慎重，吾人對法律之明文規定視而不見，而另行創設救濟途徑，繞經訴願及兩審行政訴訟程序，捨近而求遠，棄有而就無，迴避法律已有之快速解決紛爭方法而不用，且不談是否有違行政訴訟法第二條之規定，純就訴訟經濟而言，有無此必要，亦有待斟酌。

最後本席再次強調者，本件聲請案之核心問題，係地方制度法第八十三條第一項特殊事故之解釋，行政院係以「重大天然災害、變故或其他不可抗力事件」，及「單一種類選舉有與其他種類選舉合併辦理之可能」兩種情形為限，得延期辦理改選或補選事項；臺北市政府則認為上述情形僅為例示，而非窮舉，不排除其他正當理由，例如因里界之調整等。本件解釋文，大法官對特殊事故之涵義，已極盡可能使文字明白且毫不含混，「所謂特殊事故得延期辦理改選或補選，在概念上無從以固定之事故項目加以涵蓋，……又特殊事故不以影響全國或單一縣市全部轄區為限，……本件既屬地方自治事項，又涉及不確定之法律概念，上級監督機關為適法性監督之際，以尊重地方自治團體所為合法之判斷為原則……」。無疑已全盤否定行政院之見解，但令人費解的是，在臺北市無明顯違法及顯然恣意之情事下，大法官仍吝於作出臺北市延期辦理選舉決定不違法之結論，一切推給行政爭訟作長期無謂之爭議，本席不願揣測真正原因為何，但憲法第七十八條所賦予大法官之解釋憲法及統一解釋法律及命令之權，並經司法院大法官審理案件法第七條第一項及地方制度法第七十五條第八項具體授權大法官之法令解釋權，大法官難道可以棄之而不用嗎？大法官又可完全忽視行政訴訟法第二條「公法上爭議除法律別有規定外」之明文，及地方制度法第七十五條第八項立法時顯然不採行政爭訟之意旨，迴避憲法及法律授予大法官直接解決機關間爭議之職權，不勇於負責，不自己承擔解釋後果，實令人遺憾不已！

大法官對於聲請案件經受理解釋，無論其為憲法疑義之解釋、憲法爭議之解釋或法令違憲之解釋，抑或為法令之統一解釋，端在裁判爭議、定紛止爭，若謂大法官之解釋，僅在表示其對憲法或法令之理解，而毋庸裁判聲請案件之是非曲直，則憲法或法律何需授予大法官釋憲權與解決機關間爭議之法令解釋權。大法官在本件解釋案，作出似結論又非結論之判斷，與釋字第四一九號解釋之模稜兩可，釋字第五二〇號解釋之模糊不清，如出一轍，未能及時發揮大法官解釋釐清爭議之功能，置機關間爭議久懸而不決，令人可作不同之解讀，本席難以苟同，爰為此不同意見書。

參壹、司法院釋字第五五八號解釋

中華民國九十二年四月十八日司法院公布

憲法第十條規定人民有居住、遷徙之自由，旨在保障人民有自由設定住居所、遷徙、旅行，包括入出國境之權利。人民為構成國家要素之一，從而國家不得將國民排斥於國家疆域之外。於臺灣地區設有住所而有戶籍之國民得隨時返回本國，無待許可，惟為維護國家安全及社會秩序，人民入出境之權利，並非不得限制，但須符合憲法第二十三條之比例原則，並以法律定之。

動員戡亂時期國家安全法制定於解除戒嚴之際，其第三條第二項第二款係為因應當時國家情勢所為之規定，適用於動員戡亂時期，雖與憲法尚無牴觸（參照本院釋字第二六五號解釋），惟中華民國八十一年修正後之國家安全法第三條第一項仍泛指人民入出境均應經主管機關之許可，未區分國民是否於臺灣地區設有住所而有戶籍，一律非經許可不得入境，並對未經許可入境者，予以刑罰制裁（參照該法第六條），違反憲法第二十三條規定之比例原則，侵害國民得隨時返回本國之自由。國家安全法上揭規定，與首開解釋意旨不符部分，應自立法機關基於裁量權限，專就入出境所制定之法律相關規定施行時起，不予適用。

解釋理由書

本件係臺灣高等法院於審理案件時，認所適用之國家安全法第三條第一項規定：「人民入出境，應向內政部警政署入出境管理局申請許可。未經許可者，不得入出境。」有違憲疑義，向本院聲請解釋。因違反上開規定者，依同法第六條第一項規定處三年以下有期徒刑、拘役或科或併科新臺幣九萬元以下罰金，此項處罰條款對於受理法院在審判上有重要關連性，而得為釋憲之客體，合先說明。

憲法第十條規定人民有居住、遷徙之自由，旨在保障人民有自由設定住居所、遷徙、旅行，包括入出國境之權利。人民為構成國家要素之一，從而國家不得將國民排斥於國家疆域之外。於臺灣地區設有住所而有戶籍之國民得隨時返回本國，無待許可，惟為維護國家安全及社會秩序，人民入出境之權利，並非不得限制，但須符合憲法第二十三條之比例原則，並以法律定之，方符憲法保障人民權利之意旨，本院釋字第四五四號解釋即係本此旨趣。依現行憲法增修條文第十一條規定，自由地區與大陸地區間人民權利義務關係及其他事務之處理，得以法律為特別之規定，是法律就大陸地區人民進入臺灣地區設有限制，符合憲法上開意旨（參照本院釋字第四九七號解釋）。其僑居國外具有中華民國國籍之國民若非於臺灣地區設有住所而有戶籍，仍應適用相關法律之規定（參照入出國及移民法第三條第一款、第五條第一項、第七條規定），此為我國國情之特殊性所使然。至前開所稱設有戶籍者，非不得推定具有久住之意思。

七十六年公布之動員戡亂時期國家安全法制定於解除戒嚴之際，其第三條第二項第二款係為因應當時國家情勢所為之規定，適用於動員戡亂時期，與憲法尚無牴觸，業經本院釋字第二六五號解釋在案。但終止動員戡亂時期及解除戒嚴之後，國家法制自應逐步回歸正常狀態。立法機關盱衡解嚴及終止動員戡亂時期後之情勢，已制定入出國及移民法，並於八十八年五月二十一日公布施行，復基於其裁量權限，專就入出境所制定之相關法律規定施行日期。國家安全法於八十一年修正，其第三條第一項仍泛指人民入出境均應經主管機關許可，未區分國民是否於臺灣地區設有住所而有戶籍，一律非經許可不得入境，對於未經許可入境者，並依同法第六條第一項規定處三年以下有期徒刑、拘役或科或併科新臺幣九萬元以下罰金，違反憲法第二十三條規定之比例原則，侵害國民得隨時返回本國之自由，國家安全法上揭規定，與首開解釋意旨不符，應自入出國及移民法之相關規定施行時起，不予適用。

大法官會議主席 翁岳生

大法官 劉鐵錚

吳庚

王和雄

王澤鑑

林永謀

施文森

孫森焱

陳計男

曾華松

董翔飛

楊慧英

戴東雄

蘇俊雄

黃越欽

謝在全

賴英照

不同意見書

大法官 劉鐵錚

多數意見略以中華民國八十一年修正後之國家安全法第三條第一項仍泛指人民入出境均應經主管機關許可，未區分國民是否於臺灣地區「設有住所」而有戶籍，一律非經許可不得入境，對於未經許可入境者，並依同法第六條第一項予以刑罰制裁，違反憲法第十條、第二十三條，其與解釋意旨不符部分，應自八十九年五月二十一日起停止適用。

本席認為本號解釋對早已部分不適用之舊法（國家安全法第三條第一項），固有事後澄清及宣告部分違憲之作用，但重要的是，對現行適用之新法（入出國及移民法第五條第一項但書），則有造成如何適用法律及是否增加住所要件之困惑，至於其肯定立法者得以住所決定對國民入出境是否採取許可制之標準，本席尤難同意。凡此有從保障人權上倒退之跡象，有失大法官憲法守護者之立場，有不當介入政策制定，侵害立法權之嫌，本席難以苟同，爰為此不同意見書。

一、憲法第十條所保障之居住遷徙自由

憲法第十條規定人民有居住、遷徙之自由，旨在保障人民有自由設定住居所、遷徙、旅行，包括入出國境之權利，尤其在現今國際交通發達，國際貿易鼎盛之全球化時代，遷徙自由之外延亦兼及保障人性尊嚴、一般人格發展自由、言論講學自由、婚姻家庭團聚權以及其他諸如工作權等基本權，因此，遷徙自由對人權保障之實踐實具有重要意義。

國民入出境權利在解除戒嚴、終止動員戡亂時期後，國家安全法第三條對在臺有戶籍國民入出境部分，仍規定應經主管機關之許可，對未經許可入出境者，予以刑罰制裁，嚴重影響憲法所保障之人民居住遷徙自由，其限制不僅無必要，手段與目的間也不合乎比例原則，違反憲法第二十三條，自應宣告為無效。

吾人固承認居住、遷徙自由之內涵，包括出境權，國家在防止妨礙他人自由、避免緊急危難、維持社會秩序或增進公共利益所必要時，雖非不得限制，但須符合憲法第二十三條之比例原則，並以法律定之。惟國民之返國權（入境權），應屬憲法第十條居住及遷徙自由之核心內容，蓋一旦國民的返國權被限制，則國民有關國內的遷徙、居留等其他自由就毫無行使之可能，即使當事人犯內亂外患罪或其他罪行，更應承認其有返國接受國家審判

之機會與義務，若其自願回國接受國家制裁，自不該拒於國境之外，甚且其潛逃國外時，尚需透過外交或其他手段，將其引渡或押解回國接受審判，故在理念上，國民之返國權應屬上述人權之核心內容，縱令在我國憲法上，尚無所謂基本權核心內容絕對不可被限制或剝奪之根本內容保障之明文（參見德國基本法第十九條第二項），而仍須受憲法第二十三條之限制，吾人實難想像該條四個公益條款與限制國民入境有何關聯，有何必要，而能符合比例原則。西元一九四八年聯合國大會通過之世界人權宣言第十三條第二項後段規定：「人人有權歸返其本國。」一九六六年同機構通過之公民及政治權利公約第十二條第四項亦規定：「任何人進入其本國之權利不得任意加以剝奪。」想皆係本此意旨而制定。

二、入出國及移民法之相關規定

民國八十八年五月二十一日公布之入出國及移民法，其第五條第一項但書規定，對居住臺灣地區設有戶籍國民自本法施行一年後，入出國不需申請許可，同法施行細則第四條並規定：「本法第五條第一項但書所稱居住臺灣地區設有戶籍國民（以下簡稱有戶籍國民），係指現在或原在臺灣地區居住並設立戶籍，且未喪失國籍或未依臺灣地區與大陸地區人民關係條例第二條第四款規定轉換其身分為大陸地區人民之國民。」，是入出國及移民法對有戶籍之國民入出國，已廢止許可制，也別無所謂設定住所之條件，對有戶籍國民出國之限制，第六條雖有明文之規定，但對有戶籍國民之返國（入境、入國），則無任何限制（參照第七條）。入出國及移民法上述條文之適用，雖以有戶籍國民為準，排除無戶籍之國民，此實由於行憲後，國家遭遇重大變故，特殊國情使然，如不作此區分，必有事實上之困難，與國家安全也屬有礙，應無違憲之虞（憲法增修條文第十一條參照）。入出國及移民法上述條文，乃立法機關盱衡國家情勢，考量國家安全後所為之立法裁量，既不違憲，亦符合世界潮流與民主先進國家之慣例，施行三年以來並無窒礙難行之處，誠屬保障人權進步之立法。

三、本號解釋之效果

國家安全法第三條第一項雖規定人民入出境均應經主管機關之許可，並對未經許可入出境者，予以刑罰制裁，惟自入出國及移民法第五條第一項但書規定，於八十九年五月二十一日開始適用時起，有戶籍國民入出境已不需申請許可，依後法優先於前法之原則，早已無國家安全法第三條第一項之適用。今大法官解釋國家安全法第三條第一項，以其有無區分國民是否於臺灣地區「設有住所」「而有戶籍」作為是否牴觸憲法之依據，無異認定國家安全法第三條第一項，對未在臺灣地區設有住所，但有戶籍之國民入出境，採許可制，對違反者予以刑罰制裁，並未牴觸憲法。由於大法官解釋憲法的效力高於法律，則此號解釋對國民入出國的權利，恐將產生影響，而易引起爭議，究應適用新出爐的解釋，而仍有國家安全法第三條第一項不違憲部分之適用？抑仍適用入出國及移民法第五條第一項但書，但須增加住所之要件（參閱解釋理由書文字：其僑居國外具有中華民國國籍之國民若非於臺灣地區設有住所而有戶籍，仍應適用相關法律之規定（參照入出國及移民法第三條第一款、第七條規定））？或一切不變（本席希望如此）？使在臺灣地區未設住所但有戶籍之國民，依入出國及移民法原可享有之入出境不需申請許可之權利，變得曖昧不明、模糊而不確定，但無論如何，多數大法官至少已作出對「未設住所」之有戶籍國民之入出境採許可制，並不違憲之結論。使人權之保障，有倒退之跡象，至少有倒退之可能。入出國及移民法前述條文乃立法院盱衡解嚴及終止動員戡亂時期後之情勢，所為之立法裁量，係進步的法律，又不違憲，大法官對國民入出境既不負政策制定與政策成敗的責任，豈可增添入出境之要件？

按國籍乃人民與國家之聯繫，具有中華民國國籍者為中華民國國民（憲法第三條），而中華民國主權屬於國民全體（憲法第二條），反之，住所係建立人民與地域之關係，需具備心素與體素，人民既可隨時設定住所，也可隨時廢止住所。設定住所乃居住遷徙自由之內涵，豈可反以有無設定住所，作為限制居住遷徙自由之標準，有無倒果為因？住所之有無原不應影響人民入出境之權利，解釋理由書雖以「設有戶籍者，非不得推定具有久住之意思」，以為緩和，但推定若被推翻時如何？國民根本無住所時如何？國民廢棄住所時如何？住所之有無發生爭議時又如何？

大法官的解釋，原應使法律更為明確，執行更為順暢，人民憲法上權利保障，更為落實，但本號解釋呢？對有戶籍無住所國民言，其入出境不需申請許可的權利，變得曖昧不明、模糊不清；對執行機關言，恐也是一頭霧水，徒增困擾，不知如何適從？

職司釋憲保障人權的大法官，不應自失立場，對有戶籍國民入出境不需申請許可的權利，解釋出較現行適用的入出國及移民法更為嚴格的標準，或作出承諾主管機關未來朝此方向修訂時，並不違憲的保證。從憲法保障人民居住遷徙自由上看，令人有時空錯置之感覺，爰為不同意見書如上。

〈附錄〉

嶄新的歐洲人權法院

去年夏初，作者承舊識匈牙利前憲法法院院長 Lászlo Sólyom 博士之熱心聯繫安排，參觀訪問了匈牙利憲法法院及歐洲人權法院。前者創設時間雖短，但在解釋憲法，維護人民權益上，已有不俗之表現；而後者成立已屆滿四十年，在保障人權、維護公平正義，提升法治水準上，更是成就卓越，尤其去年適逢人權法院大幅改制之殷始，法官全面換新，程序從新更動，氣象一新，令人印象深刻，爰就參訪後者之心得，略加整理成短文乙篇，藉供同仁之參考。

壹、引論

第二次世界大戰結束前後，國際間鑑於戰禍為害人類之烈，以及國家權力侵害人權之慘，使人道思想高漲，保護人權呼聲愈熾，因此，早在西元一九四五年六月廿六日通過之聯合國憲章，其第一條第三項申明聯合國成立宗旨中，已明文規定：「……不分種族、性別、語言或宗教，增進並激勵對於全體人類之人權及基本自由之尊重。」；嗣後一九四八年十二月十日聯合國復以四十八票對零票（八國棄權）又通過世界人權宣言（Universal Declaration of Human Rights）。世界人權宣言共有三十條，涵蓋範圍甚廣，包括個人、公民及政治的權利，以及經濟、社會與文化的權利。此二大類權利均係以人權及人格上之權利為基礎，加以維護保障，並使其能自由發展。世界人權宣言雖未採用公約的形式，也未經過簽字與批准的程序，並非具有拘束力的條約，惟其係由國際社會最高權威機關聯合國所通過，宣示性意義極大，亦正如其弁言所揭示：「……頒佈世界人權宣言，作為所有人民所有國家共同努力之標的，務使個人及社會團體永以本宣言銘諸座右，力求藉訓導與教育激勵人權與自由之尊重，並藉國家與國際之漸進措施獲得其普遍有效之承認與遵行；會員國本身人民及所轄領土人民均各永享咸遵。」實具有劃時代之意義。

歐洲國家遭逢廿世紀人類二度身歷慘不堪言之戰禍，感受尤甚，認識到歐洲分裂與歐洲內戰的頻繁，對歐洲人民帶來政治、文化、社會生活之摧殘，極有予以匡正補救之必要，因而在一九四九年五月五日由英、法、義、比、荷、盧、丹麥、挪威、愛爾蘭及瑞典共同簽約成立歐洲理事會（the Council of Europe）[1]，其成立宗旨，除在促進團結，實現共同

---

[1] 參閱 Dickson, *Human Rights and the European Convention*（1997）P.2.

理想及增進經濟及社會之進步外，即在要求會員國必須接受法治原則，並保障其管轄權下之人民享有人權及基本自由❷。迄今其會員國已有四十國之多，幾已包括歐洲所有國家。歐洲理事會之主要機構有三：即部長委員會、國會大會及歐洲地方及區域國會。歐洲理事會成立以來，活動積極，努力朝其宗旨邁進，此由其所簽訂之公約已多達一百五十個以上，即可知之❸。最早簽訂且廣為世人所知者，厥為其於一九五〇年簽訂一九五三年九月三日生效之「歐洲人權與基本自由保護公約」（European Convention for the Protection of Human Rights and Fundamental Freedoms），簡稱人權公約。

隨著歐洲理事會會員國之不斷增加❹，歐洲人權公約之加簽國也開始增加，而公約本

❷ 參考歐洲理事會規約第一條及第三條。

❸ 其他條約，例如有關犯罪所得之搜索、扣押、沒收之歐洲公約（一九九〇）、防止刑求之歐洲公約（一九八七）、遣送受刑人之歐洲公約（一九八三）、資料保護之歐洲公約（一九八一）、有關兒童監護判決承認及執行之歐洲公約（一九八〇）、防制恐怖主義之歐洲公約（一九五七）、歐洲引渡公約（一九五七）等。參見 The Council of Europe, Directorate of Information (1998) P.3.

❹ 歐洲理事會與歐洲聯盟宜加區分。按歐洲聯盟（European Union）簡稱歐盟，其前身是歐洲共同體（European communities）及歐洲煤鋼共同體、歐洲經濟共同體與歐洲原子能共同體三者之合稱。因一九九二年其會員國於荷蘭馬斯垂克簽署歐洲聯盟條約（The Treaty on European Union），於一九九九

身也開始擴大，此由於不斷有新的議定書之採納——迄今已有十一個之多。有些增加了公約所保障之權利，如第一、第四、第六及第七議定書，有些則修正了公約運作之程序部分，其中第九❺及第十一議定書❻對公約最新之運作方式更產生了深遠之影響。

三年十一月一日生效後，而改稱歐洲聯盟，其主要組織有執委會、理事會、歐洲法院與歐洲議會，現共有比、荷、盧、德、義、法、西、葡、希、英、愛、奧、丹、芬及瑞典等十五個會員國。歐盟乃一超國家組織，從事國際區域間經濟的、政治的整合工作。關於其詳，請參閱 Rudden & Wyatt, *Basic Community Laws*. 5th ed.（1994）.

❺ 第九議定書係於一九九〇年十一月六日簽訂，共八條，主要之修改，在承認曾向人權委員會申訴之個人、非政府組織或一群人，亦有權向人權法院提起訴訟。又此一議定書已為第十一議定書所取代。

❻ 第十一議定書係於一九九四年五月十一日簽訂，目的在重新建構公約之執行機關，由新的人權法院取代舊有的人權委員會及人權法院之功能，組織及權限亦多所變更。原公約條文共六十六條，第十一議定書除以新的第十九條至第五十一條取代舊有的第十九條至第五十六條及第二議定書外，並將原公約第五十七條改為第五十二條，原第五十八及第五十九條則刪除，而原公約第六十條至第六十六條則成為修正後公約之第五十三條至第五十九條。此一議定書承認法院的強制管轄權、個人有權向法院提起訴訟，以及法院有作成諮詢意見之權。

貳、歐洲人權公約所保障之基本權利與自由

茲為對歐洲人權公約及其議定書所保障之人權與基本自由有一清晰之認識，簡列其要目如下：

歐洲人權公約

第二條：生存權。
第三條：禁止刑求或不人道及侮蔑之待遇或處罰。
第四條：禁止奴隸及強迫勞動。
第五條：自由及人身安全之權利。
第六條：公平審判之權利。
第七條：罪刑法定主義。
第八條：尊重個人及家庭生活之權利。
第九條：思想、良心及宗教自由。
第十條：言論自由。

第十一條：集會及結社自由。

第十二條：婚姻自由。

第十三條：有效救濟之權利。

第十四條：規定本公約所定權利及自由，不得基於任何理由予以歧視。

第十五條：規定在戰爭或國家遭遇重大緊急情況時，締約國得免除或不得免除之義務。[7]

第一議定書（一九五二）

第一條：財產之保障。

第二條：受教育之權利。

第三條：自由選舉之權利。

第四議定書（一九六三）

第一條：禁止因債務而受拘禁。

第二條：遷徙之自由。

---

[7] 此外公約第十六條規定對外國人政治活動非不得限制。第十七條規定權利濫用之禁止，第十八條規定權利限制之界限。

第三條：禁止驅逐本國人民。

第四條：禁止集體驅逐外國人。

第六議定書（一九八三）

第一條：廢止死刑。

第七議定書（一九八四）

第一條：有關驅逐外國人程序之保障。

第二條：刑事案件之上訴權。

第三條：冤獄賠償。

第四條：不受雙重審理及處罰之權利。

第五條：配偶間之平等。

以上公約所列舉之權利，惟有在設計良好之執行機構下，方能發揮其功能，顯現其作用。歐洲人權公約在現今世界上雖非最完整之人權公約，例如各種社會及經濟權以及清潔環境權與和平共存之權利，均未列入，惟其執行保障此等權利與自由之機構，卻屬較好的，而且不斷在改進中。

參、歐洲人權公約之執行機關

以下擬區分二部分，從歐洲人權公約之執行面，就舊制及新制分別予以說明。

一、舊制（一九五九年至一九九八年十月卅一日）

三個機構賦與執行保障人權之責任，此即一九五四年設立之歐洲人權委員會，一九五九年設立之歐洲人權法院以及歐洲理事會所屬之部長委員會。

（一）歐洲人權委員會（原公約第二十條至第三十七條）

人權委員會委員人數與締約國數目相同，即每一締約國只能有一名委員，該名委員係由各締約國經由其在歐洲理事會之國會大會之代表，推薦三名候選人，再由部長委員會選出一人，委員任期六年，可連選連任。人權委員會之委員係以個別身分而非某國代表身分行使職權。委員會之主要職權有下列二種：

①處理申訴案

締約國政府所提申訴案，不以受訴國事先承認人權委員會有管轄權為條件，故任何締約國得對其他締約國違反本公約規定事項，提交人權委員會處理。至締約國人民、非政府機構及私人團體，所提出之申訴案，須經締約國事先同意，人權委員會始有管轄權❽。惟實際上所有締約國均已表示同意。

當案件送達人權委員會時，採不公開之審查方式，首先審查公約第二十六條、第二十七條所規定之要件，此對所有申訴案均有適用，此即：

甲、依照一般所承認之國際法原則，已用盡所有國內救濟之程序；

乙、遵守於最後判決時起不逾越六個月之期間。

此外，對依第二十五條所提起之個人申訴，委員會認有下列情形之一時，也不予受理，此即：

甲、以匿名函為申訴者；

乙、與前一已經審查或移轉其他國際調查程序，或已經和解之申訴標的相同，且又不具有相關之新資料者；

丙、申訴內容與公約規定不相容者；

丁、顯然無根據者；

戊、有濫用申訴之嫌者。

❽ 參見公約第二十五條第一項。

在審查過程中，委員會得通知當事人提供所有與申訴案相關之資料。人權委員會以不受理駁回申訴案時，即為最後之決定。倘若委員會決定受理申訴案❾，它即展開各種調查，進一步了解案情，俾供實體之判斷。

委員人數逐漸增多，申訴案件更多，因此之故，每件案件不可能都經由全體委員審查，故組成至少包含七位委員之分庭（Chamber），而被訴國所推薦當選之委員，有權參加審理該申訴案之分庭。分庭有權行使公約賦與人權委員會之各項職權。但有下述例外，而必須由全體委員會審理：

其一、基於過去已建立之慣例，分庭所不能審理者；

其二、案件引起公約之解釋或適用上之重大問題時；

其三、對依第二十四條提起之國家申訴案；

其四、依第四十八條將案件移轉至人權法院時。

此外，人權委員會也可組成由三位或更多委員成立之委員會（Committee）處理不受理

❾ 惟符合公約第二十九條或第三十條之條件時，委員會仍得駁回申訴案，或將申訴案自案件登記簿中刪除。此一規定，新制仍予採納，而由法院行使，為避免重複，參見新制之說明。

案，惟必須是全體一致，且毋庸做進一步調查者，始可❿。

人權委員會，以及分庭及委員會，並非全年開會，委員均係兼職，每年集會八次，每次二週，不論每次出席委員人數，程序均不公開⓫。

人權委員會之主要功能，在於決定已聲請之申訴案應否受理。故此一程序中，委員會得要求當事人或關係國家提供相關資料，而依公約第十九條之意旨，委員會也得依職權審查申訴狀是否發生申訴人所未提出之公約下其他爭議，委員會也可應當事人之請求，採取保全措施，以防止人權繼續受到侵害或可能之侵害⓬。近年來大約四分之一之申訴案，委員會決議受理。委員會決議受理之案件，在理論上雖不當然拘束人權法院，惟迄無被變更之前例。

❿ 參照公約的第二十條及一九九〇年生效之第八議定書。

⓫ 人權委員會委員雖係兼職，惟其係由一全職全薪之秘書處所協助，人數共九十五人，其中四十名為律師。參見 Van Dijk & Van Hoof, *Theory and Practice of the European Convention on Human Rights* 23 (2nd. ed. 1992)

⓬ 歐洲人權公約對保全措施並未規定，惟一九七四年委員會於其程序規則中正式引進，依其規定，委員會或於其休會時其主席，即得向被告政府表示某些暫時措施是必要的。

②試行和解提出報告書及建議案

委員會一旦決定受理，則會更加仔細地審查，以求發現真實，其方式包括實地考察，舉行聽證、舉辦專家鑑定等，惟於此階段，委員會也非不得改變原先受理之決議⓭。於此階段，人權委員會在尊重人權之基礎上，在雙方當事人合意下，可尋求「友善和解」。從委員會試圖獲得友善和解，即可顯現公約之主要目的，不在於譴責違反人權之國家，而在於支持人權遭受侵犯之當事人，雖然有時代理之律師並不希望和解，而是希望引導人權委員會實體之意見，並進而獲得人權法院之判決，因而能澄清法律之疑點於未來，惟從當事人觀點來看，其提起申訴重要因素之一，則是希望對其所受怨屈能迅速獲得公正之賠償。此一期望可經由委員會之介入而容易實現，同時並能維持公約要求之人權標準，可說是二全其美。

事實上，友善和解通常能導致行政上甚至立法上之變更，受益者豈僅聲請人一人，其他處境相同之潛在聲請人，必可也同霑雨露。統計數字顯示，此一解決爭議方法，甚受重視並廣被採用，在一九九五年八〇七件已受理之個人聲請案中有六十七件和解，比例為十

⓭　參見公約第二十九條及第三十條。

二比一，在一九九六年之數字為六二四及四十六，比例為十三比一[14]。

一件受理之申訴案未能獲得和解時，委員會最終會提出報告陳述其意見——就已發現之事實是否顯示有關國家有違背公約之行為，報告會分送有關國家及部長委員會，人權委員會認為適當時，有時也會附帶提出建議案，委員會之報告也可包括協同或不同意見書。

人權委員會既經對實體問題表示意見後，則處理聲請人申訴案之責任，即移轉至部長委員會。部長委員會係政治而非司法機關，則政治考慮自會影響其對本案所採取之進一步措施。惟在報告移送給部長委員會後之三個月期間內，人權委員會亦得做出決議將案件移送至人權法院，以消除部長委員會之任何政治動機，而涉及該案之國家即被害人所屬國、提出申訴案之國以及被控訴之國也有權如此做[15]，至聲請人能否如此做，則須視被訴國已否批准第九議定書而定。惟須強調的是，依公約第四十六條及第四十八條之規定，只有當事國已接受人權法院之管轄權時，人權法院方有權審理有關此當事國之案件。

人權委員會報告移送至人權法院後，則由三位法官，包括由被訴國推薦選任之法官，

---

⑭ 參見 The Council of Europe, The European Convention of Human Rights survey of Activities and Statistics 1995, 1996.

⑮ 參見公約第四十八條。

組成審查小組予以審查。如審查小組認為本案「並未引起有關公約解釋或適用上之重要問題，以及亦無其他重大理由支持法院之審理」，在全體一致下，可不予受理，此時則意謂聲請人尋求司法救濟之途徑結束，所餘者，則為部長委員會依公約第三十二條，以決定被訴國是否有違反公約之問題。

（二）歐洲人權法院

人權法院之組織及權限，由原公約第四節（第三十八條至第五十六條）予以規範。法官人數與歐洲理事會締約國人數相同，每個國家只有一名法官。每個國家可提名三名候選人，由國會大會選出一人，法官任期九年，連選得連任，法院的管轄權包括一切與公約的解釋及適用有關之案件。在個別法官職位被取代前，彼等仍有權繼續處理其已審理之案件，法官任期中，係以個人身分參與案件之審理，而非推薦國之代表身分。任職期間不得擔任與其做為獨立公正之人權法院法官任何職位不相容之工作。惟歐洲人權法院法官於此階段仍屬兼職而非專職之性質。

每位法官並非推薦國之代表，已如上述，惟公約第四十三條則規定，該法官當然參與審理以該國為被訴國之案件⑯。案件通常由九人組成之分庭審理，但在例外時，如案件引

---

⑯ 此一規定之立法理由或係基於該名法官能提供該國法制及法律之正確意見。

起重大問題涉及公約解釋時，則由十九人組成之大法庭，甚至全體法官出席之法院審理。惟如爭議問題之解決，可能與法庭或全體出席之法院過去所做判決不一致時，則就必須由全體法官出席之法院審理。此項規定足以顯示歐洲人權法院雖不遵循普通法國家先例之原則，但其當然期望過去之判決，能夠被遵循，且只有在經過全體法官出席之法院慎重考慮判斷下，始會推翻其過去之判決。

另外，歐洲人權法院一如世界上大多數國家最高法院或憲法法院，係採書面審理之程序，言詞審理則為極端之例外。法院官方文字為英文及法文。

在歐洲人權法院最初運作的十年中，只做出十件判決，惟此後則迅速增加，迄一九九六年六月，六七一件申訴案移送到法院，法院做成了六〇八件判決[17]。

依照公約第五十三條規定，公約締約國做為任何案件之當事國必須遵守法院之判決，同時依照第五十四條，法院之判決應送交部長委員會，以監督判決之執行。法院對締約國違反公約的行為，最能做的補救措施，厥為命令其對受害人公平賠償，通常法院會宣稱其支持聲請人實體上之見解，就是對其損害之充分補償，但是聲請人能夠證明其金錢上之損

[17] 參見 The Council of Europe, Information Document of the European Council of Human Rights, 4 Jan. 1999.

失是被訴國違反公約行為之直接結果時，法院自會命令該國為金錢賠償，勝訴之聲請人通常也會獲得合理訴訟費用支出及其他花費之補償。

(三) 部長委員會

部長委員會是歐洲理事會之行政機關，它是由締約國外交部長或為此目的指定之代理人所組成。就人權公約言，部長委員會擔負九項重要功能：

1. 選舉人權委員會之委員（21(1)）。
2. 向歐洲理事會之國會大國提出人權法院法官候選人名冊（39(1)）。
3. 接受人權委員會所促成之「友善和解」之報告（28(2)）。
4. 接受人權委員會說明何以於接受申訴聲請後又予駁回之報告（30(2)）。
5. 接受人權委員會關於申訴案件顯示出一國是否違反公約下義務之意見報告（31(1)）。
6. 在上述報告移送給部長委員會三個月內，如申訴案未移送給人權法院審理，則部長委員會經由絕對多數決，必須對涉案國是否有違反公約的行為做出決定（32(1)）。
7. 如部長委員會認定有違反公約，其就必須規定有關國家在指定期間內採取必要措施，此一決定對該國有拘束力（32(2)(4)）。
8. 如有關國家未於規定期間內採取令人滿意的措施，則部長委員會藉由三分之二之多數決，做出決議將給予原始決議何種效果，同時並公布人權委員會之報告（32(3)）。

9.接受人權法院之判決並監督其執行（54）。

上述職權之行使，實隱含三項困難。其一，部長委員會在決定是否有違反公約以及決定應給予原始決議何種效果時，均需三分之二絕對多數，其通過實非易事，雖一九九二年之第十議定書提議修改為簡單多數，惟因未獲全體締約國之批准迄未生效；此外，所有會員國現今均已接受人權法院強制管轄後，部長委員會上述職權之行使，已嫌多餘。其二，部長委員會有權修正或撤銷人權委員會之意見，也無義務了解聲請人對人權委員會報告之意見，部長委員會更可進行自己之調查，當然它也可就人權委員會提出之友善和解報告蓋章了事，而毋庸採取進一步動作或依公約第三十二條第一項做出是否違反公約之決議，蓋如前述，其考慮往往是出自政治理由，而其權限之行使，又是無節制的。其三，部長委員會就監督法院判決執行乙事，表現也不夠積極，既未給與關係國壓力，以要求其提供已適當執行法院判決之佐證，事實上也無時間或權力從事是項評估工作，往往是以「知悉」收場。

二、新制——嶄新的人權法院（一九九八年十一月一日起）

歐洲人權公約自一九五三年生效，陸續開始運作發揮保障人權之功能後，申訴案件即不斷成長，其後更由於保障之權利擴充，加簽國之增加，使公約之原始執行機構設計——例如區分二階段二機關甚至三機關之處理程序、以及人權委員會之委員、人權法院之法官，均屬兼職之性質，在貫徹人權保障之執行上，倍增困難，此由案件之快速成長即可知之。依據統計，每年向人權委員會申訴的數目，由一九八一年的四〇四件，至一九九三年二〇三七件，在一九九七年該數目更倍增至四七五〇件；而人權法院也顯示了同樣情形，每年移送至法院的案件，從一九八一年之七件，至一九九三年之五二件，而在一九九九年竟高達一一九件⑱。

案件之快速增加促使歐洲理事會認真討論改革人權公約執行機構，最後採納之解決方法，則是設置一個單一專職的歐洲人權法院，其目的則在簡單化其執行機關，避免諸多時間之浪費，功能之重疊，以縮短訴訟程序之流程，同時藉由強制管轄權及取消部長委員會之裁判角色，以強化執行機關之司法性。

一九九四年五月十一日，歐洲人權公約有關重新建構其執行機制之第十一議定書公開簽署。第十一議定書必須由所有締約國之批准，並於最後批准國寄存批准書之日起一年後

⑱ 參見 The Council of Europe, Information Document of the European Council of Human Rights, 4 Jan. 1999.

生效[19]。該最後批准書於一九九七年十月寄存於歐洲理事會，開始為期一年之準備工作，包括法官之選任及舉行多次會議，採納必要的組織及程序上的措施，以建立嶄新的人權法院，特別是由法官選任各種職務首長，以及起草新的院務規程。

一個嶄新的歐洲人權法院在歐洲人權公約第十一議定書於一九九八年十月卅一日生效後，於一九九八年十一月一日開始運作，而舊的人權法院則不再存在。惟依該議定書之規定，人權委員會就該議定書生效前已宣布受理之案件，仍有一年的處理期間（迄一九九九年十月卅一日止）[20]。以下擬就人權法院的組織及審理之程序等相關問題，作扼要的說明：

（一）法院的組織

歐洲人權法院由與會員國數目相同之法官所組成，同一國籍法官人數並無限制[21]，法官任期六年，每一會員國推薦三名候選人，由歐洲理事會之國會大會票選一名，法官任期

---

[19] 參見第十一議定書第四條。

[20] 參見第十一議定書第五條第三項。

[21] 此點與舊制規定不同。依原公約第二十條第一項及第卅八條，無論係人權委員會之委員抑人權法院之法官，均有同一國籍之人員不得有二人之限制。筆者會晤之義大利籍法官 Ferrari Bravo 係代表聖瑪利諾，而代表義大利之法官，則為另一義籍法官 Conforti。

六年，連選得連任，惟首次選出之法官，再藉抽籤之方式，決定其中一半法官之任期為三年，俾藉此確保以後每三年有一半之法官必須改選。

法官係以個人身分參與審判，並不代表個別之締約國，每位法官從事的任何活動，不得與其獨立或公正之角色，或專任職務之性質相牴觸。法官於其屆滿七十歲時，其任期也當然終止，惟在其被取代前，其已受理之案件，仍可繼續處理[22]。

由全體法官出席之法院，選舉院長、二名副院長以及二名庭長，任期皆為三年。

依照人權法院之院務規程，法院分為四庭，每庭成員，每三年變動一次，考慮到地區與性別的平衡，以及締約國不同之法律制度而組成。每庭有一位庭長，其中二庭之庭長由法院之二位副院長兼任。

每一庭中皆成立由三位法官組成之委員會，任期一年，此一單位為新組織架構下一項重要特徵，它負責對多數案件之過濾工作，其扮演的角色，一如在舊制下人權委員會所行使之職權。

每一庭中，在輪流的基礎上，由七位法官組成之分庭審理案件，其中包括該庭庭長及該案件當事國推薦選出之法官。縱後者不屬於該庭，其亦為審理該案件分庭當然成員之一。

㉒ 參見修正後公約第二十三條。以下未特別指明者，均指修正後之公約而言。

由十七位法官所組成之大法庭，為期三年。除當然成員——院長、二位副院長及二位庭長外，大法庭之成員係由二個團體中以輪流方式組成，每九個月交互輪替乙次。此二團體之組成，則注意到地區之平衡以及反映不同之法律傳統㉓。

（二）法院的程序

任一締約國得以他締約國有違反人權公約及其議定書之行為，直接向人權法院提起控訴（第三十三條），同樣的，任何個人、非政府組織或一群人亦得以某一締約國有違反人權公約或其議定書所保障權利之受害人身分，直接向法院提出侵害人權之訴（第三十四條）。此種規定在落實國際人權公約保障上，實為法治主義的具體實踐，在國際法的發展上，實具有重要創新之意義。

甲、受理之程序

㉓ 基於部長委員會代表二分之一以上之請求，法院得對於公約及議定書有關解釋上之法律問題作成諮詢意見，但不得涉及公約第一節與議定書所規定之權利與自由有關其內容或範圍之任何問題，也不得就依本公約可能提起之程序中，法院或部長委員會必須處理之任何其他問題，提供諮詢意見。參照公約第四十七條。按部長委員會得請求法院提供諮詢意見，原規定於第二議定書，且係採絕對多數之決議，始得做成請求，今經第十一議定書修正為普通多數之決議。

個人申訴案分配給某一庭後，庭長即指定一庭員對案件作初步審查，由其決定交由三位法官組成之委員會，或直接交由分庭處理。委員會如全體一致，即可決定案件不予受理或將申訴案從案件登記簿中取消，毋庸作進一步之審查，其決定即為代表法院之最終決定（第二十八條）。

個人申訴案未經委員會宣布不受理，或個人申訴案由庭員直接移送至分庭，以及國家申訴案，均由分庭審理，以決定受理及實體之問題，通常是分開裁判，但適當時則合併為之（第二十九條）。

至委員會決定不受理或小法庭決定受理或不受理之標準，則規定於公約第三十五條，此即：

①依照一般所承認之國際法原則，已用盡所有國內救濟之程序；並遵守於最後判決時起不逾越六個月之期間。

②個人申訴案有下列情形之一時，也不予受理：以匿名函為申訴者；與前一已經人權法院審理或移送其他國際調查程序，或與已經和解之標的實質相同，且也不具有相關之新資料者；申訴之內容與公約或議定書之規定不相容者；顯然無根據者；或有濫用申訴權者。

又不論委員會或法庭在程序進行中因客觀情況可導出下列結論時，也可將申訴案從案件登記簿中取消，此即：

①申訴人已無意願繼續進行其申訴案；

②申訴事件已獲得解決；

③法院基於其他理由，認為繼續審查本案已不符合正當原則時；惟基於公約及議定書所界定之人權有此需要時，不在此限。

在法院基於客觀情況，認為恢復申訴案為正當時，自亦得為之（第三十七條）。

十七人組成之大法庭，其審理案件之來源有二（第三十一條）：

(1)分庭審理之案件發生重要問題，影響公約或議定書之解釋，或者分庭對問題之解決，可能造成與法院先前之判決不一致之結果時，分庭在作成判決前得隨時放棄管轄權予大法庭，惟有一造當事人反對時，不在此限（第三十條）。

(2)分庭作成判決後三個月內，任一造當事人，除特殊情形外，得請求將本案移送至大法庭。此時大法庭則組成五人之審查小組㉔，如其認為本案發生影響公約或議定書之解釋

㉔此五人審查小組由院長、三位庭長（作成該判決庭之庭長除外）及另一位非屬原判決庭之法官所組成。參見 The Council of Europe, Inf. Doc. of the European Ct. of Human Rights 4 Jan 1999.

或適用之重大問題，或發生一般性重要爭點時，即可接受請求，而由大法庭審理（第四十三條）。

此外，依公約第三十一條第二項之規定，歐洲理事會轄下之部長委員會請求人權法院提供關於人權公約或其議定書之解釋上法律意見時，亦由大法庭為之㉕。

乙、**實體審理及判決**

法院一旦受理申訴案後，即定期審理，它可要求當事人提供進一步之證據及意見，當事人亦可提出正當賠償之請求，以及出席就實體問題舉行之聽證會。此時訴訟代理是強制的，惟歐洲理事會已建立一套對缺少足夠資力的申訴人的訴訟救助計畫㉖。

案件申訴人之所屬國，就人權法院審理之案件有權提供書面意見以及出席聽證會。而人權法院之院長基於正當執行正義之考慮，亦得邀請不屬於訴訟當事人之其他締約國或其他個人提供書面意見或出席聽證會（第三十六條）。

在進行實體審理程序時，當事人亦可在尊重公約及議定書所規範之人權之基礎上，進行協商以期獲得友善之和解。此一程序是不公開的。如果友善的和解能夠達成，則法院就

㉕ 參見公約第二十七條第三項前段。

㉖ 參見註⑰。

藉由裁定將本案終結，而在裁定中簡單陳述事實及獲致之結果（第三十九條）。

法院之判決係經由普通多數決議決，任何參與評議之法官有權提出不同意見書，其為協同意見書或狹義不同意見書，甚至於不附理由之不同意聲明，均無不可。

大法庭之判決即為確定判決，而小法庭之判決，符合下列情形之一時，亦告確定，此即：

(1)訴訟當事人宣告彼等不請求將本案移送至大法庭；

(2)判決後三個月之期間內，當事人未請求將本案移送至大法庭；

(3)大法庭之五人審查小組拒絕當事人移送之請求（第四十四條）。

人權法院之確定判決對作為當事人之締約國有拘束力，而歐洲理事會之部長委員會，則負責監督確定判決之執行（第四十六條）。

肆、結論

歐洲人權公約第十一議定書的確大幅度修正了公約原有的執行架構，從一個帶有司法與政治決策意味的混合體制，演化成一個單一具有強制管轄權的純粹司法機關。原有的人權委員會與人權法院都由一個嶄新的常設人權法院所取代，法官也由兼職改為有任期的專任法官來擔任。新的人權法院不僅處理所有申訴案的實體問題，也完全處理受理的問題。同時也在尋求當事人友善和解中扮演了一定的角色。而由三名法官組成之委員會對顯然不合受理要件之申訴案，有權以法院之名義予以駁回。但是真正成為新制核心的，則是由七位法官所組成的分庭，它們處理有爭議的受理及實體問題，也不論案件是來自個人申訴或國家申訴。惟分庭在遇到影響公約解釋的重大問題或者對問題的解決極有可能與法院先例不一致時，則分庭在當事人不反對下，得放棄管轄而由大法庭來審理，而不服分庭判決之當事人，亦得請求將案件移送至大法庭審理。此外，歐洲理事會轄下之部長委員會在人權公約上所能行使之權限，則大幅削減，僅保留聲請諮詢的權利及監督人權法院判決執行之功能。

最後，願再說明者，即當歐洲人權公約於一九五〇年簽署，一九五三年生效，人權委員會與人權法院陸續於一九五四年與一九五九年成立開始實際運作後，此等機關在解釋人權之內涵及保障國際人權上，實扮演了先驅者之角色。法院的判決甚或人權委員會之決定及報告，四十年來對人權公約所規範之人權範圍及意義，所做之詮釋，對促進人權之保障，提昇法治之水準上貢獻卓越，此無論對締約國或其他國家而言皆然，的確是功不可沒。

歐洲人權公約在國際人權保障發展上，實已取得領導之地位，它被視為發展中之歐洲憲法之一章。公約最主要的成就，即在於其建立了一套有效率的法律保障制度，特別是提供給個人就締約國違反公約所保障之權利一套有效救濟方法。它不僅成為歐洲國家之標準模式，也可說是世界上最好的法律保障制度，它不僅是一九六九年美洲人權公約之範例，它也是非洲人權憲章起草時之重要參考資料。歐洲人權公約在嶄新的歐洲人權法院運作下，相信在保障人權，維護公平正義上，定會百尺竿頭更進一步。吾人今後對歐洲人權公約之研究，固應加倍努力，而對如何促進亞洲人權公約之簽訂，似更值得有識者深思之。

（原文刊載於《司法週刊》第九九七、九九八期，中華民國八十九年九月十三、二十日）

◎ 超國界法律彙編　陳長文、李永芬／主編

本書是國內第一部超國界法法典，除了如一般法典一樣帶給使用者使用的便利外，更能激發身處臺灣地區的使用者，體會在二十一世紀的今天建立超國界法律思維的重要，進而從立法、司法或行政、以及日常生活中法律適用的角度，以將內國法融入超國界法的態度來看待超國界法。

◎ 現代國際法　丘宏達／著
現代國際法參考文件　丘宏達／編

本書從國際法的概念與性質談起，深入探研國際法的淵源及主體，並對國際法上相關的重要問題一一剖析，內容上更針對與我國相關的國際法問題、我國的實踐及相關的法規與判決等詳盡的介紹與分析，是您最專業的選擇。

◎ 國際法論集　編輯委員會／編

本書集合國際法大家丘宏達教授之學生及國內外知名國際法學家多篇文章而成。第一部分為丘教授之學生故舊，以敘事方式，將丘教授之日常行誼及其為中華民國國際地位奔走之過程，作忠實描述；第二部分則由國內外知名國際法學家就國際法上諸多問題提出學術論文，各篇論文之結構嚴謹，立論有據，並針對國際法之新趨勢點出方向，為研究國際法者所不可或缺之好書。

◎ 瑞士新國際私法之研究　劉鐵錚／著

近十餘年來，諸多國家大幅修正其國際私法，以配合學術新理論及現實環境變遷。其中尤以瑞士最值吾人注意，不僅由於其為全世界最新之制定法，且其條文內容詳盡新穎結合新理論，有眾多突破傳統之處，可供吾人借鏡之處，實在不少，為學術研究、修法參考不可多得之資料。

◎ 國際私法論　劉鐵錚、陳榮傳／著

本書內容分為基礎論、連結因素論、外國人地位論、外國法適用論、準據法適用論、輔助法規論、涉外民事訴訟法論及區際私法論等八大部分。條分縷析、論述詳盡，並輔以豐富之外國學說、立法例及判例，不僅可作為大學教科書之用，並可供實務及有志於國際私法研究者參考之用。

◎ 海商法論　林群弼／著

本書係作者多年來於國立臺灣大學法律系講授海商法之講義。除現行海商法規之研究外，尚包括各種爭議問題之解析，及各家學說、實務見解之探討。本書之內容，對於初學者之入門頗有助益，對於研究者之思考，亦深具參考之價值。